Jack Can
Marty Becker, D

Bouillon de Poulet pour l'âme de l'ami des Chiens

Traduit par Fernand A. Leclerc et Lise B. Payette

BÉLIVEAU
éditeur
Montréal, Canada

L'édition originale de cet ouvrage a été publiée sous le titre
CHICKEN SOUP FOR THE DOG LOVER'S SOUL

Health Communications, Inc., Deerfield Beach, Floride (É.-U.)
ISBN 0-7573-0331-5

Réalisation de la couverture : Jean-François Szakacs

Dépôt légal : 3e trimestre 2008
Bibliothèque et Archives nationales du Québec
Bibliothèque nationale du Canada

ISBN 978-2-89092-409-3

BÉLIVEAU éditeur
5090, rue de Bellechasse
Montréal (Québec) Canada H1T 2A2
514-253-0403 Télécopieur : 514-256-5078

www.beliveauediteur.com
admin@beliveauediteur.com

Gouvernement du Québec — Programme de crédit d'impôt pour l'édition de livres — Gestion SODEC — www.sodec.gouv.qc.ca.

Nous reconnaissons l'aide financière du gouvernement du Canada par l'entremise du Programme d'aide au développement de l'industrie de l'édition (PADIÉ) pour nos activités d'édition.

IMPRIMÉ AU CANADA

CE LIVRE EST DÉDIÉ

aux amis des chiens du monde entier: les millions de personnes dans le monde qui ont ouvert leur cœur et leur foyer au dévouement extraordinaire, à l'amour inconditionnel et à la joie sans limites d'un chien, et dont la vie s'en est trouvée grandement enrichie.

NOUS DÉDIONS AUSSI CE LIVRE

à tout membre de la profession vétérinaire qui, par sa compétence et sa compassion uniques, aide, protège et s'occupe de ces respirateurs artificiels habilement déguisés en chiens.

NOUS DÉDIONS ÉGALEMENT CE VOLUME

aux éleveurs et exposants de chiens responsables qui font l'éloge, soutiennent et s'évertuent à améliorer la santé et le bien-être de leurs chiens spéciaux — que ceux-ci soient minuscules ou géants, au pelage frisé, lisse, touffu ou très mince — perpétuant l'héritage unique de la race canine dans toutes ses extraordinaires variations.

ET AUX HÉROS,

ces personnes qui se donnent pleinement dans leur milieu pour aider les chiens abandonnés à trouver un foyer chaleureux, pour secourir ceux qui sont malades, blessés ou au mauvais comportement, afin que ces bêtes puissent « guérir », puis « venir au pied » — s'assurant que tous les chiens soient de plus en plus accueillis dans la vie des gens.

ENFIN, À DIEU,

qui a choisi de nous combler par les chiens. Il sait que, grâce à leurs dons spéciaux, les chiens ajoutent des années à notre vie et de la vie à nos années.

Table des matières

Remerciements 9
Introduction 13

1. De l'amour

La patience récompensée *Hester Mundis* 18
Le canard et le doberman *Donna Griswold, tel que raconté à Eve Ann Porinchak* 20
Maintenant et pour toujours *Suzy Huether* 23
Chanceuse en amour *Jennifer Gay Summers* 26
Le monde de Jethro *Marc Bekoff* 30
La grande promenade canine *Anne Carter* 34
Blu a écarté le voile de tristesse *Margaret Hevel* 39
Le bol hanté *John Arrington* 43
Vous n'avez aucun message *Zardrelle Arnott* 46
La dernière virée de Bubba *Lisa Duffy-Korpics* 48

2. Célébrer le lien

Les deux aînées: Greta et Pearl *Stefany Smith* 56
Le chien de Bullet *Elizabeth Atwater* 61
L'amour de Daisy *Kathy Salzberg* 65
Le chaton de Dixie *Anne Culbreath Watkins* 71
Ma muse à fourrure *Amy D. Shojai* 75
Après Dooley *Gary Ingraham* 80
Lorsque Harry a rencontré Kaatje *Dave Wiley* 84
Mon garçon aux yeux bleus *Alexandra Mandis* 88
« Chien » et M. Evans *Andrea Redd, D.M.V.* 90

3. Le courage

Calvin, un chien au grand cœur *Max Edelman* 96
Le destin, le courage et une chienne du nom de Tess *Susanne Fogle* 100

Dans ses yeux dorés *Diane Nichols* 104
Le chien qui aimait voler *Leigh Anne Jasheway-Bryant* ... 109
Enfermés *M. L. Charendoff* 113
L'aboiement révélateur *Eleanor Whitney Nelson* 117

4. Un membre de la famille

Le jour du déménagement *Micki Ruiz* 124
Le commando du réfrigérateur *Sam Minier* 129
L'offre *Jean Houston* 134
Le grand sourire de Sammy *Gayle Delhagen* 137
Une nounou canine *Christine Henderson* 139
L'amour d'un chien *Kelly Munjoy* 142
Lady Abigail *Jennifer Remeta* 145

5. Une ordonnance à poils

Willow et Rosie: le simple miracle des animaux
de compagnie *Audrey Thomasson* 154
Tu le reconnaîtras à sa face *Linda Saraco* 158
Abacus *Meghan Beeby* 161
Journée canine à l'école *Jean Wensink* 166
Élever une étoile *Laura Sobchik* 169
Le pouvoir d'une étoile *Mary Klitz* 173
La leçon de Luke *Christine Watkins* 177
La magie de Puppy *Aubrey Fine, Ed. D.* 181
Un ange déguisé en chien d'assistance *David Ball* 184

6. Ces chiens qui enseignent

De bons instincts *Gillian Westhead,*
tel que raconté à Bill Westhead 190
Le jour du Jugement dernier *Millicent Bobleter* 195
Le tas de terre *Paula Gramlich* 196
Le dernier chiot *Roger Dean Kiser* 201

7. Adieu, mon amour

Le genou droit de papa *Carol M. Chapman* 206
Comme toujours *Lorena O'Connor* 210
Un sourire de Phoebe *Beth McCrea* 214
Un legs d'amour *Marty Becker, D.M.V.* 217
Des larmes pour Sheila *Laurie MacKillip* 222
Harry et George *Margaret P. Cunningham* 226
Le gentil géant *Robin Pressnall* 229
Un chemin familier *Pennie DeBoard* 234
Nos adieux à Dingo *Elizabeth Wrenn* 237

8. Au secours!

Ce n'est qu'un vieux golden retriever
Audrey Thomasson 244
Il n'y a rien qui ne puisse être réparé *Pamela Jenkins* 247
Ana: de rescapée à sauveteur *Wilma Melville* 250
Choisir sa maison *Jennifer Coates, D.M.V.* 255
Brooks et le chien au bord de la route
Shannon McCarty 260
Le miracle de l'amour *Valery Selzer Siegel* 263
Le chien de poubelles trouve un foyer
Debra Jean-MacKenzie Szot 266
Le chien dans le parc de stationnement
Wendy Kaminsky 271
Deux bonnes actions *Rosemarie Miele* 275
La promesse *Bill King* 277

9. Beau... en chien!

Compassion canine *Ed Kostro* 285
En flagrant délit! *Lynn Alcock* 289
Pudgy *Joyce Laird* 292
Félix, le chien de la caserne de pompiers
Trevor et Drew Orsinger 295
Beau et le monstre à douze têtes *John Arrington* 300
Chiens de traîneau sans neige *Dave Wiley* 303

10. Des chiens étonnants!

Lucky impressionne le shérif *Mariana Levine* 310
Le chien qui a témoigné au tribunal
Sr Mary K. Himens, S.S.C.M. 313
Le plus brave des chiens *Sherry Cremona-Van Der Elst* ... 315
Beaucoup d'amour dans un petit format *Amy D. Shojai* ... 320
Pedro le pêcheur *Bob Toren* 325
L'ange gardien d'Angel *Wendy Greenley* 327
Ramène-moi à la maison! *Ed Eames, Ph. D.* 331

À propos des auteurs 337
Autorisations 343

Remerciements

Nous désirons exprimer notre profonde gratitude aux personnes suivantes qui ont permis la réalisation de ce livre.

Nos familles, qui ont été du bouillon de poulet pour notre âme!

La famille de Jack: Inga, Travis, Riley, Christopher, Oran et Kyle, pour tout leur amour et leur soutien.

La famille de Mark: Patty, Elisabeth et Melanie Hansen qui, une fois de plus, ont fait leur part et nous ont soutenus avec amour dans la création d'un autre livre.

L'âme sœur de Marty et amoureuse, elle aussi, des animaux, sa femme Teresa, qui lui inspire, grâce à son amour sans limites et son intérêt, cet amour particulier qu'il porte aux animaux. Aussi ses enfants adorés, Mikkel et Lex, qui apportent tant de joie dans sa vie trépidante et lui rappellent de prendre le temps de relaxer, de taquiner, de rire et de se régénérer en prenant des périodes de congé. Virginia Becker et le regretté Bob Becker, qui ont enseigné à Marty, sur la ferme où il a grandi, à aimer toutes les créatures de Dieu, du toutou familial gâté aux vaches laitières boueuses. Valdie et Rockey Burkholder, dont la bonté et le soutien ont permis à Marty de s'épanouir dans la plus merveilleuse oasis de beauté, de bonté et de sérénité au monde, la magnifique Bonners Ferry, en Idaho. Enfin, tous les animaux de compagnie, anciens, actuels et futurs qui, en donnant leurs cadeaux d'amour, de loyauté et d'humour, ont tant enrichi sa vie en lui donnant plus de sens.

La famille de Carol: Lorin, McKenna et particulièrement son mari adoré, Larry, qui lui permettent de consacrer tout son temps à l'écriture et à la révision. La mère de Carol, Selma, ses frères, Jim et Burt, et ses sœurs, Barbara et Holly, et leurs familles, les gens qu'elle aime le plus au monde. Les conseils de Barbara en grammaire et en ponctuation sont les meilleurs, merci, Dr P!

Le mari d'Amy, Mahmoud, pour ses encouragements, son amour et son soutien de tous les instants. Et ses parents, Phil et Mary Monteith, qui ont inspiré et nourri son amour des animaux de compagnie dès son plus jeune âge. Ses merveilleux frères et leurs familles, Laird, Gene, Jodi, Sherrie, Andrew, Colin, Erin et Kyle Monteith — et la grande variété de membres canins de la famille, d'hier, d'aujourd'hui et de demain. Et Fafnir qui vit encore dans le cœur des membres de sa famille.

Marci Shimoff qui, comme toujours, inspire, encourage et, bien sûr, est la meilleure des amies.

Cindy Buck, dont les talents exceptionnels de réviseure nous sont indispensables et dont l'amitié l'est encore plus.

Sarajane Peterson Woolf, notre réviseure littéraire cultivée dont la perspicacité et les conseils ont été inestimables.

Christian Wolfbrandt, avec son don extraordinaire pour promener et garder les chiens, en plus d'être un bon ami. Nous avons tellement apprécié ton aide.

Notre éditeur, Peter Vegso, un ami précieux, tant sur le plan professionnel que personnel, de qui nous avons tellement appris sur l'écriture et la commercialisation réussie d'un livre, et qui demeure loyal envers et contre tout.

Patty Aubery et Russ Kamalsi, pour votre intelligence, votre perspicacité et votre soutien constant, et pour avoir été là tout au long du voyage avec amour, rire et créativité sans limites.

Barbara Lomonaco, qui nous a alimentés d'histoires et de caricatures merveilleuses.

D'ette Corona, indispensable, de bonne humeur, bien informée et aussi solide que le roc de Gibraltar. Sans toi, nous n'y serions pas arrivés.

Patty Hansen qui s'occupe si bien des aspects légaux et des accords de licence des livres *Chicken Soup for the Soul*. Tu relèves superbement le défi!

Laurie Hartman, gardienne précieuse de la marque *Chicken Soup.*

Veronica Romero, Teresa Esparza, Robin Yerian, Jesse Ianniello, Jamie Chicoine, Jody Emme, Debby Lefever, Michelle Adams, Dee Dee Romanello, Shanna Vieyra, Lisa Williams, Gina Romanello, Brittany Shaw, Dena Jacobson, Tanya Jones et Mary McKay qui soutiennent avec amour et habileté les entreprises de Jack et de Mark.

Lisa Drucker qui a révisé notre manuscrit final. Merci d'être là quand nous avons besoin de toi.

Bret Witter, Elisabeth Rinaldi, Allison Janse et Kathy Grant, nos éditeurs chez Health Communications, Inc., merci de votre dévouement à l'excellence.

Notre grand ami, Terry Burke, qui s'intéresse personnellement à chacun de nos livres et qui travaille avec ténacité à faire mousser les ventes pour que, dans le cas présent, les animaux de compagnie et les gens puissent en profiter.

Lori Golden, Kelly Maragni, Tom Galvin, Sean Geary, Patricia McConnell, Ariana Daner, Kim Weiss, Paola Fernandez-Rana et Julie De La Cruz, des services des ventes, du marketing et des relations publiques chez Health Communications, Inc., merci du superbe soutien que vous accordez à nos livres.

Tom Sands, Claude Choquette et Luc Jutras qui, année après année, réussissent à faire traduire nos ouvrages en trente-six langues dans le monde entier.

Le service graphique de Health Communications, Inc., qui, par leur talent, leur créativité et leur patience sans borne produisent les couvertures et la maquette intérieure des livres qui rendent si bien l'esprit des *Bouillons de poulet:* Larisse Hise Henoch, Lawna Patterson Oldfield, Andrea Perrine Brower, Anthony Clausi, Kevin Stawieray et Dawn Von Strolley Grove.

Un merci tout spécial à Frank Steele qui nous a gratifiés de son amitié unique. Ton soutien pendant la gestation de ce livre a été très important pour nous.

Et mille mercis aux merveilleux écrivains amoureux des bêtes, particulièrement les membres de *Dog Writers Association of America, Cat Writers' Association, Oklahoma Writers' Federation,* la « *Colorado Gang* » et les « *Warpies* » dont les « coups de pattes » ont tellement contribué au succès de ce livre. Sans vous, nous n'y serions pas arrivés!

Merci également à tous les coauteurs des *Bouillons de poulet pour l'âme;* ils font en sorte qu'il est si agréable de faire partie de la famille *Bouillon de poulet.*

Enfin, à notre brillant panel de lecteurs qui nous ont aidés à faire le choix final et ont fait des suggestions inestimables pour améliorer le livre: Ellen Adams, R.V.T., Beverly Appel, Joyce Barton, Cindy Buck, Wendy Czarnecki, Roni Coleman, Jennifer Dysert, Kay Eichenhofer, Duchess Emerson, Maria Estrada, Terri Frees, Jill Gallo, Veryl Ann Grace, Tracy Lynn Jarvis, Erica M. Kresovich, Marcy Luikart, Kathy Moad, Erin Monteith, Phil Monteith, Mary Jane Monteith, Rebecca Morse, Mary Jane O'Brien, Tom Phillips, Kylee Reynolds, Caitlin Rivers, Barry Schochet, Betty Schubert, Patty Shanaberg, Anthony Solano, Julie Urban et Mindy Valcarcel.

Surtout, merci à toutes les personnes qui ont soumis leurs histoires venant du fond du cœur, leurs poèmes, leurs citations et leurs caricatures pour inclusion possible dans cet ouvrage. Même si nous n'avons pu inclure chaque élément, nous savons que chacun de vos mots était sincère et visait à honorer la grande famille des chiens.

Vu l'importance de ce projet, nous avons peut-être omis les noms de certaines personnes qui nous ont aidés en cours de route. Si c'était le cas, veuillez nous en excuser et sachez que nous vous apprécions beaucoup.

Avec notre sincère reconnaissance et notre amour pour vous tous!

Introduction

De tout temps, notre vie avec les chiens a été documentée avec amour — qu'il s'agisse d'art dans les cavernes, de hiéroglyphes, de tombeaux médiévaux des chevaliers européens jusqu'aux portraits de mariage de l'ère victorienne. Aujourd'hui encore, les chiens sont une partie importante et très visible de la culture moderne.

Ouvrez la télévision, feuilletez un magazine ou un journal et vous verrez une quantité époustouflante de gadgets canins à vendre. Des aimants sur les frigos qui proclament: « Seigneur, faites que je sois le genre de personne que mon chien croit que je suis. » Des autocollants de parechocs qui disent: « Nous restons ensemble pour le bien du chien. » On voit même les membres d'une famille, à deux ou quatre pattes, s'entasser sur le canapé pour regarder les vidéos des vacances familiales passées ensemble.

Le lien humain-animal, ou plus simplement « le Lien », ne fait pas que survivre — il est florissant!

En fait, c'est la force et la puissance du Lien qui ont inspiré la rédaction de ce livre. En réponse à notre appel à tous pour des histoires, nous en avons reçu des milliers venant de passionnés de chiens dans le monde entier qui ont voulu nous raconter les mille et une façons dont leurs chiens ont eu un effet bénéfique dans leur vie. *Bouillon de poulet pour l'âme de l'ami des chiens* est un témoignage de l'amour que nous, humains, avons pour les chiens qui partagent notre vie. Les chapitres de ce livre illustrent les principales façons dont les chiens nous font du bien: ils nous aiment, nous consolent, nous enseignent, nous font rire et, parfois, nous brisent le cœur au moment de leur décès. Comme l'a déjà dit l'auteur Roger Caras: « Les chiens n'occupent pas toute notre vie, mais ils la rendent entière. »

Les chiens vivent avec nous depuis plus longtemps que tous les animaux domestiqués. Ce partenariat est peut-être né du fait que les humains et les chiens se ressemblent tellement: nous aimons nos familles, nous aimons nous lover dans nos foyers, nous recherchons les contacts sociaux et nous respectons la loyauté.

Qualifiés de « la plus flexible de toutes les espèces », les chiens se présentent sous toutes les formes et formats imaginables. De plus, ils ont des vocations très variées, de chiens de salon bichonnés qui donnent un sens nouveau à l'expression « vie de chien » aux chiens courageux qui patrouillent les aérogares à la recherche de bombes, de drogues et de dangereux criminels.

Les chiens nous font sentir bien — et sont bons pour nous. Des organismes comme la *Delta Society* décrivent ce phénomène comme « l'effet positif des animaux de compagnie sur la santé et le bien-être des humains ». Nos chiens soulagent nos douleurs chroniques, nous remontent le moral, sentent le cancer, détectent les crises cardiaques imminentes, les crises d'épilepsie et les migraines. Ils font baisser notre pression sanguine et notre taux de cholestérol, nous aident à nous rétablir d'une très grave maladie, et ils améliorent le QI de nos enfants, tout en réduisant leurs risques de souffrir d'allergies et d'asthme à l'âge adulte. À bien y penser, l'amour inconditionnel, l'affection illimitée et la loyauté à toute épreuve d'un chien bien choisi, bien entraîné et bien soigné, pourraient être exactement ce que le médecin recommanderait!

Mais peut-être que nos chiens nous aident surtout en nous fournissant un exutoire important à notre amour. Environ six foyers américains sur dix ont un animal de compagnie, alors que seulement trois sur dix ont des enfants. Quand les enfants ont grandi et que le nid se vide, les chiens deviennent encore plus importants pour des millions de gens qui veulent continuer à s'occuper d'un autre être vivant. Car nous, les humains, sommes une espèce très sociale qui a *besoin* de prendre soin.

Pourtant, aujourd'hui, plusieurs d'entre nous vivent seuls, à cause d'un divorce, par choix de ne pas avoir d'enfants, à la suite du décès d'un conjoint ou d'un partenaire, ou parce que notre famille vit aux quatre coins du pays. Malheureusement, vivre seul trop longtemps peut entraîner la maladie — et même écourter notre vie.

Heureusement, nos compagnons canins apportent un réconfort émotif à tout, d'une relation brisée à une mauvaise journée au bureau ou à une journée horrible — et même pour ceux d'entre nous qui doivent subir un traitement pour le cancer. Les chiens nous aiment simplement tels que nous sommes, pour ce que nous sommes. Ils ne veulent pas savoir si nous sommes célèbres, puissants, riches ou importants — nous sommes tout cela et bien plus à leurs yeux.

À la fin de la journée, nous ne savons jamais si ces yeux luisent pour nous ou pour le pot à biscuits, mais quand nous sommes accueillis à la porte avec frénésie par une boule de poils ravie qui trépigne de joie, cela n'a aucune importance.

Alors, installez-vous confortablement et laissez l'amour des chiens vous envahir pendant que vous lisez ces histoires charmantes et vraies. Puissent-elles vous inspirer à être la personne que votre chien croit que vous êtes!

1

De l'amour

Les chiens sont à jamais dans l'instant présent. Ils sont toujours une vague déferlante d'émotions, et chaque émotion est un dérivé de l'amour.

Cynthia Heimel

La patience récompensée

Albert Payson Terhune, le célèbre auteur des récits sur les chiens, dans les années 1920 et 1930, qui a écrit les livres de *Lassie,* racontait souvent cette histoire à propos de son ami Wilson pour illustrer l'amour profond que partagent les humains et les chiens. Cette histoire démontre aussi que, parfois, ce qui pourrait sembler la meilleure solution pour toutes les parties n'est pas toujours vrai quand une de ces parties est un chien.

Le chien de Wilson, Jack, un colley énergique de six ans, venait chaque jour à la station de tramway attendre son maître quand celui-ci rentrait du travail. Un rituel qui avait commencé quand Jack n'était qu'un chiot. Le chien connaissait l'itinéraire aller-retour sur le bout de ses pattes, et ce voyage était le haut fait de sa journée. Alors, quand Wilson a changé d'emploi et a dû déménager en Californie, il a cru qu'il serait préférable de laisser Jack chez lui, dans sa ville natale de Philadelphie, avec un parent. Il a expliqué la situation au chien avant de partir et lui a dit qu'ils auraient tous deux à s'adapter à un nouveau foyer.

Mais Jack ne voulait pas d'un nouveau foyer. Il refusait d'habiter avec la famille à qui on l'avait confié. Il est retourné à la vieille maison de Wilson, même si celle-ci avait été barricadée, et il y passait toutes ses journées seul, à côté d'une chaise abandonnée sous le portique. Mais chaque soir, remuant la queue, il trottinait jusqu'à la station de tramway. Depuis la naissance de Jack, Wilson avait toujours emprunté le même tramway pour rentrer du travail et Jack avait été là pour l'accueillir. Pourtant, soir après soir, le maître du chien dévoué manquait à l'appel. Confus et triste, le chien retournait seul à la maison déserte.

Le chien devenait de plus en plus déprimé. Il refusait la nourriture qu'on lui laissait et, avec le temps, il devenait de plus en plus maigre, on voyait ses côtes malgré son épais pelage blond. Pourtant, chaque soir, toujours confiant, il se rendait à la station pour attendre le tramway. Et chaque soir, il retournait à son porche, plus déprimé que jamais.

Personne ne sait pourquoi la nouvelle famille de Jack n'a pas communiqué avec Wilson, mais la détérioration de l'état de Jack n'est pas passée inaperçue. Un ami qui vivait dans le quartier a été tellement choqué qu'il a pris l'initiative d'envoyer un télégramme à Wilson, en Californie, l'informant de la situation du chien.

Il n'en fallait pas plus.

Wilson a immédiatement acheté un billet de train aller-retour; il savait ce qu'il devait faire. En arrivant à Philadelphie, il a attendu plusieurs heures, simplement afin de pouvoir prendre le même tramway qu'il prenait toujours pour rentrer à la maison. Bien sûr, quand le tramway est arrivé à la station, Jack était là, attendant et surveillant les passagers qui débarquaient. Regardant et espérant. Et, soudain, *il* était là, son maître adoré. Son maître était enfin revenu! Le monde de Jack était désormais redevenu complet, tout comme celui de Wilson.

Plus tard, Wilson a raconté à Terhune: « Jack sanglotait presque comme un enfant pourrait le faire. Il tremblait de tous ses membres comme s'il avait le frisson. Moi? Eh bien, je me suis mouché et j'ai cligné rapidement des yeux de nombreuses fois. »

Wilson a ramené son chien dévoué, Jack, en Californie avec lui. Ils ne se sont plus jamais quittés.

Hester Mundis

Le canard et le doberman

Même si Jessie, notre doberman noir de 36 kilos avait un air menaçant — elle grondait férocement face aux étrangers et attaquait les rongeurs dans la cour — elle était extrêmement loyale et aimante envers notre famille. Nous voulions un deuxième chien, mais nous avons décidé qu'il valait mieux laisser Jessie seule; nous craignions que, par jalousie, elle attaque tout chien qui viendrait s'immiscer dans sa relation avec nous.

Quand notre fils Ricky est rentré de l'école un jour avec un œuf, nous avons vu venir les problèmes. L'œuf de Ricky venait d'un projet de sa classe de deuxième année: l'incubation et l'éclosion de canards de Rouen. L'œuf n'avait pas éclos à l'école et son professeur lui avait permis de le rapporter à la maison. Mon mari et moi doutions que l'œuf éclose hors de l'incubateur, alors nous lui avons permis de le garder. Ricky a déposé l'œuf sur un coin de pelouse ensoleillé dans la cour et il a attendu.

Le lendemain matin au réveil, nous avons entendu un cri aigu bizarre provenant de la cour arrière. Nous avons vu Jessie, nez à nez avec un caneton couleur pêche, fraîchement éclos.

J'ai crié: « Jessie va l'avaler tout rond! Éloignez-la. »

« Attends, a dit mon mari, Rick. Je crois que ça ira. Attendons juste un peu. »

Le caneton pépiait. Jessie a grogné et s'est précipitée vers sa niche. Le caneton l'a suivie. Jessie s'est lovée sur son lit, ignorant clairement la petite créature. Mais, le caneton ne l'entendait pas ainsi. Il avait déjà identifié sa nouvelle « maman », et il s'est pelotonné sur le lit de Jessie, se blotissant sous son museau. Jessie a tenté de pousser doucement le caneton hors de sa niche avec son nez, mais le petit revenait en se plaçant sous son museau. Jessie a poussé un long soupir et a accepté à contrecœur son nouveau rôle.

Ricky a baptisé le caneton *Peaches* et nous a suppliés de le garder. Jessie n'avait pas l'air d'apprécier son nouveau bébé, mais elle ne semblait pas présenter un danger pour Peaches non plus. Nous avons cédé et décidé de voir comment les choses allaient tourner.

À notre surprise, au cours des semaines qui ont suivi, Jessie a bien joué son rôle de mère. Quand Peaches picorait le sol, Jessie lui montrait comment creuser. Quand Peaches chassait les balles de tennis, Jessie lui apprenait comment les rapporter. Et quand Jessie s'étendait sur le canapé en cuir pour regarder *Animal Planet* à la télé, Peaches se lovait sous son museau.

Après une année de compagnonnage à creuser, dormir et rapporter ensemble, Peaches pesait huit kilos. Il semblait très heureux d'être le « chiot » de Jessie.

Puis un jour, quelque chose a changé: le côté « canard » inné de Peaches a pris le dessus. Elle s'est mise à pondre un œuf par jour et était obsédée par l'eau. Au moment des repas, Jessie mangeait pendant que Peaches battait des ailes et s'ébattait dans le bol d'eau.

Un soir, Peaches a disparu et Jessie est devenue affolée. Nous imaginions des coyotes à l'affût qui auraient enlevé Peaches pendant que Jessie dormait. Jessie jappait et hurlait, comme toute mère angoissée qui aurait perdu son petit. Nous avons fouillé le quartier en profondeur et nous allions abandonner nos recherches lorsque Jessie s'est élancée dans la cour d'un voisin. Nous l'avons suivie. Peaches était là, s'ébattant et cancanant dans le spa. Jessie y a sauté pour aller la chercher.

Bien que nous voulions garder Peaches dans notre famille, une chose cependant nous paraissait claire: elle devait prendre son envol et rejoindre l'univers des canards. Ricky a attaché un ruban rouge autour d'une patte de Peaches, il a fait monter Peaches et Jessie dans la voiture et nous sommes partis vers un étang voisin. Pendant le trajet, Jessie s'est lovée près de Peaches et lui a léché la tête. Elle semblait savoir clairement ce qui se passait et en connaître la raison.

À notre arrivée à l'étang, Jessie et Peaches ont couru vers l'eau. Jessie a plongé en premier. Peaches l'a suivie. Elles ont nagé ensemble sur plusieurs mètres avant que Peaches s'éloigne, en direction d'une volée de ses congénères. Jessie est revenue, a lentement remonté sur la berge et s'est ébrouée. Elle est restée assise quelques minutes à regarder sa fille. Puis, elle a jappé comme pour dire: « Il est temps de laisser aller ma petite », et elle a sauté dans la voiture.

De retour à la maison, Ricky a collé, à l'intérieur de la niche, des photos de Jessie et Peaches en train de creuser, de rapporter des balles et de se lover ensemble. Pendant longtemps, Jessie a fait des visites hebdomadaires à l'étang. Nous pouvions habituellement voir le ruban rouge et nous croyions aussi entendre le nasillement distinctif de Peaches qui saluait sa famille « biologique ».

La maternité a transformé Jessie. Autrefois asociale et intimidante, elle est devenue une amie pour tous les voisins. Elle sortait à tout moment pour jouer avec d'autres chiens, elle sautait sur les visiteurs et leur léchait la figure. Le grondement féroce ne faisait plus partie de son vocabulaire.

Nous avons craint le pire le jour où nous avions aperçu Jessie et bébé Peaches nez à bec. Nous n'aurions jamais imaginé qu'une petite boule de duvet de quelques grammes attendrirait pour la vie notre doberman de 36 kilos.

Donna Griswold
tel que raconté à Eve Ann Porinchak

Maintenant et pour toujours

Il y a quelques années, je cherchais un petit chien pour notre famille et j'ai communiqué avec la SPCA locale (Société pour la prévention de la cruauté envers les animaux) qui m'a référée à une dame qui agissait pour eux comme famille d'accueil pour des bichons maltais sauvés. J'ai appelé cette dame, et mon mari et moi sommes allés la rencontrer en voiture. En regardant autour de moi, j'ai remarqué un mignon maltais nommé Casper. Mon mari et moi avons décidé de l'adopter.

La mère d'accueil nous a demandé si nous pouvions ouvrir nos cœurs afin d'adopter aussi l'ami de Casper, Kato. Elle nous a dit que les deux chiens, qui ne pouvaient compter que l'un sur l'autre pour se réconforter, avaient été récemment secourus d'une usine à chiots où ils avaient passé les sept premières années de leur vie. Quand la SPCA a fermé l'usine à chiots et saisi tous les chiens, Kato et Casper lui avaient été confiés.

Elle nous a raconté qu'à leur arrivée, leur robe était si mal en point qu'ils ne ressemblaient pas à des maltais. Ils étaient bruns, le poil de leurs pattes collait à l'abdomen et leurs pattes étaient enflées et irritées à force de marcher sur le grillage dans leur cage. Pendant sept ans, leur seul contact avec des humains se produisait quand on leur lançait leur nourriture ou qu'on les jetait dans une autre cage pour s'accoupler avec une femelle. Les gens ne savent pas que, parfois, les mignons petits chiots qu'ils voient derrière les vitres de plusieurs animaleries laissent derrière eux des parents qui vivent dans la négligence et la souffrance.

Je me suis alors tournée vers le petit maltais nommé Kato. *Il est si laid,* me suis-je dit. *Et il n'est même pas sociable.* Il grognait et grondait quand nous le regardions. Pourtant, j'ai été touchée, et nous avons accepté de prendre Kato également. En rentrant à la maison, mon mari et moi étions inquiets. Peut-être avions-nous vu trop grand. Nous n'avions jamais eu de chiens maltraités pendant si longtemps.

Le premier jour dans notre foyer a été très difficile pour les deux chiens. Ils ne comprenaient rien d'autre que la crainte des humains. Ils se tenaient près l'un de l'autre et passaient la majorité du temps cachés sous les tables ou dans des coins sombres. Pour tenter de leur donner un nouveau départ, nous avons changé leurs noms: Casper s'appellerait désormais Thomas, et Kato, Timothy.

Les jours sont devenus des semaines et les semaines, des mois. Avec le temps, Thomas est devenu plus amical et il agitait la queue quand on lui parlait, mais Timothy refusait même de nous regarder. Au son de nos voix, il se tassait contre le mur du fond de sa cage. Sa niche de plastique — celles qu'on utilise pour transporter les chiens — était l'endroit où il se sentait le plus en sécurité. Même si la porte restait ouverte, il préférait passer la plus grande partie de ses journées dans sa cage, n'en sortant que lorsque nous le prenions doucement pour le sortir dehors. Chaque fois que je tendais la main vers Timothy, il se couchait sur le dos en gémissant. Un jour, j'ai remarqué un voile gris dans ses yeux, comme une pellicule. J'en ai parlé au vétérinaire qui m'a dit que cela se produisait chez les chiens qui vivaient dans la peur totale. Ils se retirent dans un monde à eux pour pouvoir survivre d'un jour à l'autre.

J'ai fait tout ce que j'ai pu pour aider ce chien, mais il ne faisait que très peu de progrès. Il restait assis au fond de sa cage, la tête basse, pendant des heures. Pourtant, je n'ai pas baissé les bras. Quand la maison était calme, je m'assoyais sur le sol et je lui parlais, mais il ne me regardait pas. Il regardait ailleurs. Un jour que je regardais cette pauvre créature souffrir en silence, j'ai songé à son passé — la faim, l'isolement, l'abus — et j'ai éclaté en sanglots. Le cœur brisé, je lui ai demandé pardon pour la souffrance que les humains lui avaient causée. Je ne pouvais que penser au malheur et à la peur qui avaient été son lot, année après année.

Pendant que les larmes coulaient sur mon visage, j'ai senti qu'on me touchait doucement la main. À travers mes larmes, j'ai vu Timothy. Il était sorti du fond de sa cage pour s'asseoir près de moi et il léchait les larmes qui coulaient sur ma main. Doucement, pour ne pas l'effrayer, je lui ai dit que je l'aimais. Je lui ai promis que je l'aimerais toujours et que personne ne lui ferait plus jamais de mal. Comme je lui répétais qu'il serait toujours au chaud, en sécurité et qu'il y aurait toujours de la nourriture pour lui, il s'est approché encore plus près de moi. J'ai songé à un passage de la Bible: *l'amour est bon, il n'entretient pas de rancune, il ne cherche pas son intérêt, il fait confiance en tout, il espère tout, il endure tout. L'amour ne disparaît jamais*. Le sens de ces paroles m'est apparu très clairement en regardant ce petit chien qui, malgré tout ce qu'il avait enduré, m'avait ouvert son cœur.

Aujourd'hui, je suis encore la seule personne à qui Timothy fait pleinement confiance; nous avons un lien particulier. Quand je l'appelle, il saute de joie et jappe, sa queue s'agite de bonheur. Quand je m'assois, il saute dans mes bras et lèche mon visage. Et, comme je le lui avais promis, je le tiens, je le caresse doucement et je lui dis que je l'aime — maintenant et pour toujours.

Suzy Huether

Chanceuse en amour

Je voulais un chiot, mais le moment était des plus mal choisis. Après trois ans, mon mariage était en ruine et la dernière chose dont j'avais besoin était une nouvelle responsabilité. Pour tenter de fuir l'inévitable, mon mari et moi avions décidé d'aller en vacances à Big Sur, sur la côte de la Californie. Le dernier jour de notre voyage, nous nous sommes arrêtés pour dîner dans un restaurant. En retournant à la voiture, nous avons aperçu une cage près d'un escalier au fond du stationnement. Je me suis approchée et j'ai vu une petite boule de poils noirs irrésistible qui me fixait d'un regard nostalgique derrière les barreaux, me suppliant de la laisser sortir. Quelqu'un l'avait abandonnée là avec une affiche sur la cage: « Chiot gratuit. Son nom est Lucky. Prenez-la. »

J'ai regardé mon mari et il a fait non de la tête, mais j'ai insisté. J'avais besoin d'un être à aimer. J'ai sorti le chiot de la cage et, heureuse de sa liberté, elle a sauté dans notre voiture. Nous avons emprunté le Pacific Coast Highway balayé par le vent. Nous nous sommes arrêtés dans une vaste prairie herbeuse pour lui permettre de courir. Allongés sur notre couverture dans la verdure, nous la regardions piétiner les pâquerettes sauvages, pourchasser les écureuils et sauter partout. Sa joie d'être en liberté a été un baume pour moi.

Nous l'avons rebaptisée Bosco et elle s'avéra être un berger belge. Ma fidèle amie est restée à mes côtés pendant un divorce difficile et elle a été mon ange gardien pendant les longues années de célibat qui ont suivi.

Un matin, quand elle avait neuf ans, je l'ai trouvée haletant bruyamment à mon réveil, son pelage frisé moite et emmêlé. D'une main tremblante, j'ai pris le téléphone pour appeler mon vétérinaire. Lasse, Bosco s'est blottie sur mes genoux, sa respiration pénible résonnait sur ma poitrine. Je lui flattais la tête, encore et encore, en attendant que la réceptionniste réponde.

« Désolée, Jennifer, le docteur est en voyage. » De la main droite, je continuais de flatter le long et doux museau de Bosco et ma main gauche serrait de plus en plus le récepteur alors que je retenais mes larmes. Elle m'a référée à une autre clinique vétérinaire. Comment pourrais-je avoir confiance en quelqu'un d'autre pour soigner mon bébé? Mais je n'avais pas le choix.

J'ai tendrement déposé ma pauvre chienne sur le siège du passager de la voiture. D'une main, j'ai tourné la clé dans le contact et, de l'autre, je caressais doucement son corps tranquille sous la vieille couverture délavée bleue et verte que j'utilisais pour les pique-niques — la même que le jour où nous avions trouvé Bosco.

Je me suis garée dans le stationnement de la clinique. J'ai pris une longue respiration, j'ai récité une prière et, lentement, je suis entrée avec mon paquet dans les bras. Une réceptionniste d'âge mûr a reconnu mon nom et a immédiatement appelé le vétérinaire de garde. En attendant cette personne inconnue qui tiendrait la vie de Bosco entre ses mains, j'ai regardé dans la salle d'attente feutrée, lambrissée de bois. Un pit-bull était docilement assis aux pieds de la femme à mes côtés et Bosco n'a même pas semblé le remarquer. Un homme a appelé mon nom.

Dr Summers était en mode urgence, ses yeux bleus exprimaient la compassion et l'inquiétude. En le suivant vers la salle d'examen, j'ai remarqué ses épaules larges et solides et sa démarche assurée. J'ai déposé Bosco avec précaution sur l'étroite table d'acier et j'ai doucement retiré la couverture que j'ai serrée dans mes bras. Sa douce odeur imprégnait encore la laine. Dr Summers m'écoutait avec attention pendant que je lui exposais les symptômes, ses mains pleines de douceur posées sur le flanc de Bosco. Il a pensé à une gastroentérite et a voulu la garder sous observation à la clinique. Par contre, il a souligné que je pourrais passer la voir. J'ai donné un baiser sur le museau de Bosco et je lui ai murmuré au revoir. Dr Summers a souri. « Rentrez chez vous, reposez-vous. Je vous promets que je prendrai bien soin d'elle. » Et d'une certaine manière, j'ai su qu'il le ferait, qu'il n'y avait pas de meilleur endroit où laisser ma grande amie que dans ses bras.

Le lendemain, en rentrant du travail, je me suis rendue directement à la clinique pour voir Bosco. La réceptionniste m'a fait signe d'y aller et je me suis retenue pour ne pas courir vers les cages. Je me suis assise sur le plancher de béton froid et j'ai passé la main dans la cage pour flatter Bosco, qui a agité faiblement la queue. Quand Dr Summers a appris que j'étais là, il est venu ouvrir la cage. J'ai serré Bosco dans mes bras, heureuse de sentir sa chaleur sur mes genoux. Dr Summers s'est accroupi à nos côtés. À voix basse pour permettre à Bosco de dormir, nous avons parlé de nos familles, de nos carrières, de nos rêves et de nos vies.

Au cours des semaines suivantes, je suis allée tous les jours voir Bosco et mon nouvel ami, le Dr Summers. Plus tard, une biopsie a confirmé une mauvaise nouvelle: une entérite plasmocyte lymphocytaire. Je n'avais jamais entendu parler de la nature de cette maladie, encore moins prononcer son nom. À cause des vomissements et de la diarrhée causés par la maladie, Dr Summers l'a gardée en clinique sous intraveineuse. Quand, en plus de cette maladie, Bosco a développé une pancréatite, le traitement s'est compliqué.

Le jour est venu où les médicaments furent sans effet, l'état de Bosco ne s'améliorait pas et je devais prendre une décision. Dr Summers m'a encouragée à la ramener à la maison pour être avec elle pendant quelques jours. Il savait que j'avais besoin de lui faire mes adieux. Je l'ai enveloppée dans la couverture et je l'ai ramenée chez moi.

Bien blotties toutes les deux sur le canapé, je lui ai dit combien je l'avais aimée et que j'étais reconnaissante qu'un chiot nommé Lucky soit entré dans ma vie pour devenir ma meilleure amie. Elle m'écoutait, ses yeux bruns fatigués regardant au-delà de moi, cherchant la paix. Il était temps pour elle de partir.

Deux semaines après l'avoir mise pour la dernière fois dans les bras du Dr Summers, j'ai appelé la clinique. J'avais besoin de parler à quelqu'un qui me comprendrait — Dr Summers, maintenant devenu mon ami, m'avait aidée à fermer la dernière porte. Il m'a invitée à dîner et nous avons échangé des photos de nos familles. Nous avons partagé des souvenirs de Bosco et il a doucement essuyé les larmes sur mes joues pendant que ses propres yeux devenaient humides. Ce jour-là, une nouvelle porte s'est ouverte pour nous, et nous l'avons franchie.

Le 3 avril, deux ans jour pour jour après le décès de Bosco, j'épousais le Dr Summers, l'homme qui avait si bien pris soin d'elle et de moi. Mon père a fait une allocution pendant la cérémonie et, faisant une pause pour regarder vers le ciel, il a dit en souriant: « Je sais que Bosco est ici avec nous aujourd'hui et qu'elle bénit ce mariage. » J'ai souri à travers mes larmes de bonheur. Bosco, même dans sa mort, avait toujours apporté de l'amour dans ma vie.

Jennifer Gay Summers

Le monde de Jethro

Mon chien, Jethro — un mélange de rottweiler et de berger allemand — a toujours été d'un naturel calme, doux et bien élevé. Depuis que nous avions fait connaissance au refuge pour animaux alors qu'il n'était âgé que de neuf mois, jusqu'au moment de sa mort, deux choses étaient claires: un lien bien spécial nous unissait, Jethro et moi, et il était une âme d'une douceur et d'une compassion exceptionnelles.

Jethro n'a jamais pourchassé les animaux. Il aimait simplement se tenir là et regarder le monde autour de lui. Il était un assistant de recherche parfait pour moi sur le terrain, alors que j'étudiais les différentes sortes d'oiseaux, dont les gros-becs errants de l'Ouest et les geais de Steller qui vivaient près de chez moi au pied des Rocheuses du Colorado.

Un jour, alors que j'étais assis dans la maison, j'ai entendu Jethro arriver à la porte avant. Au lieu de gémir comme à l'habitude quand il veut entrer, il est resté assis. Je l'ai regardé et j'ai vu une petite créature velue dans sa gueule. J'ai d'abord pensé: *Oh, non, il a tué un oiseau.* Cependant, quand j'ai ouvert la porte, Jethro a laissé tomber à mes pieds un très jeune lapin, trempé de salive et bien vivant. Je n'ai remarqué aucune blessure, seulement une petite boule de fourrure qui avait besoin de chaleur, de nourriture et d'amour. J'ai pensé que sa mère avait probablement été victime d'un coyote, d'un renard roux ou d'un puma qui rôdaient parfois près de chez moi.

Jethro me regardait avec de grands yeux comme s'il cherchait des éloges de ma part. Je l'ai félicité. Il semblait très fier de lui. Pourtant, quand j'ai pris le lapin, sa fierté s'est transformée en inquiétude. Il a essayé de me l'arracher des mains, sans succès. En pleurnichant, il m'a suivi pendant que je trouvais une boîte, une couverture, de l'eau et de la nourriture. J'ai délicatement déposé le petit lapin, une femelle, dans la boîte, je l'ai baptisée Bunny et je l'ai enveloppée dans la couverture. J'ai placé des carottes, du céleri et de la laitue finement hachés près d'elle et elle a essayé de manger. Je me suis assuré qu'elle sache où était l'eau.

Pendant tout ce temps, Jethro se tenait derrière moi, haletant, bavant sur mon épaule et surveillant chacun de mes gestes. J'ai cru qu'il s'attaquerait à Bunny ou à la nourriture, mais il est resté là simplement, fasciné par la petite boule de fourrure qui se déplaçait lentement dans son nouveau foyer.

Je me suis éloigné de la boîte et j'ai appelé Jethro, mais il n'a pas bougé. Quand je l'appelle, il accourt habituellement vers moi, particulièrement si je lui offre un os, mais ce jour-là, il est resté obstinément près de la boîte. Pendant des heures, il a été impossible de l'éloigner de Bunny.

J'ai dû finalement tirer Jethro dehors pour sa promenade du soir. En rentrant, il s'est dirigé en courant vers la boîte, et il a dormi là toute la nuit. J'ai bien essayé d'attirer Jethro vers l'endroit où il dormait habituellement, mais il a refusé. Son attitude disait clairement: « Pas question, je reste ici. »

J'avais confiance que Jethro ne ferait aucun mal à Bunny, et jamais, pendant les deux semaines où je l'ai soignée durant sa convalescence, il n'a fait quoi que ce soit pour l'effrayer. Jethro avait adopté Bunny; il s'assurait que personne ne puisse lui faire de mal.

Enfin, le temps est venu où j'ai présenté Bunny au monde extérieur pour la première fois. Jethro et moi nous sommes dirigés du côté est de ma maison et je l'ai sortie de la boîte. Nous l'avons observée se diriger lentement vers un tas de bois. Elle était prudente, ses sens bousculés par les nouveaux stimuli — de nouvelles choses à voir, de nouveaux sons, de nouvelles odeurs — qui l'entouraient. Bunny est restée dans le tas de bois pendant environ une heure avant d'en sortir pleine d'assurance pour entreprendre sa vie de lapin sauvage. Jethro n'a pas bougé et examinait la scène. Il n'a jamais quitté Bunny des yeux et n'a jamais tenté de l'approcher.

Bunny est restée autour de la maison pendant quelques mois. Chaque fois que je laissais Jethro sortir de la maison, il courait immédiatement vers l'endroit où j'avais libéré Bunny. En arrivant, il penchait la tête d'un côté et de l'autre et cherchait Bunny. Ce manège a duré environ six mois. Si je disais « Bunny » d'une voix aigüe, Jethro gémissait et partait à sa recherche. Il aimait Bunny et souhaitait la revoir.

J'ignore ce qu'il est advenu de Bunny. Probablement qu'elle a vécu sa vie dans la campagne autour de chez moi. Depuis ce temps, d'autres lapins, jeunes et adultes, sont passés par ici et j'ai remarqué que Jethro ne court jamais après eux. Il cherche plutôt à s'en approcher le plus possible et il examine chacun d'eux, se demandant peut-être si c'est Bunny.

Il y a quelques étés, bien des années après avoir fait la connaissance de Bunny et avoir fait preuve de beaucoup de compassion à son égard, Jethro est arrivé à la course avec un animal tout mouillé dans sa gueule. J'ai songé: *Serait-ce un autre lapin?* Je lui ai demandé de le déposer par terre. Cette fois, c'était un oisillon qui avait heurté une fenêtre. Il était étourdi et avait juste besoin de reprendre ses esprits.

Je l'ai tenu dans mes mains pendant quelques minutes. Jethro, fidèle à lui-même, n'a pas quitté l'oiseau des yeux. Il épiait chacun de mes gestes. Quand j'ai cru que l'oisillon était prêt à reprendre son vol, je l'ai déposé sur la balustrade de ma véranda. Jethro s'en est approché, l'a senti, a reculé et l'a regardé s'envoler. Quand il l'a perdu de vue, il s'est tourné vers moi et a fait ce qui m'a semblé l'équivalent canin d'un haussement d'épaules. Puis, ensemble nous avons fait une longue promenade sans but sur le chemin qui longe ma maison. Tout allait bien dans le monde de Jethro, une fois de plus.

Marc Bekoff

La grande promenade canine

Bien que je sois née et que j'aie grandi dans la ville de New York, mes parents adoraient le plein air. Chaque été, mon père louait pour nous un petit chalet à l'extrémité est de Long Island. Le chalet était niché dans un boisé, près de la plage. J'ai donc passé mon enfance à pêcher, à nager, à faire du canot et à profiter du pur plaisir de la nature. Après mon mariage et la naissance des enfants, nous habitions près de chez mes parents et nous avons continué à nous joindre à eux pendant leurs vacances annuelles à Long Island.

Une année, un peu avant les vacances estivales, mes parents ont adopté un magnifique chiot basset anglais. Mes deux filles étaient folles de joie. Le chien est rapidement devenu le centre de leur vie. Ils ont nommé le chiot Huckleberry Hound, d'après le personnage de bandes dessinées à la télévision.

Chaque jour, après l'école, elles se rendaient chez leurs grands-parents pour nourrir le chien et l'emmener en promenade. Le trio se régalait des regards admirateurs qu'on leur lançait pendant leur balade dans le quartier. Huckleberry était certainement tout un spectacle, avec son corps allongé et ses oreilles tombantes qui rasaient presque le sol. Ses quatre jambes courtes se terminaient par de très larges pattes sur lesquelles il trébuchait constamment. Sa face étroite logeait les deux yeux les plus tristes qu'on puisse imaginer. Huckleberry paradait dans la rue comme s'il savait qu'il était spécial et il appréciait chaque moment d'attention qu'on lui accordait.

Notre premier voyage d'été vers le chalet avec Huckleberry fut un vrai cauchemar. Il détestait le roulement de la voiture et a été pris de violentes nausées. Il s'agitait sur le siège arrière, les yeux exorbités et la langue sortie de la gueule. Il bavait tellement que ma mère a sorti son nouveau rideau de douche du coffre de la voiture pour protéger les filles qui prenaient place sur le siège arrière avec lui. Nous sommes arrivés à destination totalement épuisés. Malgré le rideau de douche, les filles étaient dégoulinantes de bave et sentaient le zoo municipal.

Quand Huckleberry est sorti de la voiture, frappé de stupeur, il a passé un long moment à fixer son nouveau décor. Puis, il s'est mis à japper. Où étaient passés les grands édifices, les bornes-fontaines et les trottoirs à renifler. Où étaient passés ses fidèles admirateurs?

Une volée d'oies est passée au-dessus de nos têtes en cacardant bruyamment. Deux grenouilles ont bondi directement devant l'animal tremblant. Un papillon s'est posé sur sa tête et un chat errant a craché en sa direction en passant. C'en était trop pour cette pauvre créature urbaine. Il s'est précipité dans la maison, sous le premier meuble venu.

Huckleberry était un chien de ville. Les trottoirs de béton étaient son univers. Il ne voyait aucun avantage à la campagne. Il est devenu reclus et passait ses journées sur la véranda avant, fermée par une moustiquaire. Huckleberry, bien assis, regardait les filles jouer à l'extérieur, mais quand venait le temps de sa promenade, il se cachait. Nous étions bien tristes pour lui, mais nous avons décidé de laisser le pauvre animal timide passer l'été comme bon lui semblait, bien lové dans son confortable fauteuil de véranda.

Un matin, un tuyau a éclaté dans la cuisine et mon père a téléphoné au plombier, le Jeune Charlie, le fils d'un de ses copains de pêche, le Vieux Charlie. Le Jeune Charlie est arrivé en compagnie d'un vieux labrador noir du nom de George, qui a claironné leur arrivée de l'arrière du pick-up. Les filles sont sorties en courant pour accueillir le chien et ont vu avec plaisir qu'il voulait jouer.

Après une bonne partie de balle et une course autour du terrain, tout le monde avait besoin de se désaltérer.

Huckleberry les avait regardés jouer de son fauteuil. Quand ils se sont arrêtés pour se reposer, il s'est mis à hurler. Tous nos efforts pour le faire taire sont restés vains. Les filles lui ont mis sa laisse et l'ont entraîné dehors. C'est alors que le labrador noir s'est avancé, a saisi la laisse dans sa gueule et a commencé à promener Huckleberry autour du terrain. Les hurlements ont cessé. Huckleberry, la tête haute, la démarche souple, la queue frétillante, suivait George partout où il allait. À la fin de leur promenade, les deux chiens ont été récompensés par des caresses et des friandises canines.

Le lendemain, le Jeune Charlie s'est présenté avec George en disant que son chien avait très hâte de revenir chez nous. À partir de ce jour-là, George, qui semblait savoir qu'il faisait une bonne action, est venu chaque jour promener Huckleberry.

L'été s'est écoulé et l'école nous faisait signe: le temps était venu de retourner à la ville. Les deux chiens se sont frotté le museau l'un l'autre pendant que nous mettions les bagages dans la voiture avant de rentrer en ville.

L'hiver suivant a été très dur. Huckleberry a été malade après avoir mangé Dieu sait quoi dans la neige et il est décédé au bout d'une semaine. Toute la famille a été affectée. Nous avons fait notre deuil, chacun à notre façon, et mes parents ont décidé qu'ils n'auraient pas d'autre chien. Notre vie a continué: l'hiver a passé, le printemps a fleuri et l'été était à nos portes une fois de plus.

Le voyage vers la campagne a été attristé par le vide que nous ressentions tous sans Huckleberry. Quelques jours plus tard, le camion du Jeune Charlie est arrivé et George a été descendu du camion. Au cours de l'hiver, il avait perdu un œil et le Jeune Charlie croyait que, si

George pouvait promener Huckleberry, sa vie en serait enrichie.

Papa a expliqué la situation au Jeune Charlie qui a été bien attristé de notre perte. « George peut encore se déplacer, mais il est devenu vieux. Ça me rend vraiment triste qu'il ne puisse passer l'été à jouer avec son ami », a-t-il dit. Nous avions tous la gorge serrée quand les deux sont partis.

Le lendemain matin, les filles nous ont annoncé qu'elles avaient un plan. Nous sommes allés en ville et nous nous sommes rendus à la boutique d'articles d'occasion. Nous avons acheté un très gros animal de peluche, deux paires de vieux patins à roulettes et une porte d'armoire. J'ai taillé la porte et maman a collé le chien de peluche sur la plateforme. Papa a vissé les patins sous la planche et les filles ont fait un manteau avec la couverture d'Huckleberry. Après avoir attaché le manteau autour du produit fini, nous avons téléphoné au Jeune Charlie pour qu'il emmène George pour une visite.

Nous retenions notre souffle pendant que le labrador noir flairait notre création. Mes filles y ont fixé la laisse et l'ont tendue à George. Nous ne saurons jamais si c'était pour nous faire plaisir ou si l'odeur d'Huckleberry lui a donné l'impression qu'il avait retrouvé son ami. Toujours est-il que, pendant les huit semaines qui ont suivi, George a promené avec fierté l'animal de peluche.

L'histoire s'est répandue en ville et plusieurs résidants sont venus prendre des photos de l'événement. Peu après notre retour en ville cette année-là, nous avons appris que George était mort dans son sommeil, l'animal de peluche à ses côtés. Nous avons pleuré quand nous avons reçu l'appel.

Quelques jours plus tard, après que nos photos d'été furent développées et rapportées à la maison, notre chagrin s'est transformé en joie. Les photos de George qui promenait son « ami » nous ont rappelé les moments heureux que nous avions passés en compagnie de Huckleberry et George. Nous savions que nous avions été témoins d'un véritable geste d'amour. Maintenant, les deux chiens vivront toujours dans notre mémoire quand nous raconterons encore et encore l'une de nos histoires de famille préférées: La grande promenade canine.

Anne Carter

L'argent peut vous procurer un beau chien,
mais seul l'amour peut faire frétiller sa queue.

Richard Friedman

Blu a écarté le voile de tristesse

Un border collie noir et blanc est venu chez nous pour y rester, ses sourires ont éloigné la tristesse de notre vie.

Blu est la seule à savoir ce qu'elle a vécu avant de se retrouver dans un petit espace avec des murs grillagés qu'on appelle « Refuge pour animaux ». Nous n'avions plus de chien depuis quelques mois quand le message télépathique de Blu, « Besoin d'une famille qui m'aimera », s'est rendu aux oreilles de notre adolescente, Christine.

À l'époque, notre famille de six habitait à la campagne. Notre petit terrain était situé en bordure de la rivière Plateau, aux portes de Casper, au Wyoming. La ménagerie familiale comprenait divers poissons d'aquarium, des poules pondeuses et quelques poussins duveteux qui habitaient dans le poulailler. Les lapins des 4-H avaient leur clapier. Un chat de l'île de Man, habillé de vêtements de poupées, accompagnait souvent nos filles cadettes dans leurs aventures imaginaires. Et le dernier mais non le moindre, notre quarter-horse Smokey âgé de deux ans, qui trottait un peu partout.

Blu est arrivée dans notre arche de Noé du Wyoming. Il est facile d'imaginer qu'elle ait été bouleversée. Pour fuir la confusion de son nouvel environnement, elle cherchait à se cacher sous un manteau imaginaire quelconque dans une variété de formes. Elle se cachait sous le poulailler, sous la mangeoire, le bac d'eau ou la chute de chargement du bétail, tout endroit où, loin de l'activité, elle pouvait tout de même observer notre routine quotidienne.

Son comportement nous laissait deviner qu'elle avait dû subir bien des abus avant d'arriver chez nous. Chaque fois que nous levions la main pour la flatter ou que les voix s'élevaient trop à son goût, elle s'enfuyait en tremblant. Pourtant, alors que les semaines et les mois passaient comme les pages du calendrier que nous mettions aux ordures, le comportement de Blu a changé. Elle a commencé par nous suivre dans nos activités, puis c'est elle qui a mené la charge. Quand on l'approchait la main tendue pour la flatter, Blu ne tremblait plus et ne s'éloignait plus. Elle cherchait plutôt notre affection. Quand elle s'approchait de nous et que nous l'ignorions, elle poussait notre main avec son museau jusqu'à ce qu'elle reçoive une caresse et des mots tendres qu'elle appréciait maintenant.

Elle trottait aux côtés de Smokey quand les filles le montaient en amazone. Les instincts de berger de Blu se manifestaient quand elle ramenait vers le poulailler les poulets qui s'éloignaient trop. Elle jouait au jeu du chat avec le chat, et son sourire espiègle gagnait tous ceux qui l'observaient jouer. À la fin de la journée, elle allait dormir près du lit d'une de nos filles. Comme nos enfants, elle écoutait avec ravissement les histoires que nous leur lisions avant d'aller au lit. La beauté de son âme canine nous a touchés de bien des manières. Puis, par une nuit froide, elle nous a démontré sa remarquable capacité d'aimer.

Cette année-là, notre fille de onze ans, Joanne, et sa sœur Kathy avaient reçu chacune un veau à élever pour leur projet 4-H. Matin et soir, elles s'assuraient fidèlement qu'il y avait de l'eau dans leur auge et de la nourriture dans la stalle de leurs veaux. Quand les grands froids sont arrivés vers la fin de l'automne, elles ont fait des litières de foin dans la grange des veaux.

Un soir, la rudesse du froid de l'hiver a favorisé la formation de glaçons sur la toiture de la grange et un manteau de neige recouvrait la prairie. Je venais de mettre le souper au four quand j'ai entendu Kathy crier dehors.

« Maman, viens vite… Le veau de Joanne est blessé! »

J'ai enfilé mon manteau et couru à l'étable où j'ai trouvé Joanne assise sur le sol recouvert de neige. Blu était couché près de Joanne et le veau était étendu sur ses genoux, les jambes bien raides. Joanne avait enlevé ses mitaines bleues. D'une main, elle tenait la tête du veau et, de l'autre, elle bouchait ses narines en soufflant de l'air dans la gueule du veau. Des larmes coulaient sur ses joues. « Maman, il respire à peine. » Elle souffla de nouveau dans la gueule de l'animal. « Je l'ai trouvé étendu ici… Tout seul. Je ne veux pas qu'il meure. »

« Chérie, il a peut-être subi la ruade d'une autre vache. Tu dois comprendre qu'il peut avoir des blessures internes que nous ne pourrons pas guérir. »

« Je sais. » Elle a essuyé les larmes coulant sur ses joues.

« Amenons-le au chaud dans la maison. » J'ai porté le veau. Blu suivait Joanne de près.

Seule l'horloge de la cuisine marquait le temps pendant que nous nous occupions du veau. Blu veillait toujours, à quelques pas de Joanne.

La respiration pénible du veau a ralenti... a cessé.

J'ai serré Joanne dans mes bras. « Désolée, ma chérie. »

« Il était bien trop jeune pour mourir. Pourquoi…? »

La tristesse sur son visage m'a donné un coup au cœur. J'avais la gorge serrée. En moi-même, je me suis dit: *Oh, ma chérie, comme j'aimerais te protéger de la mort… mais c'est impossible.* Je me sentais démunie.

J'ai dit: « Il arrive que les blessures subies lors d'un accident ne guérissent pas toujours; parfois l'animal ou la personne meurt. Et, pendant quelque temps, nous pleurons notre tristesse. »

Kathy a pris la main de sa sœur. « Je veux bien partager mon veau avec toi. »

« Ça ira… Pour le moment, je n'en veux pas un autre. »

Mes yeux se sont embrouillés pendant que j'expliquais à Joanne que, lorsqu'un animal ou une personne meurt, ce n'est que la fin d'une vie tangible, que son père et moi croyons que l'âme continue à vivre. Avant de prononcer ces paroles, j'ai compris que plus tard nous aurions l'occasion de parler de nos croyances spirituelles, d'aider Joanne à développer ses forces personnelles afin de l'aider à affronter d'autres pertes. Pour le moment, c'était une petite fille inconsolable et je ne savais vraiment pas comment l'aider.

J'ai vu Blu ramper sur le sol et déposer sa tête sur les genoux de Joanne. De son museau, Blu a touché la main de ma fille jusqu'à ce que les doigts de Joanne caressent son pelage noir et blanc. Lentement, Joanne s'est penchée et a déposé un baiser sur la tête de Blu. Le chien a levé la tête et regardé Joanne dans les yeux. Les mots étaient inutiles en cet instant où l'amour inconditionnel a touché l'âme blessée de Joanne. Elle a serré Blu dans ses bras et a murmuré: « Moi aussi, je t'aime. »

Remplie d'émerveillement, j'ai vu un border collie noir et blanc — qui avait déjà eu peur de l'amour — écarter le voile de tristesse du cœur de ma jeune fille.

Margaret Hevel

Le bol hanté

Il n'est pas très beau. C'est un vieux bol couleur crème. Vous savez, un de ces vieux bols de faïence vernissée, sauf sur le dessous et sur le bord. Il est lourd, épais avec de courtes lignes verticales sur les côtés. Pendant près de trente ans, ce vieux bol a occupé une place sur mon plancher de cuisine. Je l'avais acheté chez Jackson's Hay and Feed, un de ces magasins de moulée à la toiture de tôle, avec un plancher poussiéreux et la forte odeur de la luzerne et des sacs de moulée, et où l'on entendait les piaillements des petits poussins dans l'incubateur. Je l'avais payé 4,95 $, un gros investissement pour un étudiant qui retirait 90 $ par mois en vertu de la loi sur les bourses pour les anciens combattants.

Aujourd'hui, je l'ai sorti de l'armoire où je l'avais rangé après avoir dû faire endormir Cheddar, mon vieux labrador jaune, cher à mon cœur. Il m'avait semblé trop gros pour nourrir le chiot — jusqu'à présent. Aujourd'hui, à presque dix-huit semaines, elle est prête pour le bol. Elle sera le troisième labrador à s'y nourrir.

Swamp a été la première. Pendant treize ans, Swamp a pris ses repas dans le bol. En regardant aujourd'hui le bol sur le plancher de la cuisine, je peux voir Swamp aussi clairement que si elle était là. Pendant qu'elle mangeait, elle aimait s'allonger sur le plancher avec le bol entre ses pattes avant. Son dernier repas lui a été servi dans ce bol, une moulée spéciale pour chiens avec des problèmes rénaux qu'on lui servait depuis le mois de septembre. Quand le vétérinaire m'a annoncé qu'elle n'avait plus que quatre mois à vivre, je me suis mis à la recherche d'un chiot.

Swamp m'a accompagné à une ferme dans la prairie venteuse du Kansas. Le fermier avait une dizaine d'enclos à chien. D'un côté, il y avait des labradors; de l'autre, des chiens d'arrêt. Il a dit: « Ordinairement, je ne les vends pas aux gens qui ne font pas de chasse. » J'ai admis que je n'étais pas un chasseur, mais Swamp a joué de son charme et, bientôt, nous étions en route vers la maison avec une petite chienne précoce que nous avons baptisée Cheddar.

Le bol en question a causé des problèmes à Cheddar. Elle a essayé d'y manger pendant que Swamp l'avait entre ses pattes. Un grognement rapide et un coup de gueule des puissantes mâchoires de Swamp et nous étions en route vers la clinique du vétérinaire pour quelques points de suture au museau. Je n'avais pas repensé à cet incident depuis des années. Aujourd'hui, avec ce bol déposé ici sur le plancher de la cuisine, il me semble que c'était hier. Et, comme si c'était hier, j'ai ressenti encore ce serrement au cœur comme il y a tant d'années quand nous avions amené Swamp à la même clinique et que nous lui avions fait nos adieux. Ce soir-là, Cheddar avait pris son premier repas dans le bol que nous allions remplir chaque matin pendant les quinze années suivantes.

La technique de Cheddar était différente de celle de Swamp. Elle s'avançait vers le bol, prenait un morceau ou deux dans sa gueule et elle s'éloignait en mastiquant. Ensuite, elle revenait vers le bol prendre une autre bouchée. Elle a toujours mangé la moitié de sa nourriture le matin et l'autre, le soir juste avant d'aller au lit. Ce rituel n'a jamais changé.

Ce vieux bol de 4,95 $ est probablement la seule chose que je possède encore et qui m'appartenait il y a trente ans. Il nous a bien servis. Ce soir, Chamois y prendra son premier repas. Je me demande si elle sait à quel point ce bol est précieux et ce qu'il représente pour moi. Est-ce qu'elle sait que nous sommes à l'Halloween et que ce soir son repas sera servi dans un bol hanté: un vieux et gros bol de couleur crème hanté par les fantômes de Swamp et de Cheddar, et mille et un souvenirs touchants. Saura-t-elle qu'au moment de manger, un fantôme noir mettra ses pattes avant autour du bol et qu'un fantôme jaune prendra une bouchée et s'éloignera avant de revenir pour une autre? Verra-t-elle les larmes dans mes yeux avant que je me retourne pour fixer le passé? Ou se contentera-t-elle de dévorer sa pâtée et de lécher ses bajoues en remuant sa queue fournie?

John Arrington

Vous n'avez aucun message

Nous étions en visite chez notre fille quand nous avons adopté notre boston terrier, Tad. Petit chiot adorable d'à peine trois mois, il a vite occupé toute l'attention dans la famille. Chaque matin, dès qu'il entendait Kayla se déplacer au rez-de-chaussée, il nous fallait le descendre pour qu'il puisse jouer avec elle avant son départ pour le bureau. Le soir, quand elle rentrait du travail, le chien l'attendait à la porte.

Au bout de trois semaines, nous sommes rentrés à la maison. Pendant le trajet du retour, chaque soir, nous laissions Tad parler à Kayla au téléphone. Arrivés à la maison, chaque fois que nous appelions Kayla ou qu'elle nous téléphonait, nous lui passions Tad. Il grattait le téléphone et écoutait attentivement tout en essayant de regarder dans le téléphone pour la voir.

Un samedi, Kayla a appelé pendant que nous étions absents. Elle a laissé un message sur le répondeur. Tad était à mes côtés quand j'ai pressé sur le bouton pour écouter le message. Il l'a écouté et dressé la tête, semblant me sourire. Je l'ai fait jouer une nouvelle fois pour lui.

Quelques jours plus tard, je prenais ma douche quand j'ai entendu le répondeur s'enclencher et Kayla laisser un message. J'ai trouvé cela étrange d'entendre son message une deuxième fois et la machine qui annonçait : « Fin des messages ». Quelques secondes plus tard, le message de Kayla recommençait.

Curieuse, je suis sortie de la douche, je me suis enveloppée dans une serviette et je me suis rendue dans le salon. J'ai vu Tad qui écoutait le répondeur. Je me suis arrêtée pour le regarder. À la fin du message, il s'est dressé sur ses pattes arrrière et s'est appuyé sur le bord de la table basse, a tendu une patte et donné un coup sur le répondeur. Le message a recommencé. Il s'est rassis sur le plancher et a écouté avec plaisir.

Je lui ai dit *non* et je l'ai éloigné de la machine pendant que j'effaçais le message. Quelques jours plus tard, j'étais dans la cuisine quand j'ai entendu: « Vous n'avez aucun message. » Je me suis dirigée vers le salon. Tad avait lancé la machine une nouvelle fois. Je l'ai observé pendant qu'il levait la tête et regardait l'appareil. Puis, il s'est dressé sur les pattes arrière contre la table et a pressé le bouton une nouvelle fois: « Vous n'avez aucun message. » Il s'est rendu de l'autre côté de la table et a recommencé son manège avec le même résultat, ce qui le contrariait vraiment. Il est revenu à sa première position et, de ses deux pattes avant, il a frappé et essayé de griffer le répondeur. De nouveau: « Vous n'avez aucun message. »

J'ai dit: « Tad, laisse le répondeur. » Il m'a regardée avant de se retourner vers la machine, la griffant furieusement. Quand elle lui a répété le même message, il a couru vers moi puis vers le répondeur comme s'il attendait que je fasse quelque chose. J'ai compris qu'il voulait entendre la voix de Kayla, mais j'avais effacé le message.

Ce soir-là, j'ai téléphoné à Kayla et je lui ai demandé d'appeler Tad pour lui laisser un message. Je lui ai expliqué que Tad avait écouté son message et que je l'avais effacé. Quand il a de nouveau essayé de l'écouter et qu'il ne l'a pas entendu, il en a été très malheureux.

Kayla a téléphoné à Tad et lui a laissé un message particulier qu'il peut repasser et écouter à sa guise chaque fois qu'il veut entendre la voix de Kayla. Nous appelons ça un *premier amour*, version XXIe siècle.

Zardrelle Arnott

La dernière virée de Bubba

Un chien est un chien sauf lorsqu'il est face à vous.
Il est alors Monsieur le Chien.

Proverbe haïtien

Pendant les quatre années où j'ai travaillé comme agente au service de contrôle des animaux, j'ai appris que les chiens sont les premiers à savoir quand le printemps est arrivé. Des chiens qui ne s'éloignent jamais de leur propre cour suivent l'odeur du printemps et se retrouvent, d'une manière ou d'une autre, à l'autre bout de la ville. Bubba ne faisait pas exception.

Chaque année, le service de contrôle des animaux recevait de nombreux appels de plaintes concernant Bubba — toujours au printemps. Bubba, un vieux bulldog avec une forte sous-occlusion, obèse et le plus souvent grincheux, ronflait tout l'été à l'ombre dans sa cour et semblait satisfait de rester derrière sa clôture en hiver. Mais, dès la fonte des neiges, Bubba commençait à terroriser la ville.

En réalité, Bubba était trop vieux pour terroriser qui que ce soit. Sa robe, autrefois brun clair moucheté, était tellement grise qu'il semblait avoir au moins vingt ans, et j'avais remarqué chez lui un début de claudication qui ressemblait à de l'arthrite aux hanches. Il ne pourchassait jamais les gens; je crois qu'il en aurait été incapable. Pourtant, son apparence et sa congestion nasale perpétuelle, combinées avec son mauvais caractère, rendaient les gens inconfortables quand il s'échappait.

Il lui arrivait parfois de décider de s'asseoir devant l'épicerie fine locale et de lancer des regards furieux. Les propriétaires de l'épicerie ont essayé de lui lancer un morceau de rosbif, mais il se contentait de le sentir, de l'avaler, de grogner et de rester là sans bouger. La plupart des gens s'éloignaient quand ils le voyaient arriver; puis ils appelaient le service de contrôle des animaux.

Tim, le propriétaire du chien — un homme mince et silencieux qui semblait ne pas avoir d'âge, comme ces hommes qui ont passé la plus grande partie de leur vie à travailler à l'extérieur — se présentait habituellement à la fourrière, s'excusait, demandait que j'aille déposer sa contravention chez lui et ramenait Bubba à la maison. Il prenait le très gros corps de Bubba dans ses bras maigres, puis le soulevait avec effort pour le déposer à l'arrière de son camion. Il ne s'est jamais plaint, n'a jamais demandé qu'on fixe une date de comparution. Il se contentait de s'excuser et payait l'amende.

Tim ne semblait pas le genre de personne intéressée à posséder un animal domestique, surtout pas un cas difficile comme Bubba. Tim vivait seul dans une grande maison victorienne délabrée en perpétuelles rénovations. Il n'avait jamais été marié et personne ne se rappelait vraiment s'il avait de la famille. Il n'était pas à l'aise de manifester de l'affection aux autres, encore moins à un bulldog obèse et grognon. De son côté, Bubba ne laissait jamais personne le toucher, sauf Tim, et encore là, il ne semblait pas apprécier la chose outre mesure. Pourtant, au cours des années, Tim s'est souvent absenté de son travail pour venir chercher son vieux chien grincheux et le ramener à la maison.

Un printemps, il a semblé que Bubba avait finalement pris sa retraite, se contentant de grogner contre les passants, dans le confort de sa cour. C'est pourquoi j'ai été un peu étonnée lorsque, par une journée inhabituellement chaude de juin, j'ai reçu un appel disant qu'un bulldog très laid, très vieux, obèse et souffrant, causait des problèmes à l'école secondaire. En conduisant pour me rendre à l'école, je me suis demandé: *Comment a-t-il fait pour monter jusque-là?* La route entre la maison de Bubba et l'école était en pente ascendante. J'avais vu Bubba récemment et il ne m'avait sûrement pas semblé capable d'entreprendre un tel périple.

Je me suis garée dans le stationnement de l'école et j'ai vu que les portes du gymnase étaient ouvertes, probablement pour obtenir un courant d'air. Bubba avait dû emprunter la porte du gymnase pour pénétrer dans l'école. *Voilà qui devrait être intéressant.* J'ai pris une boîte de biscuits pour chiens, le collet et une laisse. Jamais un agent du Service n'avait vraiment touché Bubba. Tout cet attirail ne me servirait probablement pas, Bubba ne me laisserait jamais l'approcher. Il me fallait trouver une façon de lui donner *envie* de quitter les lieux. J'espérais que les biscuits feraient le travail. En entrant, j'ai vu des files d'étudiants immobiles le long des murs. L'un d'eux m'a lancé: « Chaque fois que nous voulons aller vers nos casiers, ce chien nous grogne après. Il va nous bouffer! »

Bubba était bien là, tenant tout le corridor en otage. Je l'ai vu debout, les pattes arquées, soufflant comme jamais je ne l'avais vu auparavant et grognant dès qu'il se produisait un mouvement soudain. *Oh, oh!* me suis-je dit. Effrayer un voisin à l'occasion était une chose, mais grogner après des enfants dans une école — Bubba faisait face à une sévère punition, peut-être même au dépôt d'une plainte pour un chien dangereux, un cas rare, mais dont les conséquences étaient sérieuses s'il était déclaré coupable.

J'ai crié: « Bubba ». Il a réussi à tourner son corps grassouillet pour voir qui connaissait son nom. Il m'a regardée, a soufflé encore plus fort et a grogné bruyamment. J'ai pris un biscuit dans la boîte et je l'ai lancé en sa direction. Il a claudiqué lentement vers le biscuit, l'a reniflé, a éternué et s'est assis en me lançant un regard furieux. Tant pis pour le plan A. J'allais devoir utiliser le collet et l'idée ne me souriait guère.

Soudain, derrière moi, quelqu'un a dit: « Hé, chien laid, essaie ceci. » Un grand adolescent a plongé sa main dans un petit sac à collation et a lancé un Fruit Loop en direction de Bubba. Il l'a reniflé, l'a pris et l'a avalé. Je me suis tourné vers le grand adolescent appuyé contre le mur: « Puis-je te les emprunter? »

« Bien sûr. » Il m'a donné le sac et j'ai lancé un Fruit Loop à Bubba. Il s'est avancé pour le prendre. J'ai reculé vers les portes ouvertes du gymnase en continuant de jeter des Fruit Loops par terre. Bubba était en mauvais état. Ses pattes arquées avaient de la difficulté à soutenir son gros corps. Chaque pas semblait lui faire mal et il soufflait de plus en plus fort. J'ai voulu le prendre dans mes bras, mais quand je me suis approchée, il a grogné et a reculé. J'ai donc continué à jeter des Fruit Loops un à la fois en reculant vers ma voiture. Éventuellement, Bubba s'est retrouvé près de celle-ci. Il soufflait tellement fort que j'ai craint une crise cardiaque. J'ai décidé de simplement le ramener à la maison et de m'occuper du rapport plus tard: Bubba n'en avait plus pour bien longtemps.

J'ai lancé les derniers Fruit Loops sur le siège arrière de la voiture. Bubba s'est approché en se dandinant, a mis ses pattes avant sur le plancher pour les manger. J'ai pris une grande respiration et j'ai rapidement poussé l'arrière-train de Bubba sur le siège. Il a ronchonné, grogné, mais il s'est surtout intéressé à gober les derniers morceaux de céréale. Je ne le croyais pas — j'avais touché à Bubba et survécu!

Quand je suis arrivée chez Bubba, le camion de Tim était garé de travers devant la maison. Tim est sorti de la maison en courant, laissant la porte claquer derrière lui. « Comment va Bubba? J'ai appelé l'école, mais vous étiez déjà partie. Je paierai l'amende, quelle qu'elle soit. Donnez-m'en deux s'il le faut. Comment a-t-il pu sortir de la maison? Je ne peux croire qu'il ait pu se rendre jusqu'à l'école secondaire. Il est très malade. Comment avez-vous fait pour le faire entrer dans la voiture? » Tim n'avait jamais prononcé autant de paroles d'une seule envolée depuis que je le connaissais.

N'attendant pas ma réponse, il s'est rendu vers la voiture et a ouvert la porte. Bubba ronflait à plein régime, bien étendu sur le dos dans les miettes de Fruit Loops, dans une pose indigne de lui. Tim a pris le vieux chien dans ses bras et, avec grande difficulté, l'a sorti de la voiture en le tenant comme vous le feriez avec un enfant. Bubba ne s'est même pas réveillé, il n'a que ronchonné un peu en continuant de dormir.

« J'ai, euh, utilisé des Fruit Loops. Il a suivi une piste entière de ces céréales jusqu'à la voiture », ai-je dit.

Tim a détourné son regard du chien endormi pour le diriger vers moi. « Des Fruit Loops? J'ignorais qu'il aimait les Fruit Loops. »

À la lumière crue du soleil, les rides du pâle visage de Tim apparaissaient encore plus profondes. Il semblait fatigué; plus encore, inquiet. « Je ne peux pas croire qu'il ait pu sortir. Je l'avais enfermé dans la maison avec l'air climatisé. » Sa voix s'est assombrie. « Le vétérinaire dit qu'il a le cancer. Il m'a demandé de le ramener à la maison pour le week-end, vous savez, pour lui faire mes adieux. »

J'ai regardé Tim qui tenait son vieux bulldog obèse et gris. J'ai soudain compris ce qui m'avait échappé jusque-là. Pendant toutes ces années qui avaient creusé des rides prématurées sur le visage triste de Tim — Bubba avait été présent pour les partager. Ils avaient été là l'un pour l'autre, et cela leur avait suffi.

« Je suis tellement désolée, Tim », ai-je dit en me dirigeant vers la voiture. « Je vous reparlerai plus tard. »

« Et pour mes contraventions? J'en mérite sans doute plusieurs pour cet incident, non? »

Je me suis tournée vers Tim. « Laissez-moi voir d'abord ce que le sergent aura à dire, Tim. Occupez-vous seulement de Bubba pour l'instant, OK? »

En quittant, je me suis souvenue que je voulais lui poser une autre question. « Tim », lui ai-je lancé alors qu'il s'apprêtait à entrer dans la maison avec son chien, « pourquoi croyez-vous qu'il se soit rendu à l'école secondaire? Je ne me souviens pas qu'il soit allé là-haut auparavant. »

Tim m'a souri, et c'était la première fois que je le voyais sourire. « Bubba adore les enfants. Quand il était un chiot, j'avais l'habitude de l'emmener au terrain de jeu. Il s'en est peut-être souvenu. »

J'ai hoché la tête et je les ai salués: l'homme maigre et fatigué en chemise de flanelle grise portant son chien âgé de vingt ans dans la maison... peut-être pour la dernière fois.

Bubba est décédé un peu plus tard ce jour-là. Je n'ai jamais même émis de contravention pour son aventure à l'école secondaire. Je me suis dit que Bubba avait simplement revécu son enfance, voulant faire ses adieux à sa façon à lui, bien Bubba.

On croit connaître les gens puis on s'aperçoit qu'ils sont bien différents de ce que nous avions imaginé. La dernière virée de Bubba m'a montré que les familles aimantes prennent plusieurs formes, et sont toutes aussi belles les unes que les autres.

Lisa Duffy-Korpics

« Il m'a suivi jusqu'à la maison. »

2

Célébrer le lien

Le lien qui nous unit à un chien est aussi fort que le lien qui nous unit à cette terre.

Konrad Lorenz

Les deux aînées: Greta et Pearl

Lorsque le téléphone a sonné et que l'homme à l'autre bout du fil a dit qu'il voulait trouver une place à sa chienne Greta, un vieux berger allemand de onze ans, j'ai fait la grimace. Il avait vendu sa maison, déménageait dans un appartement temporaire et quitterait bientôt le pays. En ma qualité de directrice des services de secours du Sud-ouest pour les bergers allemands, j'ai accepté de voir le chien et de l'évaluer, tout en évitant de donner de l'espoir au propriétaire; il ferait mieux de réfléchir à un plan B.

Nul doute que Greta était une bonne vieille chienne. Nous avons immédiatement affiché ses informations sur notre site Web et reçu quelques demandes de renseignements, mais personne ne voulait s'embarrasser des petits désagréments qui surviennent parfois avec un chien vieillissant.

Les organismes de secours fonctionnent dans le cadre d'un vaste réseau de coopération. Un jour, j'ai reçu un courriel d'une femme, Suzanne, qui dirigeait un autre service de secours. Elle m'a dit qu'elle connaissait une dame âgée, Pearl, qui cherchait un gros berger allemand âgé. J'ai suggéré à Suzanne d'aller sur notre site Web, où elle pourrait voir les deux chiens âgés actuellement sur notre programme de secours. Environ une semaine plus tard, Suzanne m'a envoyé par courriel le numéro de téléphone de Pearl, et m'a informée que, même si la femme avait quatre-vingt-six ans, elle croyait qu'il valait la peine de poursuivre l'adoption.

J'ai immédiatement téléphoné à Pearl et je lui ai donné toutes les informations sur Greta. Je lui ai expliqué qu'elle était sous médication, et Pearl a répondu en riant qu'elles prendraient leurs médicaments ensemble. J'ai bien précisé que la moyenne d'âge d'un berger allemand se situait entre dix et douze ans, mais plusieurs atteignent treize ans, voire même quinze ans. Je lui ai aussi parlé de sa mobilité et de ses capacités à s'occuper d'un tel chien. Pearl ne s'est pas laissée démonter et m'a dit que, plus jeune, elle avait dirigé un service de secours pour chiens danois. Elle a ajouté qu'elle prendrait des mesures afin que Greta aille vivre avec sa petite-fille, sur son ranch de quarante acres, s'il devait lui arriver quelque chose (à elle, Pearl). De plus, Pearl a dit qu'elle conduisait encore sa voiture et que, si besoin était, elle pourrait se rendre chez le vétérinaire.

Je lui ai expliqué notre politique et je l'ai informée que j'irais chez elle lui rendre visite.

Nous n'avons pas l'habitude de confier en adoption des bergers allemands dans des appartements, et ce, pour diverses raisons, mais dans son cas, cela semblait approprié. Greta n'avait pas besoin de faire beaucoup d'exercice — elle avait surtout besoin de soins tendres et affectueux, de se sentir en sécurité et d'avoir une compagne dévouée qui soit toujours présente. Pearl avait exactement les mêmes besoins.

Après ma rencontre avec Pearl et son mari, Bert, et après avoir vérifié la future maison de Greta, j'ai accepté de les présenter. Nous avons convenu de nous rencontrer dans un parc du voisinage. La rencontre s'est si bien déroulée que Greta est partie à la maison avec eux, sur-le-champ.

Chaque fois que je faisais un appel de suivi, je retenais mon souffle. Et chaque fois, Pearl me disait que tout allait pour le mieux. Je lui ai demandé qu'elle communique périodiquement avec moi pour me tenir au courant. Dès que j'entendais sa voix au téléphone, j'appréhendais qu'une tuile me tombe sur la tête.

Lors d'un appel téléphonique, Pearl m'a informée que Greta avait eu un bain et qu'elle était allée chez le vétérinaire pour une visite de routine. Elle avait été testée pour chaque maladie connue chez l'homme ou chez l'animal et, à part une thyroïde paresseuse, Greta se portait très bien. Au cours de conversations subséquentes, Pearl m'a raconté que Greta la suivait partout comme son ombre. Nous avons parlé de la façon dont Greta se mettait en travers de Pearl si elle sentait un manque d'équilibre. L'appel suivant a été pour me dire: « Si j'avais voulu sculpter dans l'argile le chien idéal pour ensuite lui donner vie, ce serait Greta. Je ne peux pas imaginer ma vie sans elle. » J'ai rassuré Pearl en lui disant que Greta ressentait sûrement la même chose.

Cinq semaines après la rencontre de Pearl et Greta, j'ai reçu un appel d'une Pearl très affolée. Les gestionnaires de son complexe d'habitation l'avaient informée que, même si elle avait la permission d'avoir des animaux pesant jusqu'à 50 kilos (ce qu'elle avait vérifié), certaines races étaient proscrites: rottweilers, bergers allemands, dobermans, chows-chows et pit-bulls. Il n'y avait aucune mention de cette restriction sur son bail et, de plus, Pearl n'avait jamais été mise au courant de cette politique. Cependant, Greta devrait partir.

J'ai assuré Pearl que nous irions même devant les tribunaux si nécessaire pour défendre sa cause. Elle a répliqué qu'elle préférerait vivre dans sa voiture plutôt que de se départir de sa nouvelle compagne; mais malgré tout, je pouvais sentir la panique associée à l'éventualité de se voir déracinée à près de quatre-vingt-sept ans — avec un mari à la santé fragile, par surcroît. J'ai informé Pearl qu'il me faudrait quelques jours pour faire des recherches. Je devais lire les clauses de son bail et me familiariser avec cet aspect de la loi.

En attendant, je lui ai suggéré d'obtenir une lettre de son médecin à l'effet qu'elle avait besoin de Greta pour son bien-être physiologique et physique, que Greta les aidait, elle et son mari, pour leurs problèmes d'équilibre et qu'elle leur procurait un sentiment de sécurité. Bert, le mari de Pearl, devenait aveugle à cause du diabète et il passait une grande partie de ses journées à dormir, laissant Pearl seule et déprimée. C'était avant l'arrivée de Greta. Depuis, Greta et elle avaient retrouvé leur enthousiasme. Les deux bénéficiaient vraiment de cette relation.

J'ai téléphoné à la cofondatrice de REACH (*Restoring and Extending Ability with Canine Helpers*). Je lui ai demandé si elle croyait possible de faire certifier un berger allemand de onze ans comme chien d'assistance. En substance, elle m'a dit qu'à la condition que le chien puisse combler les besoins de Pearl, tels que définis par son médecin, et pourvu que Greta puisse réussir le premier niveau du test d'assistance pour les chiens: « Oui, si vous jugez que Greta a un assez bon tempérament. » Je lui ai demandé d'initier le processus et j'ai ajouté que je communiquerais avec elle très bientôt.

J'ai vérifié auprès de Pearl pour m'assurer qu'elle avait la lettre de son médecin et je l'ai informée qu'un petit contingent envahirait sa maison dans quelques jours. Elle ne savait rien de plus et n'avait aucune préparation.

Une semaine après cet appel affolé de Pearl, le chargé de l'évaluation, un diplômé de REACH (muni d'un bloc-notes et de feuilles de pointage), une personne supplémentaire pour vérifier le tempérament, deux étrangers au chien et à la famille, deux enfants et un berger allemand femelle que ni Greta ni Pearl ne connaissaient se sont présentés chez eux. C'était une journée froide, mais j'avais des sueurs. J'ignorais totalement comment se passerait le test d'évaluation d'obéissance. Je ne savais pas le degré de contrôle dont Pearl aurait besoin, ou aurait sur Greta, alors que cette dernière se trouverait devant un chien étranger dans son propre territoire, avec des enfants inconnus qui se frapperaient contre elle, devant la tentation de nourriture alors qu'on l'appelerait, et ainsi de suite. J'avais confiance en Greta pour tout le reste.

Quarante-cinq minutes plus tard, les feuilles de pointage ont été remises à celui qui faisait l'évaluation pour REACH: Greta avait passé le test haut la main! À l'âge tendre de onze ans, Greta est devenue un Chien d'assistance diplômé de Niveau Un, et Pearl était la dame la plus fière d'Arizona. Alors qu'elles recevaient leur certificat officiel et le badge de Greta, Pearl a tendu les bras à tous les gens dans la pièce en disant: « Je vous aime! »

Pendant que « l'équipe » quittait le terrain de stationnement, nous avons vu Pearl, la lettre et le certificat en main, et Greta, avec son badge accroché à son collier, qui se dirigeaient vers le bureau de l'administration. Je lui ai téléphoné le soir même pour lui demander comment cela s'était passé. En voyant ces références, l'homme a dit: « Je crois bien qu'elle peut aller presque n'importe où maintenant », ce à quoi Pearl a répondu triomphalement: « Vous l'avez dit! »

Stefany Smith

Le chien de Bullet

Les chiens adorent la compagnie. C'est leur priorité dans la courte liste de leurs besoins.

J. R. Ackerley

Un matin du début de juin, je suis sortie pour nourrir notre cheval Bullet. Habituellement, Bullet attend patiemment son déjeuner près de la clôture, mais ce matin-là, il s'attardait près des deux grands chênes au centre du pâturage où il aimait passer les heures les plus chaudes de la journée.

Curieuse de savoir pourquoi il n'était pas pressé d'avoir son déjeuner, je l'ai regardé dans le pré, espérant qu'il ne soit pas malade. Alors qu'il s'avançait lentement vers moi, j'ai remarqué une tâche de fourrure rousse accroupie dans l'herbe haute derrière l'un des arbres. C'était donc ce qui avait retenu l'attention de Bullet ce matin-là; un autre chien errant avait trouvé le moyen d'entrer sur notre propriété. La plupart d'entre eux se tenaient loin de notre grand cheval de course à la retraite, mais ce chien semblait se sentir en sécurité à l'abri dans l'herbe haute, malgré la présence de Bullet. J'ai placé un seau de luzerne à l'intérieur de la clôture. Quand Bullet avait fini de manger, je lui donnais habituellement des biscuits au gruau qu'il aimait plus que tout.

C'était une matinée magnifique, je me suis donc assise sur les marches de l'escalier arrière, peu enthousiate à l'idée de retourner à l'intérieur pour commencer ma journée. Pendant que Bullet mangeait sa luzerne, le chien s'est levé avec précaution. Il a regardé Bullet pendant un long moment et, lentement, il s'est dirigé vers lui. Il faisait quelques pas, puis s'arrêtait pour me regarder intensément afin de s'assurer que je n'étais pas une menace. Alors que le chien approchait de plus en plus de Bullet, j'ai retenu mon souffle. Je ne savais pas quelle serait la réaction de Bullet envers un animal qui s'approchait pendant qu'il mangeait. Sachant que la ruade d'un cheval peut tuer un chien, j'étais sur le point de crier au chien pour le faire déguerpir. C'est alors que Bullet a tourné la tête et a regardé le chien pendant un moment. Sans se laisser perturber à l'approche de l'animal, il est retourné à sa nourriture et a recommencé à manger.

Le chien s'est rapproché suffisamment pour attraper un morceau que Bullet avait échappé. J'ai eu le cœur brisé en regardant le chien — une femelle — qui mangeait de la luzerne. Je savais qu'elle devait être extrêmement affamée pour manger de la nourriture pour chevaux.

Je suis allée à l'intérieur pour trouver quelque nourriture que la chienne pourrait manger. Il y avait un reste de pain de viande dans le réfrigérateur que j'avais pensé servir au dîner. J'ai mis le pain de viande dans une vieille assiette en aluminium et j'ai marché jusqu'à la clôture. La chienne s'est sauvée dans la sécurité de l'herbe haute près des chênes dès que j'ai fait un pas dans sa direction. J'ai déposé la nourriture sur le sol et j'ai essayé de l'attirer vers moi. Après plusieurs minutes, j'ai abandonné et je suis retournée à l'intérieur de la maison. Elle viendrait probablement chercher la nourriture dès que je serais hors de vue.

Quelque temps plus tard, alors que je pliais la lessive, j'ai réalisé que je n'avais pas encore donné les biscuits à Bullet. J'en ai attrapé une poignée dans la boîte que nous conservions sous l'évier et je suis sortie. À ma grande surprise, Bullet était agenouillé dans l'herbe avec la chienne à ses côtés. J'ai souri d'attendrissement à la vue de ce spectacle. Sachant que j'apportais ses gâteries, Bullet s'est levé rapidement et s'est avancé vers moi au galop. La chienne regardait pendant que je lançais les biscuits par-dessus la clôture. J'ai remarqué qu'elle n'avait pas encore trouvé le courage de s'aventurer à l'extérieur de la clôture pour manger le pain de viande que je lui avais laissé.

Je me suis assise de nouveau sur les marches, en essayant de trouver un moyen pour qu'elle vainque sa peur et vienne chercher le pain de viande. Pour une raison quelconque, elle semblait se sentir en sécurité à l'intérieur du pâturage. En voyant que Bullet mangeait, la chienne s'est avancée lentement sans me quitter des yeux. *Il peut partager sa luzerne avec toi, mais il ne te laissera jamais ses biscuits à l'avoine,* me suis-je dit. Mais à ma grande surprise, Bullet n'a regardé qu'avec très peu d'intérêt tandis que la chienne bondissait et s'emparait d'un biscuit. Elle l'a avalé d'une seule bouchée affamée, puis elle s'est précipitée pour en saisir un autre. Il ne restait plus de biscuits, mais la chienne se tenait sous Bullet pour amasser les miettes tombées de la bouche du cheval, léchant le sol avec avidité pour ne pas en oublier un seul petit morceau.

Lorsque Bullet est retourné à l'ombre des chênes, la chienne a trotté à ses côtés. Toute la journée, chaque fois que je regardais par la fenêtre vers le pâturage, elle était toujours près de Bullet, soit qu'elle courait à ses côtés, soit qu'elle était couchée dans l'herbe près de lui. La chienne semblait dévouée au cheval, qui avait de plein gré partagé sa nourriture avec elle.

Il m'a fallu trois jours avant d'attirer la chienne à l'extérieur du pâturage. Elle s'est mise sur le ventre et a rampé vers moi, ses grands yeux bruns me suppliant de ne pas lui faire de mal. Gémissant, à moitié de peur et à moitié de joie, elle m'a permis de la caresser doucement. J'ai remarqué qu'elle était jeune et plutôt belle, malgré sa malnutrition. J'ai commencé à l'appeler Lucy, et j'ai su que cette chienne errante était ici pour rester.

Même si Lucy a fini par se prendre de sympathie pour mon mari, Joe, et pour moi, elle a toujours préféré la compagnie de Bullet. Elle passait la plus grande partie de ses journées dans le pâturage avec lui. Ils couraient ensemble avec beaucoup d'exubérance et de joie jusqu'à ce qu'ils soient fatigués, puis ils se couchaient dans l'herbe l'un près de l'autre pour se reposer. Bullet partageait toujours ses biscuits avec Lucy. Souvent, Bullet penchait la tête et fouinait Lucy de son museau, puis elle levait la tête et léchait la face de Bullet. Il était évident qu'ils s'aimaient. La nuit, Lucy dormait dans la stalle près de Bullet.

Lorsque des visiteurs parlaient de notre nouvelle chienne, nous riions toujours en disant: « Lucy n'est pas notre chienne. C'est celle de Bullet. »

Lucy a apporté de la joie dans la vie d'un cheval de course vieillissant, et beaucoup d'étonnement et de ravissement dans la nôtre.

Elizabeth Atwater

L'amour de Daisy

Les premiers temps où nous avons travaillé ensemble au salon de toilettage, mon mari, David, et moi étudiions les passants qui traversaient notre porte en tenant un chien en laisse. La vie alors était moins mouvementée. Nous avions amplement le temps d'analyser la personnalité de nos clients et de discuter de nos observations.

George était parmi ceux que nous avions dans notre mire. Malgré sa personnalité bourrue, il était un homme sentimental, un trait de caractère inhabituel dans cette Nouvelle-Angleterre froide et réservée, où nous tâchions de garder notre flegme. George avait le cœur sur la main, notamment à l'égard d'Evie, sa femme depuis quarante-cinq ans, dont la mort, après une longue maladie, a causé tout un traumatisme au vieil homme renfrogné.

Tous les mois d'avril, à l'anniversaire du décès d'Evie, George faisait paraître un poème à la mémoire de son épouse dans la page éditoriale du journal local.

« Chaque année à cette période, nous savons que nous pouvons compter sur deux choses », faisait remarquer David en feuilletant le journal. « Les impôts et un poème de George. »

« Je crois que c'est émouvant, ai-je répliqué. Et laisse-moi te dire autre chose: si George n'amène pas sa chienne bientôt chez le vétérinaire, il devra faire son deuil de quelqu'un d'autre. »

Depuis près d'un an, j'étais peinée chaque fois que George nous laissait son terrier croisé, Daisy, pour le toilettage. J'avais remarqué de petites bosses sur son corps, mais quand je lui suggérais d'amener son petit sosie de Benji chez le vétérinaire, il changeait de sujet. David et moi nous morfondions de la situation. David, qui travaillait aussi comme infirmier en psychiatrie, m'a dit: « Des gens comme George n'agissent pas tant qu'ils ne sont pas prêts. Dans le jargon de la psychiatrie, nous appelons cela *le déni*. »

Je comprenais la terreur de George. Dans sa tête, s'il ne parlait pas du démon, il n'existait pas. Daisy était beaucoup plus qu'un animal de compagnie pour le veuf solitaire. Plus jeune, George avait été un gros fumeur et un gros buveur, et il a dû prendre une retraite anticipée en raison de sa santé fragile, mais il veillait maintenant à garder la forme. Ses marches quotidiennes avec Daisy comptaient pour beaucoup dans son régime.

Sa vie était centrée sur la petite chienne. Le matin, il allait jusqu'à la boutique de beignets où la serveuse Ruthie lui gardait toujours un beignet ordinaire, et un à la noix de coco pour Daisy. « Je sais bien que ce n'est pas de la nourriture santé, mais c'est mon seul vice », me disait-il. De retour à la maison, ils se détendaient dans son fauteuil inclinable pour regarder *The Price Is Right*, puis ils prenaient une marche avant le lunch. Après la sieste, ils se levaient à temps pour saluer les enfants qui descendaient de l'autobus scolaire devant leur maison. Peu importe le travail à faire — ratisser les feuilles, peindre la clôture, planter des bulbes ou tondre le gazon — Daisy marchait joyeusement sur les talons de son maître pendant qu'il lui bavardait sans arrêt.

Chaque fois qu'il venait la chercher après son toilettage, il manifestait sa fierté envers ce petit bâtard. « Ciel, comme tu es jolie, disait-il avec enthousiasme pendant que tout le corps de Daisy frétillait de joie. Montre-nous comment tu danses! »

Conscienciеusement, la petite chienne tournoyait sur ses pattes arrière, puis jappait pour avoir un biscuit. « Montre à Kathy comment tu prends une marche », lui disait-il, et elle prenait la laisse dans sa gueule et trottait vers la porte.

« Maintenant, allons voir ta mère et lui montrer ces beaux rubans. » Ils partaient déposer des fleurs sur la tombe d'Evie.

Un autre hiver est venu et a passé avant que George amène Daisy chez le vétérinaire. Depuis ce temps, les bosses étaient devenues plus dures et plus grosses. Je me suis sentie très triste et j'ai eu un sombre pressentiment lorsqu'il m'a annoncé que le vétérinaire avait décidé de ne pas opérer. « Il a dit qu'elle serait plus confortable si vous lui donniez des bains médicaux. » Je ne pouvais pas croire que le vétérinaire n'avait donné que ces instructions.

Les mois ont passé, Daisy avait moins d'énergie. Elle avait de plus en plus de mal à se tenir debout, et j'ai donc entrepris de lui faire sa toilette alors qu'elle était couchée. Elle exécutait encore ses petits tours à la fin de chaque visite. « Montre à Kathy comment tu peux faire semblant d'être gênée », lui disait-il, et elle penchait la tête et couvrait ses yeux avec une patte.

Lorsque je suis revenue de mes vacances d'été, ma nouvelle assistante, Trudy, m'a annoncé la nouvelle que je craignais tant: Daisy était morte. « George était très contrarié que tu n'aies pas été là, m'a-t-elle dit. Il a même traité le vétérinaire de charlatan. Ce fut pire lorsqu'il a commencé à pleurer. »

Incapable de le rejoindre par téléphone, j'ai envoyé à George une lettre de condoléances. Des mois plus tard, lorsqu'il s'est arrêté pour nous voir, il semblait avoir vieilli de plusieurs années. Nous avons parlé de Daisy, de ses drôleries et de son caractère attachant. « Mon fils me répète toujours de me reprendre en main. S'il me dit encore une fois: *Papa, ce n'était qu'un chien...* » Je n'ai rien pu faire d'autre que de le serrer dans mes bras.

« Le pire, c'est que tout est ma faute, m'a-t-il avoué les larmes aux yeux. J'ai blâmé le vétérinaire, mais si je l'avais amenée le voir lorsque vous me l'avez recommandé, elle serait encore en vie aujourd'hui. »

David a gentiment mis son bras autour des épaules du vieil homme. « Nous apprenons tous certaines leçons à nos dépens, George. »

Quelques semaines plus tard, le destin est intervenu lorsqu'une jeune femme est entrée à la boutique en traînant un terrier croisé crotté et emmêlé des pieds à la tête. L'odeur nauséabonde de la pauvre créature m'a dit qu'elle avait récemment eu un contact personnel avec un putois.

« Ceci, c'est Fanny. Elle appartient à ma tante et à mon oncle, mais ils veulent s'en débarrasser. »

En me penchant pour examiner la petite chienne, elle a tiré brusquement sur sa chaîne. « Je dois vous avertir, c'est une mauvaise chienne. Elle jappe toute la journée et n'aime pas les enfants. »

« Elle jappe dans la maison? » ai-je demandé.

« Non, elle n'entre pas dans la maison. Ils la gardent attachée dans la cour. »

La pauvre Fanny avait peur et elle était nerveuse. Il n'a été ni facile ni agréable de faire sa toilette. Le travail terminé, épucée et libérée de l'odeur du putois, on pouvait voir ses os à travers sa peau rasée. Pourtant, elle me semblait étrangement familière.

« Elle te rappelle qui? » ai-je demandé à David.

« Sinead O'Connor? » a-t-il hasardé.

« Non! Ne ressemble-t-elle pas à Daisy, la vieille chienne de George? »

Il faudra user de beaucoup de persuasion. George a juré qu'il n'aurait jamais d'autre animal.

« Je ne peux plus revivre ça, m'a-il répondu. Je ne le mérite pas après ce qui est arrivé à Daisy. »

« Mais, George, vous savez combien vous êtes seul », ai-je répliqué, aussi déterminée qu'un vendeur de voitures usagées.

« Tout le monde est seul, a-t-il grommelé. Ce n'est pas nouveau, non? »

« La pauvre bête a passé sa vie attachée à une chaîne rouillée dans une cour malpropre. Elle n'est absolument pas socialisée. » Je me suis animée. « Peut-être que vous ne devriez pas la prendre, après tout. Elle aura besoin de beaucoup d'entraînement, de patience et d'amour. Vous n'êtes peut-être pas prêt. »

« Je pourrais peut-être la prendre à l'essai », a-t-il marmonné.

« Eh bien, si ça ne fonctionne pas, vous pouvez toujours la rapporter », lui ai-je suggéré joyeusement.

La première chose que George a fait a été de rebaptiser la chienne, Daisy II. Son pelage a repoussé, doux et duveteux, et elle a appris à marcher en laisse et à venir quand on l'appelait. Elle était encore nerveuse lorsqu'il la laissait pour son toilettage, puis elle explosait de joie par des jappements incessants lorsqu'il revenait la prendre.

« Regardez ça », a-t-il dit un jour de décembre, en déposant les clés de sa voiture sur la chaise près du comptoir. « Daisy, veux-tu aller chercher des beignets? »

Dans un élan de folie, elle a couru vers la chaise, a sauté puis a atterri solidement à ses pieds, la tête penchée d'un côté et les clés fermement serrées dans sa gueule. George rayonnait de fierté.

David et moi nous tenions dans l'embrasure de la porte et regardions le joyeux couple traverser le terrain de stationnement enneigé pendant que les cloches de l'église résonnaient au son d'un cantique de Noël. « Joyeux Noël, George! lui ai-je crié. Et n'oubliez pas — si ça ne va pas, vous pouvez toujours nous la rapporter! »

Kathy Salzberg

Vous êtes pour votre chien l'être humain le plus formidable, le plus intelligent, le plus gentil à jamais avoir vécu sur cette terre.

Louis Sabin

Le chaton de Dixie

Dixie était un beau chien, un setter anglais au pelage blanc, paré de taches noires et brunes. Plus jeune, elle a passé de nombreuses heures dans les champs, à courir et à chasser les cailles. Maintenant, Dixie était si vieille qu'elle passait presque tout son temps à se prélasser au soleil dans la chaleur bienfaisante de ses rayons. Elle aimait particulièrement s'étendre dans la cour. Il y avait un seau rempli d'eau, un bol plein de nourriture à sa portée, et sa niche extérieure était propre et tapissée de foin odorant. Il y avait des périodes où ses vieux os la faisaient beaucoup souffrir, et elle grognait en se levant pour se diriger vers un autre endroit ensoleillé. Parfois, elle avait de merveilleuses journées lorsque quelqu'un amenait un jeune chiot de chasse, et une étincelle s'allumait dans ses yeux fatigués. Elle adorait les chiots et oubliait son âge un moment pour s'ébattre avec les plus jeunes chiens.

« Il y a longtemps que tu étais un jeune chiot, ma vieille », lui ai-je dit un jour, en me penchant pour lui passer les doigts dans sa fourrure soyeuse. Elle a agité la queue et regardé le chiot qu'on admirait dans la cour avant. Puis, avec un petit gémissement, elle a replacé son corps douloureux dans une position plus confortable, et posé son menton sur ses pattes. Elle avait les yeux rivés sur le jeune chien et elle semblait perdue dans ses pensées. J'ai cru qu'elle devait penser aux jours où elle courait dans les champs et apprenait aux jeunes chiens à flairer les cailles. Je lui ai fait une dernière caresse sur la tête et je suis entrée à la maison.

Dernièrement, Dixie semblait solitaire. Je me souviens de la famille de canards qui avaient l'habitude de traverser tous les soirs la route devant notre maison pour partager le plat de nourriture de Dixie. Elle n'a pas grogné une seule fois, ni tenté de mordre les canards et, parfois, elle se rangeait même de côté afin qu'ils aient un meilleur accès à sa nourriture. Les chats qui lui rendaient visite étaient toujours les bienvenus pour se joindre à ses repas, et il n'était pas inhabituel de la retrouver le nez dans le même bol que plusieurs canards, chats et quelque chien errant qui passaient par là. Dixie était une âme douce et sociable, mais maintenant, il semblait manquer d'invités qui s'arrêtaient pour faire la causette à l'heure du repas.

Un jour, quelqu'un a frappé à ma porte. J'ai ouvert et c'était mon voisin immédiat qui se tenait là avec un regard consterné. « Avez-vous vu mon chaton? a-t-il demandé. Il s'est enfui et n'est pas revenu. »

C'était un joli petit chaton au pelage duveteux, pas beaucoup plus gros qu'une plume, et je savais que mon voisin avait raison d'être inquiet. Un tout petit chaton perdu ne pourrait pas survivre aux coyotes et aux chats sauvages qui rôdaient dans notre coin de pays rural.

Je lui ai répondu que je ne l'avais pas vu, mais que si je l'apercevais, je lui téléphonerais. Il m'a remerciée, la tristesse dans la voix. « Il est si petit, a-t-il dit en se rendant vers la maison voisine. Je crains que si je ne le retrouve pas bientôt il lui arrivera quelque chose de mal. »

Plus tard dans l'après-midi, j'ai apporté la nourriture à Dixie. Elle était dans sa niche et je pouvais entendre sa queue taper en signe d'accueil pendant que je versais la nourriture dans son bol. J'ai pris le tuyau d'arrosage et j'ai rempli son seau, puis je l'ai appelée pour manger. Lentement, elle est sortie et douloureusement, avec précaution, elle s'est étirée. En me penchant pour lui caresser la tête, un tout petit chaton gris est sorti de la niche sombre en s'enroulant autour des pattes de Dixie.

« Mais qu'est-ce que tu as là, ma fille? » me suis-je exclamée. Dixie a jeté un coup d'œil vers le chaton, puis m'a regardée avec une lueur dans les yeux. Sa queue battait plus fort. « Viens ici, chaton », ai-je dit en tentant de le prendre. Dixie a gentiment repoussé ma main avec son museau et a poussé le chaton dans la niche. Assise devant la porte, elle empêchait le chat de sortir et je pouvais l'entendre miauler à l'intérieur. Ce devait être le chaton perdu de mon voisin. Il a dû traverser les buissons épais entre nos deux terrains et se diriger directement vers la niche de Dixie.

« Chien fou », ai-je marmonné. Dixie a remué la queue en guise d'assentiment, mais n'a pas bougé de l'entrée de sa niche. Elle a attendu que je sois à une bonne distance avant de se lever pour commencer à chipoter sa nourriture. Je suis rentrée dans la maison et j'ai téléphoné à mon voisin.

« Je crois que j'ai trouvé votre chaton », lui ai-je dit. Je pouvais entendre son soupir de soulagement, puis son rire lorsque je lui ai raconté que Dixie le cachait. En me promettant de venir chercher son chat fugueur, il a raccroché après m'avoir remerciée de nouveau.

Il s'est présenté, empressé de voir le chaton. « Oui, c'est bien mon chat! » a-t-il dit alors que la petite boule de fourrure grise sortait de la niche. Dixie a reculé pour s'éloigner de nous et a repoussé de son museau le chaton vers la porte. Avec reconnaissance, l'homme a tenté d'attraper le chat. Au même moment, Dixie a émis un grognement.

J'étais abasourdie. Elle n'avait jamais grogné après qui que ce soit avant! Je l'ai réprimandée, et mon voisin a tenté une autre fois d'attraper son chat. Cette fois, Dixie a montré les dents.

« Laissez-moi essayer », ai-je dit. J'ai tendu la main vers le chaton, mais Dixie l'a poussé dans la niche, puis elle l'a suivi à l'intérieur et s'est affalée, nous empêchant avec son corps d'atteindre le petit chat. Personne n'allait lui prendre son chaton!

Nous pouvions entendre le chaton ronronner très fort à l'intérieur de la niche. Puis, il s'est approché avec une audace peu commune et s'est frotté contre la face de Dixie. Elle a léché sa fourrure et nous a lancé un regard furieux. Il était clair qu'elle avait adopté le petit chat et qu'elle avait l'intention de le garder. « Bien », ai-je ajouté. Pour le moment, il semble que c'était la seule chose à dire.

Après quelques minutes, mon pauvre voisin a dit: « Eh bien, il semble que le chaton soit heureux. » Le petit chat gris s'était lové entre les pattes avant de Dixie et faisait attentivement sa toilette. De temps en temps, il s'arrêtait pour lécher la face de Dixie. Chaton et chien semblaient parfaitement satisfaits. « Je crois qu'elle peut garder le chaton, si elle y tient tant que cela. »

Dixie a donc eu la permission d'aider à élever le chaton qu'elle avait fait sien. Grâce à la bonté et à la compréhension de mon voisin, le petit chat et le vieux chien ont passé plusieurs moments heureux ensemble. Le chaton a profité de cet arrangement et il est devenu un beau chat en santé. Dixie, quant à elle, était heureuse de passer ses journées à se prélasser au soleil, rêvant de chatons et de chiots et s'ébattant dans les champs.

Anne Culbreath Watkins

Ma muse à fourrure

Les nouveaux mariés font toujours face à des défis alors qu'ils apprennent à se connaître l'un l'autre. Mon mari iranien, Mahmoud, venait d'un pays et d'une culture éloignés, mais surtout d'une famille très différente de celle que j'ai connue, très unie et pleine d'affection pour les animaux. Par contre, nous avions l'espoir que notre amour suffirait à nous bâtir une vie ensemble.

En novembre 1979, notre monde a basculé. Nous nous efforcions de comprendre la prise d'otages à l'autre bout du monde, et nous étions inquiets pour les membres de la famille de Mahmoud pris dans la folie de ce terrible cauchemar.

La crise menaçait aussi notre relation — nous étions tellement différents. La tension était devenue intolérable. Parfois, nous nous blessions par trop d'attentes. Nous comprenions de travers un mot, un regard, un geste qui avait un sens différent l'un pour l'autre. Notre amour survivrait-il?

Lorsque Mahmoud a suggéré de m'offrir un chiot pour mon anniversaire, le cadeau a eu une immense signification. Dans son pays, les chiens sont considérés comme des créatures sales et dangereuses, bonnes seulement à faire office de gardiens à l'extérieur — et inviter un chien dans notre maison signifiait qu'il me comprenait. Qu'il voulait que je sois heureuse. Et qu'il savait aussi que cela m'aiderait grandement pendant cette période la plus affolante et la plus difficile de notre vie.

Le petit berger allemand me tenait compagnie lorsque Mahmoud travaillait la nuit. Fafnir m'écoutait lorsque je m'inquiétais à haute voix, faisait le pitre pour me faire rire et léchait mes larmes — il y avait beaucoup de larmes. Je ne me sentais pas à ma place dans la petite ville de l'est du

Kentucky où nous vivions, et ma famille au loin dans l'Indiana me manquait. Je faisais de mon mieux pour être une épouse « parfaite » et, bien sûr, j'échouais misérablement.

Fafnir me faisait sentir importante. Il ne se souciait pas si les repas avaient un goût différent de ceux de maman, il ne m'appelait jamais une *Yankee* et nous semblions avoir un langage commun qui se passait de mots. Il pensait que j'étais merveilleuse — et je savais aussi qu'il était spécial.

Puis, Mahmoud a perdu son emploi et nous sommes déménagés à Louisville, où il est retourné aux études. Moins d'une semaine après le déménagement, j'ai trouvé un poste d'assistante vétérinaire près de chez nous. Comme bénéfice supplémentaire, je pouvais amener Fafnir au travail avec moi. Le petit cacatoès de notre voisin, Fidget, est devenu le meilleur ami de Fafnir. Les choses semblaient se replacer!

Puis, Fafnir s'est mis à boiter. D'abord d'une patte, puis de l'autre. Les médicaments soulageaient temporairement sa claudication, mais ses pattes sont devenues rouges, irritées et enflées. Il se grattait continuellement et il semblait heureux seulement lorsqu'il jouait au chat avec Fidget.

J'ai tout essayé. Les antibiotiques le rendaient malade. Un régime spécifique ne fonctionnait pas et son poids a chuté à 26 kilos. Malgré le rabais qu'on m'accordait, le coût des traitements grimpait et grimpait. Rien ne semblait aider. Fafnir était allergique à l'air qu'il respirait — à la moisissure, au pollen et à d'autres allergènes de la région de la vallée de l'Ohio. Il devenait de plus en plus malade, jour après jour. Fafnir ne ressemblait plus à un berger allemand. Lorsque je caressais sa fourrure noire, son pelage tombait par touffes de poils squameuses. Ses oreilles autrefois si expressives étaient dénudées à l'extérieur, l'intérieur délicat était plein de pustules et de croûtes lentes à cicatriser. Il se léchait constamment et se mordillait, tachant ainsi son ventre de noir, sauf là où les blessures suintantes déchiraient la peau. Ses pattes enflées lui donnaient une démarche hésitante et claudicante qui le faisait davantage ressembler à un chien âgé et arthritique.

Lorsqu'il venait avec moi à la clinique, les propriétaires d'animaux s'éloignaient désormais et mettaient leurs chiens à distance pour ne pas qu'ils flairent le mien. Ils ne voulaient pas que Fafnir donne cette « horrible maladie » à leurs toutous bien-aimés. Même s'il n'était pas contagieux, je ne pouvais pas blâmer les gens de leur réaction. Fidget voulait encore l'inviter à jouer, mais Fafnir ne le pouvait plus. Il souffrait trop. De plus, il dégageait une mauvaise odeur.

Il n'avait que quatorze mois.

L'amour m'avait-il aveuglé et fait perdre mon sens logique? Si cette pauvre créature avait appartenu à quelqu'un d'autre, est-ce que j'aurais un mouvement de recul, moi aussi, avant de toucher ce chien affectueux? Comment pouvais-je justifier de poursuivre les traitements? Y avait-il un choix meilleur et plus compatissant? *Non! Pas mon Fafnir!* Je me refusais à cette pensée avant qu'elle ne se précise davantage, mais une voix plus calme et plus raisonnable me disait avec insistance de faire face à la réalité concernant l'état du chien. Étais-je égoïste? La mort serait-elle le meilleur des traitements?

Je ne pouvais pas embêter Mahmoud avec la question — il avait bien assez de soucis. Pendant deux jours et deux nuits, j'ai débattu avec moi-même, un instant certaine que toute vie serait préférable à une séparation rapide de mon chien adoré, pour ensuite essayer de trouver en moi la force d'arrêter cette souffrance.

Le troisième matin, conduisant le court trajet qui me séparait du travail, j'avais de la difficulté à voir car mes yeux étaient embués de larmes. Fafnir me léchait le cou, excité comme toujours, chaque fois qu'il allait à la clinique et qu'il voyait ses amis. Il aurait peut-être la chance de flairer un chat (oh, quelle joie pour un chien!).

La matinée fut fort occupée et a passé rapidement, un cas après l'autre, pendant que Fafnir reposait dans sa niche habituelle. Chaque fois que je fouillais dans ma poche pour des ciseaux à suture, ou pour prendre ma plume, et que je touchais le papier froissé, j'avais de nouveau les larmes aux yeux. C'était l'autorisation pour l'euthanasie que j'avais décidé de remplir pendant la pause après avoir joué une dernière fois avec Fafnir.

Une urgence est survenue. Une jeune femme, épouvantée et au bord de l'hystérie, a apporté un chiot poméranien à la clinique. « Il s'appelle Foxy, aidez-le, s'il vous plaît! Il a mâchouillé un fil électrique. » Les deux petits enfants de la femme regardaient avec leurs grands yeux pleins d'eau.

Le vétérinaire a aussitôt commencé le traitement. « Une transfusion serait bien utile puisque le chiot est en état de choc. Heureusement, nous avons Fafnir ici qui pourra être le donneur. »

J'ai figé sur place. Pour ce qui m'a semblé une éternité, je n'ai pas pu respirer. Puis, sans un mot, j'ai amené mon garçon à l'extérieur de la niche. Ses yeux se sont illuminés à l'idée de sentir le petit corps tremblant de Foxy. La queue desquamée et lisse de Fafnir a branlé et il a manifesté sa joie. J'ai dû l'isoler pour prélever douze centimètres cubes de sang précieux sur une patte de devant, pour le donner à son tout petit nouvel ami.

À l'heure du dîner, les gencives de Foxy, qui étaient blanches, ont pris une belle couleur rosée, et il s'est mis à respirer normalement. Le chiot roux a même battu faiblement de la queue et a flairé à son tour lorsque Fafnir l'a senti à travers les barreaux de la cage.

Pour la première fois en trois jours, j'ai pu sourire à travers des larmes de joie. Sans même le regarder, j'ai sorti de ma poche le papier pour l'euthanasie et je l'ai jeté dans la poubelle. Que serait-il arrivé si j'avais pris cette décision, ne serait-ce qu'une heure plus tôt? Si Fafnir n'avait pas été là pour Foxy, le petit chien serait mort.

Fafnir m'a regardée avec amour, et j'ai compris qu'il ne se souciait pas de son apparence. Il s'adaptait patiemment aux inconnus de son univers — avec des bains inconfortables, des pilules amères et des aiguilles terrifiantes qu'il ne pouvait pas contrôler — simplement parce qu'il m'aimait et qu'il était confiant que je le protégerais. Fafnir a été heureux de venir au secours de Foxy, comme il m'avait secouru au cours des premiers mois difficiles de mon mariage. C'est ce que nous faisons pour nos amis, pour ceux que nous aimons. Nous le transmettons aussi aux étrangers, simplement parce que cela apporte tant de joie.

Six mois plus tard, Mahmoud a obtenu son diplôme, a trouvé un bon travail, et nous avons quitté Louisville pour nous établir au Tennessee. Loin des allergènes qui l'affectaient, Fafnir s'est rétabli rapidement et il n'a plus besoin de prendre des médicaments. Mon cœur se remplissait d'une gratitude silencieuse chaque après-midi alors que je promenais Fafnir et que les voisins admiraient sa démarche fière et sa fourrure luisante, et demandaient de pouvoir le flatter.

Au Tennessee, j'ai commencé à écrire mes expériences de travail à la clinique vétérinaire. Mon premier article publié racontait l'histoire de Fafnir et a lancé ma carrière d'écrivaine d'histoires d'animaux. Fafnir est ma muse à fourrure depuis ce temps. Mieux encore, son sourire contagieux, sa confiance tranquille et son ravissement à rencontrer de nouvelles créatures (un chat!) comblent mon cœur d'une joie inexprimable.

Amy D. Shojai

Après Dooley

Le jour du cinquantième anniversaire de naissance de ma femme, nous avons été réveillés au milieu de la nuit par le violent tremblement de notre lit. Dooley, notre teckel miniature de dix-huit ans, était entre nous, secoué de convulsions. Il était si fiévreux que je pouvais sentir la chaleur sans même le toucher. Nous l'avons transporté en toute hâte vers un hôpital pour animaux ouvert toute la nuit, et nous avons attendu la nouvelle crève-cœur inévitable. Il n'est pas mort cette nuit-là, mais son vieux corps fatigué avait enduré plus que sa part. Quelques jours plus tard, par un tranquillisant puissant injecté dans ses veines, notre chien s'est endormi pour la dernière fois pendant que je le tenais dans mes bras.

Dooley était un chiot lorsque ma femme, Patricia, et ses deux fils l'ont reçu en cadeau. Cinq années allaient passer avant que j'entre dans leurs vies. En grandissant, j'ai toujours eu des animaux, mais Patricia ne s'était jamais considérée comme une personne « attirée par les chiens ». En fait, Dooley avait été son premier. Les autres chiens la rendaient très nerveuse. Donc, après le décès de Dooley, lorsque je lui ai suggéré de songer à accueillir un autre chien dans notre maison, elle a dit qu'elle accepterait *seulement* à certaines conditions.

D'abord, nous n'allions rien précipiter. Notre perte était encore très récente dans notre esprit, même après plusieurs semaines de deuil, et nous savions tous deux que remplacer Dooley trop rapidement serait en quelque sorte manquer de respect à sa mémoire. Ensuite, nous choisirions un chiot, puisqu'un chien plus vieux pourrait être plus agressif et, de ce fait, plus difficile à contrôler pour ma femme. Enfin, notre nouveau chien ne pourrait peser plus de cinq à sept kilos à pleine maturité.

Nous avons décidé d'entreprendre nos recherches à la fin de mars, autour de notre anniversaire de mariage. Ainsi, si nous trouvions un chien qui nous plaisait, nous pourrions l'acheter, mâle ou femelle, comme un cadeau mutuel. Malgré tout, je savais que Patricia agissait plus pour me faire plaisir que pour elle-même.

Le jour de notre première visite au refuge pour animaux local, je l'ai vu immédiatement. Dès que la porte de la pièce arrière s'est ouverte, nous avons été accueillis par un chœur de trente à quarante jappeurs qui compétitionnaient frénétiquement pour attirer notre attention. Les cages étaient disposées côte à côte et se faisaient face, en formant un U autour de la pièce fraîche et semi-sombre. Il était là dans la première cage sur la droite, un labrador croisé à pleine maturité, qui écoutait calmement la cacophonie autour de lui. Noir comme la nuit, il se fondait presque dans la lumière tamisée qui traversait les étroits barreaux de métal. Je l'ai regardé dans les yeux et je me suis retourné rapidement sans dire un mot à ma femme. Il était trop vieux et trop gros, il ne correspondait pas au profil que nous avions déterminé.

Après une visite rapide et un examen hâtif des plus jeunes pensionnaires, ma femme et moi avons quitté le refuge les mains vides, en nous promettant de revenir sous peu.

Plus d'une semaine s'était écoulée lorsque nous sommes revenus du travail pour entendre une voix vaguement familière sur notre répondeur. « Où étiez-vous passés? » furent les premiers mots que nous avons entendus. C'était Vicky, la directrice du refuge pour animaux qui nous demandait avec insistance de revenir voir certains nouveaux arrivants.

Le soir suivant, nous sommes retournés pour une autre visite, mais encore une fois, notre recherche pour le chiot idéal n'a rien donné. Au moment de quitter, j'ai vu le chien que j'avais admiré la semaine précédente, dans cette première cage à droite, qui nous regardait encore avec espoir et une dignité tranquille.

Je me suis arrêté et j'ai regardé ma femme. J'étais certain de sa réaction, mais comme un enfant qui ne peut s'empêcher de demander la chose en sachant très bien qu'il ne pourra jamais l'avoir, j'ai lâché le morceau: « Que penses-tu de ce petit? »

Quelques minutes plus tard, Patricia et moi étions seuls dans une salle tranquille de l'autre côté du corridor. J'ai eu peine à le croire lorsqu'elle a accepté de l'examiner de plus près, un chien quatre fois plus gros que Dooley. Maintenant, je pouvais ressentir son appréhension, assis tous les deux sur des chaises pliantes en attendant de rencontrer l'animal orphelin qui, j'en étais certain, ne viendrait jamais à la maison avec nous.

La porte s'est ouverte et est apparue une tête noire qui ressemblait à de la peluche. Il a hésité à l'entrée, certainement pour évaluer la situation. Il m'a regardé, puis ma femme. Comme s'il savait lequel de nous il devait convaincre, il s'est avancé directement vers Patricia et a doucement placé sa belle tête sur ses genoux. Étonné, j'ai regardé ma femme qui tomba amoureuse instantanément. Je n'oublierai jamais le regard de compassion sur son visage, ni la conviction dans sa voix alors qu'elle s'est tournée vers moi pour me dire: « Je veux ce chien. »

Exley fait maintenant partie de notre famille depuis un peu plus de quatre ans. Je suis toujours sidéré à l'idée que cet animal doux, loyal et aimant ait été abandonné dans la rue. De la même manière, je suis surpris que quelqu'un d'autre ne soit pas venu l'adopter entre notre première et notre deuxième visite au refuge. Nous avons peut-être été chanceux. Ou peut-être y avait-il autre chose derrière notre chance.

Ma femme est certaine que nous avons eu de l'aide. Elle croit que l'esprit de Dooley était avec nous ce soir-là, poussant le plus gros chien dans sa direction et trouvant, d'une façon ou d'une autre, un moyen de nous faire comprendre qu'il était le nouveau compagnon idéal pour nous.

« Ouais, c'est ça », ai-je répondu à ma femme, ne cachant même pas mon scepticisme. « Crois tout ce que tu veux si cela te fait plaisir. »

Parfois, cependant, lorsque je me retrouve sur le canapé à profiter de quelques moments paisibles avec Exley — écoutant sa douce respiration et sentant son corps chaud pressé le plus possible contre ma jambe — je me souviens de nos visites au refuge et à quel point j'ai failli passer devant ce merveilleux chien sans dire un mot. Alors, dans ces moments de satisfaction d'être avec mon compagnon, tout comme dans les moments que je passais avec Dooley, il ne me semble pas si étrange que l'esprit d'un vieil ami ait trouvé un moyen d'aider les survivants de sa famille à trouver le nouvel ami idéal.

Gary Ingraham

Lorsque Harry a rencontré Kaatje

Peu importe que vous ayez peu d'argent et peu de biens, avoir un chien vous rend riche.

Louis Sabin

Décembre 1994. En Hollande en voyage d'affaires, j'avais terminé ma mission et je retournais chez moi. Tôt un samedi matin, par une journée froide et pluvieuse, je quittais l'hôtel pour la Gare Centrale d'Amsterdam afin de prendre le train vers l'aéroport.

Juste à l'extérieur de la gare, il y avait un sans-abri. J'avais vu cet homme quelques fois dans le passé, puisque je me rends souvent à Amsterdam, et je lui donnais généralement de la monnaie. Plusieurs sans-abris appellent la Gare Centrale d'Amsterdam leur *chez-soi,* mais cet homme a vraiment attiré mon attention par le bon caractère qu'il montrait toujours.

Ce jour-là, en raison des Fêtes, je me sentais particulièrement optimiste, alors j'ai donné à l'homme cinquante florins (environ vingt-cinq dollars) et je lui ai souhaité un Joyeux Noël. Les larmes aux yeux, il m'a remercié avec profusion de ma générosité et il m'a demandé mon nom. Je lui ai répondu que je m'appelais Dave, et il a dit que son nom était Harry. Nous avons parlé brièvement et avons poursuivi notre chemin respectif.

Alors que j'entrais dans la gare vers le distributeur automatique de billets, j'ai fouillé dans mon portefeuille, mais je n'ai rien trouvé. J'ai constaté que je venais de donner à Harry ce qui me restait, et la banque n'était pas encore ouverte pour convertir de l'argent. Je n'avais plus de devises hollandaises pour acheter mon billet afin de me rendre à l'aéroport. Alors que j'étais là, réfléchissant à ma situation fâcheuse, Harry est arrivé. Il m'a vu totalement dérouté et m'a demandé si j'avais besoin d'aide pour le distributeur automatique, puisque les instructions n'étaient qu'en hollandais.

Je lui ai répondu que le problème n'était pas là. Mon vrai problème était que je n'avais pas d'argent. Sans la moindre hésitation, Harry a composé le code pour un billet vers l'aéroport et il a déposé l'argent nécessaire. Le billet est sorti. Il me l'a remis et a ajouté: « Merci ».

Je lui ai demandé pourquoi il me remerciait alors que je lui étais redevable.

Il a répondu: « Parce que je vis dans la rue depuis de nombreuses années. Je n'ai pas beaucoup d'amis, et vous avez été la première personne que j'ai pu aider depuis longtemps. C'est pourquoi je vous remercie. »

Au cours des huit années suivantes, j'ai continué de voir Harry à la gare lorsque je passais par Amsterdam, ce qui arrivait presque tous les mois. Généralement, il était le premier à m'apercevoir et il venait faire la conversation. À maintes reprises, nous avons mangé ensemble. Prendre un repas avec Harry ne ressemblait pas à l'idée que se font la plupart des gens d'un repas normal. Nous achetions de la pizza ou des frites des vendeurs ambulants et nous nous assoyions sur le bord du trottoir pour manger, puisque Harry n'était pas le bienvenu dans les restaurants. Je n'en faisais pas de cas, car je considérais Harry comme un bon ami.

Puis, à partir de juin 2002, je n'ai plus vu Harry à la gare. Je me suis imaginé le pire — que Harry, même s'il était relativement jeune et en santé, était probablement mort de froid ou avait été tué.

Au début de 2003, j'étais à Amsterdam pour ma visite mensuelle. Il était 5h30 un samedi matin et je me rendais à la gare. Soudain, j'ai entendu une voix crier: « Hé, Dave ».

Je me suis retourné pour voir un monsieur frais rasé, vêtu de façon décontractée, qui marchait avec un chien de type colley brun et blanc de taille moyenne. Ils venaient dans ma direction. Je ne savais absolument pas qui était cette personne. Il a marché vers moi, m'a serré la main et m'a dit: « C'est moi, Harry. »

J'étais sous le choc! Je ne pouvais pas le croire. Je n'avais jamais vu cet homme avec autre chose que des guenilles et des couches de saleté, et maintenant il avait l'air totalement respectable. Il a commencé à me raconter l'histoire de sa situation au cours des derniers mois.

Tout a commencé avec le chien qu'il promenait maintenant. Kaatje, son nouveau compagnon, était simplement apparu un jour et a commencé à se tenir avec lui à la gare. Lui et le chien ont vécu dans la rue pendant quelques mois jusqu'à ce qu'un jour Kaatje soit frappé par une voiture. Harry s'est précipité chez le vétérinaire avec le chien, et on lui a dit que l'opération pour réparer la hanche du chien allait coûter très cher. Bien sûr, Harry n'avait pas d'argent. Le vétérinaire a fait une offre à Harry: s'il pratiquait l'opération, Harry viendrait habiter sur un lit de camp à l'arrière de son bureau et il travaillerait pour lui en surveillant les chiens pendant le quart de nuit, jusqu'au paiement final de l'opération. Harry s'est empressé d'accepter l'offre.

L'opération de Kaatje a réussi au-delà de toute espérance. Harry a respecté son engagement. Comme il était si gentil avec les animaux et un si bon travailleur, lorsque la facture a été payée, le vétérinaire a offert un poste permanent à Harry. Grâce à un salaire régulier, Harry a pu trouver un appartement pour lui et Kaatje. Harry n'était plus un sans-abri. Son amour pour Kaatje l'a sorti de la rue. Il se tenait debout devant moi maintenant, et je voyais un jeune homme comme les autres, agréable, qui promenait son chien un samedi matin.

Il était temps de prendre mon train. Harry et moi nous sommes serré la main, et Kaatje m'a vigoureusement léché le visage en guise d'au revoir.

« La prochaine fois que je serai à Amsterdam, rencontrons-nous », ai-je dit.

« J'aimerais bien », a répondu Harry avec un sourire chaleureux.

Nous avons fait des projets pour nous rencontrer pour dîner près de la gare à mon prochain voyage, et nous nous sommes quittés.

Juste avant d'entrer dans la gare, je me suis retourné pour regarder l'homme et le chien qui marchaient joyeusement vers un endroit que les gens tiennent parfois pour acquis — un endroit qu'on appelle son chez-soi.

Dave Wiley

Mon garçon aux yeux bleus

Je crois que nous sommes attirés vers les chiens parce qu'ils sont ces créatures sans inhibitions que nous pourrions être si nous n'étions pas certains de connaître mieux.

George Bird Evans

Mon chien, Harry, et moi sommes très proches. Harry, un dalmatien de 38 kilos, m'écoute lorsque je suis contrariée, me réconforte lorsque j'ai le cafard, et il m'accompagne partout. Je suis sa maman chérie, la personne dont il se soucie le plus. L'ayant élevé depuis qu'il était un chiot de huit semaines, je ressens la même chose envers lui — il est mon garçon aux yeux bleus.

Par un beau dimanche matin, Harry et moi sommes allés à Central Park. Harry courait sans laisse sur la Colline des Chiens en compagnie d'autres chiens des villes pendant que leurs propriétaires profitaient d'une journée de printemps dans le parc.

J'étais déprimée parce que je venais d'être congédiée de l'emploi que j'occupais depuis dix ans. Me retrouver dans le parc avec Harry était l'une des façons d'oublier un moment que j'étais sans emploi — et que mes perspectives ne semblaient pas très bonnes en raison d'une économie difficile.

J'étais au bas de la Colline des Chiens et je parlais à un autre propriétaire de chien lorsque, soudain, nous avons entendu quelqu'un crier: « Il a pissé sur ma jambe! » Je me suis retournée et voilà que j'ai aperçu, au sommet de la colline, une dame qui gesticulait devant mon chien bienaimé, apparemment le coupable. Horrifiée, j'ai grimpé la colline à toute vitesse. Harry n'avait jamais rien fait qui puisse ressembler à cela auparavant.

Lorsque je suis arrivée près de la dame, je me suis empressée d'attraper Harry par le collier au cas où il déciderait de faire autre chose de fâcheux. La dame s'est penchée pour tenter de nettoyer sa jambe. Elle a enlevé son soulier, car le pipi avait coulé le long de sa jambe jusque dans son soulier.

Nous nous sommes redressées en même temps et, pour un court instant de stupéfaction, nous nous sommes regardées.

« Alexandra! » a-t-elle dit.

« Valerie! » C'était mon ancienne patronne — celle qui m'avait congédiée trois mois plus tôt.

Je me suis excusée auprès de Valerie pour la conduite de Harry, mais pendant tout le trajet de retour à la maison, j'ai ri et je ris encore, et j'ai donné à Harry des tas de baisers et de caresses. Harry, bien sûr, était ravi d'avoir réussi un tel exploit — même si, heureusement, il n'a jamais répété sa performance. Encore aujourd'hui, lorsque je pense à toutes les merveilleuses qualités de Harry, sa « revanche pour maman » me fait encore rire aux éclats.

Alexandra Mandis

« *Chien* » *et M. Evans*

« Elle est célèbre, vous savez », a dit humblement l'homme âgé en baissant la tête pendant que j'examinais l'oreille enflée de sa chienne. Je pouvais cependant déceler de la fierté dans sa voix.

Quelques minutes plus tôt, juste avant d'entrer dans la salle d'examen, j'avais jeté un coup d'œil sur la fiche de la patiente dans la Salle Un. Lorsque j'ai vu le nom de la malade, j'ai pensé: *Comme c'est curieux. Une chienne qui s'appelle Chien. Ce n'est probablement qu'une autre décoration de jardin à peine remarquée, et qui ne reçoit même pas assez d'attention de la part d'une personne pour qu'elle lui trouve un nom.* Mais après, j'ai aussi remarqué qu'elle avait été amenée pour ses examens annuels et qu'elle avait reçu tous nos vaccins recommandés et tous les soins préventifs. Ce n'était peut-être pas un chien négligé, après tout.

Dans la salle d'examen, j'ai fait la connaissance de M. James Evans, quatre-vingt-quatre ans, et de Chien, son braque de Weimar croisé de onze ans. On pourrait dire qu'ils avaient tous les deux environ le même âge. M. Evans a remarqué l'enflure et les « oreilles sales », et il a amené immédiatement Chien pour un examen.

Tout en poursuivant mon examen, il m'a raconté à quel point il avait remarqué la grande intelligence de Chien lorsqu'il avait commencé à lui montrer des trucs simples. Il les lui avait enseignés surtout en cas d'urgence parce qu'il avait le cœur malade et d'autres problèmes de santé. Il avait remarqué à quel point elle apprenait vite et a commencé à lui montrer d'autres tours. Son plus remarquable était le fait de compter et de résoudre des problèmes de mathématiques. Ils ont commencé à « se faire admirer » devant la famille et les amis, puis M. Evans a entrepris de l'amener dans des maisons de convalescence, des écoles et d'autres petits groupes afin de donner un spectacle.

« Les gens semblent aimer, a-t-il dit. On me demande toujours comment elle fait. Je leur réponds que je ne le sais pas, qu'elle ne me l'a pas encore dit, a-t-il ajouté en riant. Elle est peut-être capable de lire mes pensées, je ne sais pas... mais elle donne de mauvaises réponses lorsque je ne me concentre pas. »

Lorsqu'il a commencé à me raconter tout cela, j'ai pensé: *Ouais, bien sûr, chaque personne croit que son chien est un génie.* Mais je pouvais voir maintenant à la façon dont ses yeux s'illuminaient, et comment Chien gardait toujours les siens fixés sur lui, qu'il ne se vantait pas, mais qu'il faisait ce qu'il avait toujours fait: partager cet animal exceptionnel et ses histoires avec d'autres. Il a senti que j'étais vraiment intéressée et il m'a dit qu'il apporterait une vidéo d'elle la prochaine fois. Il s'est empressé d'accepter le test sanguin avant anesthésie et le traitement pour les oreilles que j'avais recommandés.

M. Evans m'a apporté la vidéocassette la fois suivante où il a ramené Chien, c'est-à-dire pour sa visite annuelle. Plus tard dans la journée, je l'ai regardée avec quelques membres du personnel. Même si ce n'était pas la meilleure qualité de vidéocassette, deux choses étaient évidentes: à quel point les petits groupes aimaient beaucoup le spectacle et à quel point Chien ne quittait jamais des yeux son partenaire. Est-ce qu'elle *lisait* dans ses pensées? Ou étaitelle si habituée à comprendre le langage corporel de son maître qu'elle saisissait certains signaux subconscients qu'il lui donnait, chose dont il était même inconscient — mais n'est-ce pas presque la même chose? Quelle que soit la façon dont ils s'y prenaient, c'était le résultat de ces deux êtres en harmonie totale et en pleine confiance l'un envers l'autre.

Plusieurs mois plus tard, ils sont revenus dans ma salle d'examen et ils étaient tous deux un peu moins bien. M. Evans voulait que je vérifie encore les oreilles de Chien. Il croyait qu'elle devenait sourde. Elle avait aussi de la difficulté à se mouvoir. « Moi aussi, par contre », a-t-il dit en riant pendant que j'examinais soigneusement Chien. Ses oreilles étaient belles — il y avait juste un peu de cérumen, pas d'infection — mais elle souffrait d'arthrite aux hanches.

La fois suivante où je les ai revus, Chien a dû être portée dans la salle d'examen. Notre première rencontre remontait à deux ans. Elle avait maintenant treize ans et il en avait quatre-vingt-six. Je craignais de faire cet examen.

Avant même que je commence, M. Evans m'a regardée droit dans les yeux, le regard embué, et il a dit: « Elle a été trop bonne pour moi pour que je la laisse souffrir. Je ne l'abandonnerai jamais comme ça. »

Cela dit, j'ai poursuivi mon examen en silence. Elle était si faible. Elle avait de la difficulté à respirer, son cœur battait faiblement et ses yeux étaient éteints. Il a accepté de la laisser pour la nuit afin que nous puissions faire d'autres tests. Il voulait prendre le temps de tout savoir, mais il ne voulait pas permettre qu'elle soit souffrante plus longtemps si rien ne pouvait être fait. J'ai répondu que je comprenais.

Les rayons X, un ECG et les tests de sang ont confirmé une défaillance cardiaque congestive, qui avait également causé une maladie du foie. Après lui avoir donné des médicaments pour le cœur, elle respirait un peu mieux et a pu manger et boire. Quelque chose me disait, par contre, qu'elle ne faisait que s'accrocher — s'accrocher pour lui... pour le moment. J'espérais qu'elle ne meure pas, pas cette nuit, pas sans lui à ses côtés.

J'ai retenu mon souffle ce matin-là en entrant dans la salle de traitement, essayant de lire sur le visage de mon personnel pour obtenir les réponses aux questions que je ne voulais pas poser: *Comment allait Chien? Avait-elle réussi à passer la nuit?* Elle était en vie, mais très faible. Je devais téléphoner à M. Evans. Il semblait déjà savoir ce que j'allais lui annoncer.

M. Evans lui a caressé la tête pendant que j'injectais le liquide rose vif, les larmes coulant sur mon visage, mes mains tremblant. J'ai subrepticement regardé mon assistante, espérant y trouver un visage impassible. Pas de chance. Ses yeux étaient noyés de larmes. La patte de Chien, mes mains, ma seringue n'étaient maintenant que brouillard. Elle a respiré une dernière fois, longuement et profondément.

John, le fils de M. Evans, avait apporté une grande boîte. Pour la première fois, James Evans m'a paru vieux. Je me suis demandé comment il allait se débrouiller sans elle.

Plus tard dans l'après-midi, John Evans a téléphoné pour nous annoncer que son père était décédé — il avait subi une crise cardiaque pendant qu'on creusait la tombe de Chien. Je ne pouvais pas croire la douleur qui a frappé mon propre cœur. Je ne sais pas combien de temps je suis restée là, stupéfaite, avant de prendre une nouvelle respiration.

Je me sentais responsable. J'avais mis fin aux jours de Chien et, pour cette raison, la vie de M. Evans s'était arrêtée aussi. Puis, j'ai compris qu'ils n'auraient pas voulu que cela finisse autrement. La famille le savait aussi. Ils ont exhumé le corps de Chien et l'ont incinéré. Ils ont placé ses cendres avec son meilleur ami.

Je suis reconnaissante envers Chien et M. Evans. Ils ont fait plus pour moi comme vétérinaire que je n'ai fait pour eux. Lors de ces moments de découragement, quand je suis confrontée aux séquelles de la négligence d'une personne envers un animal, je pense à Chien et à M. Evans, et ma confiance dans le lien est rétablie.

Andrea B. Redd, D.M.V.

3

Le courage

Même le plus petit caniche ou
un chihuahua reste un loup dans son cœur.

Dorothy Hinshaw Patent

Calvin, un chien au grand cœur

Devenu aveugle dans un camp de concentration nazi à l'âge de vingt et un ans, je suis arrivé en Amérique avec ma femme en 1951. Nous avons travaillé et élevé deux fils; j'ai maintenant quatre-vingt-deux ans et cinq petits-enfants. Pendant presque toutes ces années, j'ai été dépendant d'une canne blanche pour m'aider à me déplacer. J'enviais mes amis aveugles qui possédaient un chien-guide — ils profitaient d'une liberté de mouvement tellement plus grande que la mienne. Mon problème, bien que je fusse réticent à l'admettre, était ma peur de m'approcher des chiens de trop près.

En dépit de ma peur, le jour où j'ai pris ma retraite, j'ai décidé de faire la demande d'un chien-guide à la *Guiding Eyes for the Blind Guide Dog School* [École de dressage de chien pour aveugles]. Je voulais tellement la liberté qu'un chien pouvait me procurer qu'il fallait que j'essaie.

Lorsque je suis arrivé, Charlie, le responsable du dressage, a adressé quelques mots de bienvenue enjoués à la douzaine d'entre nous qui commençaient le cours de mai 1990. Après la cérémonie de bienvenue, j'ai emmené Charlie à l'écart et je lui ai confié: « J'aimerais avoir un chien-guide, mais comme j'ai eu de mauvaises expériences avec les chiens, je ne suis pas certain de pouvoir parvenir à créer un lien avec l'un d'eux. » Curieux, Charlie m'a demandé si j'acceptais de lui parler de mes expériences malheureuses.

« Je suis un survivant de l'Holocauste. Dans l'un des camps de concentration nazis où j'étais, lui ai-je expliqué, le commandant avait un gros berger allemand vicieux. Parfois, lorsqu'il avait des invités et qu'il voulait montrer à quel point il pouvait être cruel, ou comment son chien pouvait être vicieux — ou les deux — il demandait à un gardien d'amener un groupe de prisonniers dans la cour. Une fois, avant que je sois aveugle, je faisais partie de ce groupe. Je regardais pendant qu'il a choisi l'un d'entre nous et lui a demandé de s'éloigner du groupe. Il a alors donné un commandement au chien: "Fass!", ce qui veut dire: "Va chercher!" En un bond, le chien a attrapé la victime par la gorge. Quelques minutes plus tard, l'homme était mort. Le chien est retourné vers son maître pour recevoir des compliments et sa récompense, et l'audience a applaudi le chien pour un travail bien fait. Plus de quarante ans plus tard, j'en ai encore des cauchemars. »

Après un moment de réflexion, Charlie a dit: « Aucun être humain ne naît méchant; certains le deviennent. Aucun chien ne naît vicieux; certains sont entraînés pour le devenir. Donnez-nous une chance de vous prouver que les chiens que nous dressons et celui que vous aurez vous guidera en toute sécurité, vous aimera et vous protégera. »

Ses paroles m'ont conforté dans ma décision. J'étais prêt, ai-je dit à Charlie, à me donner une chance. Si j'échouais, ce ne serait pas faute de ne pas avoir essayé. Charlie a tenu une réunion avec son personnel pour revoir mon dossier et il a décidé que Calvin serait le chien idéal pour moi. Calvin était un labrador chocolat de deux ans qui pesait quarante kilos. Après notre période de formation de quatre semaines, je suis parti à la maison avec Calvin, et il m'était difficile de créer un lien avec lui. J'en étais au stade d'apprendre à l'aimer, et même si je comprenais le rôle utile que Calvin allait jouer dans ma vie, j'étais encore très prudent près de lui, ne me détendant jamais complètement et ne l'acceptant pas tout à fait. Cette difficulté affectait aussi Calvin. Pendant cette période, il mangeait mais il perdait du poids, et le vétérinaire m'a dit que c'était parce que le chien pouvait sentir ma distance émotive. Je me rappelais souvent les paroles de Charlie:

« Aucun être humain ne naît méchant et aucun chien ne naît vicieux... » Mon instructeur m'a téléphoné à maintes reprises pour me donner des conseils et m'offrir des encouragements.

Lentement mais sûrement, Calvin et moi avons commencé à briser la barrière invisible qui nous séparait. Finalement, après environ six mois — le double du temps qu'il faut pour un tandem homme/chien-guide — j'ai commencé à faire confiance plus totalement à Calvin. Je me rendais avec lui partout où j'avais besoin d'aller et je le faisais avec confiance.

Tout doute qui aurait pu subsister concernant Calvin s'est dissipé un jour où nous étions à une intersection achalandée, attendant de traverser la rue. Ainsi que nous avions été entraînés, lorsque j'ai entendu la circulation parallèle commencer à bouger, j'ai attendu trois secondes, puis j'ai donné le commandement: « Avance, Calvin. » Comme nous descendions du trottoir, sans qu'on s'y attende un automobiliste a fait soudain un brusque virage à droite, juste devant nous. Calvin s'est arrêté illico en freinant brusquement! Il a réagi exactement de la façon dont il avait été entraîné à le faire dans une telle situation. Prenant conscience qu'il nous avait épargné à tous les deux de sérieuses blessures, je suis remonté sur le trottoir, je me suis accroupi et j'ai pris Calvin par le cou en le félicitant pour un travail bien fait.

Ce fut le point tournant de notre vie ensemble. Après cela, l'amour entre nous a circulé librement et Calvin s'est épanoui.

Sans son harnais, Calvin était aussi enjoué et espiègle que tout autre chien. Quand ma petite-fille Hannah, âgée d'à peine un an et qui commençait à être plus solide sur ses jambes, venait nous rendre visite, Calvin la laissait laborieusement prendre position pour attraper une de ses oreilles soyeuses. Puis, il se déplaçait adroitement de côté, sa queue remuant à toute vitesse, pendant qu'Hannah essayait en vain de l'attraper. Ce jeu de Calvin remplissait Hannah de joie.

Calvin a aussi développé une relation affectueuse avec ma femme, Barbara, confinée à la maison à cause de plusieurs problèmes physiques chroniques. Ils sont devenus des amis et des compagnons de jeu inséparables. Au moment de sa visite périodique chez le médecin, il a remarqué que sa pression artérielle était plus basse qu'elle ne l'avait été depuis longtemps. Barbara a demandé au médecin si la compagnie de Calvin pouvait être en partie la cause de cela. « C'est moins que probable, a-t-il répliqué. Je vais quand même changer votre ordonnance puisque votre pression artérielle est meilleure. Revenez dans deux mois. » La pression artérielle de Barbara est demeurée basse. Le médecin, bien que peu convaincu, a accepté à contrecœur que la compagnie de Calvin ait pu avoir un effet favorable. Barbara et moi n'en doutions pas, les faits parlaient d'eux-mêmes.

Encore et encore, Calvin a prouvé qu'il avait un grand cœur, un cœur assez grand pour Barbara et moi: non seulement m'a-t-il donné une plus grande indépendance et plus de sécurité dans mes déplacements, ce dont j'avais tant rêvé pendant des années, mais il est aussi devenu un membre aimé de la famille.

Oui, Charlie, vous aviez raison. « Donnez-nous une chance, avez-vous dit. Votre chien vous aimera, vous guidera et vous protégera. » Calvin a fait tout cela, et plus encore.

Max Edelman

Le destin, le courage et une chienne du nom de Tess

Dans une bataille, l'important n'est pas nécessairement la grosseur du chien, mais sa détermination.

Dwight D. Eisenhower

Je venais tout juste d'aller chercher ma jeune nièce Hannah à l'école lorsque j'ai aperçu le chien confus allant et venant dans la circulation automobile à un coin de rue achalandé. C'était une femelle berger allemand élancée, et j'avais des frissons en observant plusieurs voitures donner un coup de volant ou arrêter pour ne pas la frapper. Elle semblait perdue, et Hannah m'a immédiatement suppliée d'intervenir. Je m'y suis opposée. J'étais pressée de rentrer à la maison afin de préparer le repas pour Hannah, ses parents et son frère. J'avais un horaire à respecter et, à cet instant, aider un chien errant était la dernière chose que je voulais faire.

Cependant, dès que j'en ai eu la possibilité, j'ai fait un demi-tour. En approchant de l'intersection dans la direction opposée, nous l'avons vue de nouveau. Elle n'était plus dans la rue et elle tentait d'apprivoiser quiconque passait près d'elle, mais tous ces gens pressés de retourner chez eux à la fin de leur journée de travail l'ignoraient ou la chassaient. Avec un soupir d'impuissance, je me suis rangée sur l'accotement.

« Bon, Hannah, ai-je dit, voici ce que nous allons faire. Je vais ouvrir la portière de la voiture et lui donner une seule chance d'entrer, mais si elle refuse, nous partons à la maison. Je ne la forcerai pas. »

Je suis sortie, j'ai ouvert la portière et, sans grand enthousiasme, j'ai appelé le chiot qui était à plus de quinze mètres de moi. Au son de ma voix, elle a dressé l'oreille, m'a regardée droit dans les yeux et s'est mise à courir dans notre direction. En un rien de temps, elle était dans la voiture, agitant la queue et nous inondant de bisous de chien, comme si elle nous connaissait depuis toujours. Je n'ai pas pu m'empêcher de rire. Quelle adorable chienne! Et, ô miracle, elle portait un collier que je n'avais pas remarqué avant. Même si elle n'avait pas de médaille à son nom, elle manquait sûrement à quelqu'un. Il suffirait de quelques coups de téléphone et d'un peu de chance pour la ramener dans sa famille. Rien n'était si grave, après tout. Je l'ai emmenée à la maison, certaine qu'elle ne ferait plus partie de ma vie très bientôt.

Une semaine plus tard, après avoir placé des annonces dans les journaux, fait plusieurs appels téléphoniques à la Société protectrice des animaux locale, et m'être assurée qu'elle n'avait pas la rage, je me suis finalement résignée à la dure réalité que quiconque avait placé un collier autour de son cou n'en voulait plus. J'habitais une petite maison et j'avais déjà deux chiens, alors il m'était impossible de la garder. J'ai décidé de lui trouver une famille aimante qui lui donnerait tous les soins et l'affection nécessaires. J'ai commencé par prendre rendez-vous avec mon vétérinaire qui l'a trouvée en parfaite santé même si, de toute évidence, elle était trop maigre. Je l'ai appelée Tess et j'ai commencé à l'entraîner à vivre dans une maison, sachant qu'elle devait avoir de meilleures manières pour plaire davantage.

Avec beaucoup de nourriture et de soins de toilettage, elle a pris du poids et son pelage terne a commencé à luire. Elle était ravie de toute cette attention. En moins de six semaines, elle était tout à fait propre et magnifique. J'ai écrit une histoire à son sujet et j'ai convaincu le rédacteur de notre journal local de la publier dans l'édition du weekend. L'histoire fut dactylographiée et prête à être remise au bureau du journal le lendemain, et j'étais certaine que nous passions l'une de nos dernières soirées ensemble.

Au moment où je me préparais à aller au lit, on a sonné à la porte et, comme il était tard, j'ai répondu en pyjama, pensant que c'était probablement une voisine qui voulait m'emprunter quelque chose. Au lieu de cela, à mon grand étonnement, un homme à l'aspect peu soigné se tenait devant moi et me demandait d'utiliser mon téléphone. Il n'était pas question qu'il entre dans ma maison, mais je lui ai offert de faire l'appel à sa place s'il voulait me donner le numéro. Sans ajouter un mot, il a ouvert la double porte et a forcé son chemin dans mon salon. Mon esprit s'affolait. Pourquoi, au nom du ciel, n'avais-je pas vérifié qui sonnait avant d'ouvrir la porte? Mes deux chiens — un épagneul springer anglais et un shih tzu — ainsi que Tess, ont tous interrompu leur accueil chaleureux, sentant comme moi que cette personne allait causer des ennuis. Tous les trois l'ont regardé, puis se sont tournés vers moi pour avoir un signal que tout allait bien.

Mais tout n'allait définitivement pas bien. J'étais trop terrifiée pour parler ou pour bouger. J'étais là, figée et attendant, prise au piège dans une situation dangereuse où, je le craignais, il n'y avait pas d'issue.

Soudain, le berger allemand que j'avais hébergé pour le sauver d'une vie d'errance s'est placé entre moi et l'étranger qui se tenait menaçant, devant nous. Tess n'avait que huit ou neuf mois, costaude mais encore un chiot, et pourtant elle était là, tête baissée, les poils du cou hérissés, émettant un grognement sourd et menaçant, tout en lançant un regard furieux à l'intrus. Pendant peut-être cinq longues secondes, nous sommes tous restés là, sans bouger. Puis, très lentement, l'homme a reculé d'un pas. Il a levé légèrement la main en me suppliant de retenir mon chien et il est sorti avec précaution de ma maison, puis vers le trottoir.

Enfin capable de bouger, j'ai fermé la porte, je l'ai verrouillée et je me suis retournée pour serrer mon amie dans mes bras, ce chien perdu que j'avais secouru — et qui, à son tour, m'avait porté secours. Par magie, le danger étant écarté, elle s'était transformée de nouveau en un chiot enjoué, la queue frétillante et casse-pieds que j'avais appris à connaître. Le lendemain matin, j'ai téléphoné pour annuler le rendez-vous que j'avais pour remettre l'histoire sur Tess. Elle n'avait pas besoin d'un foyer; elle en avait déjà un. Trois chiens maintenant au lieu de deux, mais le manque d'espace ne semblait plus aussi important qu'il l'avait été.

Depuis ce soir-là, Tess n'a jamais plus grogné ni montré la moindre hostilité envers un autre être humain, et même si son museau grisonne, elle agit encore souvent comme le chiot qui, sans hésitation, a bondi dans ma voiture — et dans ma vie — il y a onze ans. J'ai beaucoup appris de Tess, surtout pendant cette soirée mémorable où elle m'a enseigné des choses sur le destin et le courage. Mais plus important encore, elle m'a montré comment un geste de bonté désintéressé peut apporter des bienfaits dans votre vie.

Susanne Fogle

Dans ses yeux dorés

Les yeux d'un animal ont le pouvoir
de s'exprimer admirablement.

Martin Buber

Ma fille de six ans, Mariah, me tenait bien fort par la main pendant que nous déambulions dans le refuge pour animaux. Nous voulions choisir le chiot idéal pour les douze ans de sa sœur Vanessa. J'ai bien examiné chaque cage, prêtant attention à toutes les paires d'yeux bruns suppliants qui nous fixaient. C'était un appel pour de l'amour et un foyer heureux — ce que les filles et moi désirions ardemment aussi depuis que leur père et moi avions divorcé.

« Voici les derniers arrivés », a dit le préposé. Il nous a dirigées vers une cage où trois chiots dormaient. Ils avaient la grosseur de petits oursons avec un beau pelage.

« Quelle est leur race? » ai-je demandé, en m'arrêtant pour les regarder de plus près.

« Ce sont des chows croisés, a répondu le garçon. Je n'ai jamais vu d'aussi beaux chiens. »

Mon cœur s'est mis à battre plus rapidement alors que le chiot du milieu s'est soudain mis à bâiller, puis à nous regarder. Elle était époustouflante, avec des pattes énormes et des marques noires argentées sur sa face, comme celles d'un loup. Ce qui m'a surtout frappé, ce sont ses yeux. Ils étaient si beaux et si doux. Aussi dorés que sa fourrure. Quelque chose m'a dit que c'était elle.

Je me souviendrai toute ma vie du visage de Vanessa lorsque nous lui avons fait la surprise de sa nouvelle compagne. Cela a presque effacé la douleur des quelques derniers mois.

« Je vais l'appeller Cheyenne », a dit Vanessa, rayonnante.

Les jours suivants, Cheyenne a accompli exactement ce que j'espérais. Plutôt que d'avoir la nostalgie de la vie qu'elles avaient perdue, les filles passaient leur temps à jouer avec leur nouveau chiot. Au lieu de se sentir déprimées parce qu'elles s'ennuyaient de leur papa, elles jouaient bruyamment et riaient pendant des heures. Ce qui m'a permis d'espérer que cette très difficile transition se fasse un peu plus facilement pour elles — si seulement quelque chose pouvait m'aider à faire de même.

C'est lors d'une fin d'après-midi d'avril que les choses ont pris une tournure horrible. Les filles étaient dans la cour arrière et jouaient avec Cheyenne pendant que j'étais partie à l'épicerie. Lorsque je suis revenue à la maison et que j'ai garé la voiture dans l'entrée, un camion est arrivé à toute vitesse dans notre rue. Je suis sortie de ma voiture, les clés à la main, et j'ai vu que Cheyenne était en liberté. Elle a passé devant moi comme un éclair.

J'ai crié: « Cheyenne! Non! Reviens ici! » Mais c'était trop tard. Elle a couru après le camion et, arrivée aux pneus avant, elle a été projetée dans les airs avant de tomber avec un bruit sourd sur le côté de la route.

Heureusement, le cabinet du vétérinaire était encore ouvert et il l'a immédiatement traitée. Je suis restée aux côtés de Cheyenne, la suppliant de continuer à respirer pendant que le vétérinaire la mettait sur la table d'examen.

« La patte avant semble la pire de ses blessures, a-t-il dit en la pinçant entre les orteils avec une pince en argent. Les nerfs ont été endommagés et elle ne ressent plus rien. J'ai peur que nous devions l'amputer. »

Le jour où Cheyenne a été opérée fut le plus long de ma vie. Rien ne nous avait préparées à ce que nous allions voir lorsque nous sommes allées la chercher. Dans la cage du bas, Cheyenne haletait et clignait de ses yeux endormis, tout le côté droit de son corps était rasé, à partir de l'estomac jusqu'au cou. Un énorme bandage blanc enveloppait la région de l'épaule, là où était sa patte auparavant. Un tube de plastique était aussi attaché tout près pour aider au drainage de la plaie après la chirurgie. Elle avait l'air tout à fait misérable. Les larmes ont coulé sur mes joues alors que j'ai vu la queue de Cheyenne battre faiblement.

Cette nuit-là, nous avons toutes campé sur le plancher pour dormir près de Cheyenne. Alors qu'elle gémissait de douleur et était couchée sur le côté, incapable de bouger, j'essayais de l'imaginer comme elle était avant: courant, jouant, sautant sur le lit pour se blottir près de moi. J'étais remplie de peur et d'incertitude, me demandant comment elle pourrait redevenir un jour ce chiot insouciant. En un sens, je comprenais son traumatisme. Un jour, vous êtes heureux, puis votre vie s'écroule, sans raison, et vous laisse dans un monde de douleur.

Vanessa et moi avons monté la garde à tour de rôle pendant les quelques premières nuits. Nous l'avons surveillée, essayant de la réconforter, lui donnant ses médicaments contre la douleur et la nourrissant à la cuillère de crème glacée à la vanille. Elle sommeillait, mais en général, elle était trop inconfortable pour dormir. À intervalles de quelques heures, nous la transportions à l'extérieur et nous l'aidions à se tenir debout pour qu'elle fasse ses besoins. Nous étions épuisées, mais rien au monde n'était plus important que le retour à la santé de Cheyenne, même si elle ne serait plus jamais la même.

Le lundi suivant, j'ai dû en prendre soin moi-même pendant que Vanessa était à l'école. Mariah se tenait occupée dans ses cahiers de coloriage et, moi, je regardais sans cesse du côté de Cheyenne. J'ai changé ses pansements et je me suis assurée qu'elle n'essayait pas de les mordre. Je caressais sa tête et lui disais combien elle était forte. En la voyant si mal en point et en regardant le sang couler de son tube de drainage, j'avais le cœur de plus en plus brisé. Ses doux yeux qui me regardaient avec amour plutôt qu'avec souffrance me manquaient.

Je lui répétais à l'oreille: « Tu es une survivante. Nous avons besoin de toi, alors il faut que tu guérisses. Ces enfants comptent sur toi, je t'en prie... n'abandonne pas. Bats-toi et passe à travers. »

Au moment où je lui disais ces choses, un déclic s'est produit en moi. Les mêmes mots s'appliquaient à moi aussi. J'avais vécu un cauchemar depuis le divorce, la douleur étant si profonde que je voulais me rouler en boule et mourir; je ne croyais pas pouvoir arriver à être autonome. Mais les enfants ne dépendaient-ils pas aussi de moi? Est-ce que je n'ai pas dû me battre et passer à travers tout cela? Les larmes coulaient sur mes joues pendant que j'appuyais mon visage sur le museau de Cheyenne. Il était si doux et sa respiration caressait ma peau. Une respiration qui m'a rappelé à quel point la vie était précieuse.

« Ma fille, lui ai-je dit, je vais faire une entente avec toi. Si tu te bats et que tu t'en sors, je vais faire la même chose. Ensemble, nous allons apprendre à marcher par nous-mêmes. »

À partir de ce jour-là, les choses se sont améliorées de façon constante. Cheyenne semblait plus éveillée et plus confortable, osant faire ses premiers pas alors que je pleurais moins et souriais davantage. Une guérison s'amorçait et c'était très agréable. Un jour à la fois, un pas à la fois, Cheyenne et moi y parvenions ensemble.

« Regarde, maman! Elle le fait! Cheyenne marche sans aide! » Vanessa montrait Cheyenne alors que celle-ci marchait dans la cour, une semaine plus tard. Elle s'en tirait très bien malgré la perte de sa patte avant. En fait, il semblait que cela ne l'incommodait pas du tout.

Mariah tapait des mains de joie. « Elle est exactement comme avant! »

J'y ai réfléchi pendant un moment et je n'étais pas du même avis. Je lui ai dit: « En fait, ma chérie, je crois que Cheyenne sera mieux qu'elle était avant. Elle sera plus forte parce que maintenant c'est une survivante. Tout comme nous... mieux qu'avant. »

À ce moment-là, Cheyenne s'est arrêtée et m'a regardée. La lueur dans ses yeux dorés était revenue. Nous avions toutes deux une nouvelle vie devant nous, un précieux pas à la fois.

Diane Nichols

Le chien qui aimait voler

L'ardent désir de Copper de voler était manifeste depuis qu'il était un chiot. Il est incongru de s'attendre à ce qu'un teckel veuille passer sa vie dans les airs, mais depuis le jour où il est sorti du parc pour bébés qui était censé lui éviter des ennuis pendant que j'étais au travail, jusqu'à son dernier effort courageux pour quitter la terre, rien n'a pu l'arrêter.

C'est l'esprit d'élévation de Copper qui me l'a fait choisir comme premier chien. Les autres chiots de la portée étaient mignons, mais d'une façon traditionnelle. Copper, lui, ne voulait rien savoir des bisous nez à museau ou de se pelotonner contre moi. Il a réussi à se hisser sur le dessus du canapé et, avant que quiconque ne puisse l'arrêter, il a sauté. Il a atterri avec un « pouf! » alors que l'air s'expulsait de sa minuscule poitrine. Les pattes d'un chien de sept semaines ne sont pas faites pour supporter du parachutisme. Je le savais, mais pas lui.

Je ne suis pas portée non plus à suivre les règles, donc Copper était le choix tout désigné pour moi. J'ai murmuré dans sa petite oreille: « Je t'aime, chien volant. Veux-tu venir à la maison avec moi? » Il m'a fixée intensément, comme pour dire: *Oui, mais ne t'attends pas à ce que j'observe la Loi de la gravité de Newton!*

L'entraînement de pilote de Copper a débuté dès que nous sommes arrivés à la maison. Il a examiné les alentours, a identifié les plus hautes élévations et il a passé ses journées à grimper sur tout ce qu'il pouvait, puis à faire le saut. Pendant des mois, toutes les pièces de la maison étaient couvertes d'oreillers, de couvertures et de serviettes, tout ce que je pouvais trouver de doux qui servirait de coussin pour ses atterrissages.

Un jour, il avait environ cinq mois, je suis rentrée à la maison pour y trouver Copper debout au milieu de la table de la salle à manger avec ce regard dans les yeux qui disait: *Attache ta ceinture et prépare-toi pour le voyage!* J'ai couru aussi rapidement que possible vers lui pour l'attraper, mais il a touché le sol avant que je puisse crier: « Aucun vol dans la salle à manger! »

À partir de ce jour, j'ai renversé les chaises de la salle à manger sur la table chaque matin avant d'aller travailler. Lorsque des amis et des voisins me demandaient pourquoi, je haussais les épaules en répondant que c'était une vieille coutume allemande.

J'aurais voulu que Copper soit heureux en faisant les choses que font les teckels normaux, comme renifler le tapis, se rouler dans des odeurs étranges, japper après les écureuils et apprendre à désobéir en deux langues, mais ce n'était tout simplement pas son tempérament. Chaque soir, en rentrant du travail, je lui demandais: « Qu'est-ce que je vais faire de toi, chien volant? » Je lui ai acheté une médaille de chien en forme d'avion et j'ai espéré qu'il était assez fort pour ne pas se blesser dans ses escapades aériennes.

Un jour, à l'âge de cinq ans, Copper a sauté sur le dossier du canapé et s'est élancé. Lorsqu'il a atterri, il s'est blessé au dos. Je l'ai emmené en vitesse chez le vétérinaire, qui m'a annoncé qu'il s'était brisé un disque et qu'il aurait besoin d'une opération. J'avais le cœur brisé. *Si j'avais été un bon parent pour ce chien,* ai-je pensé, *j'aurais trouvé un moyen de l'empêcher de voler.*

Copper s'est rétabli de son opération, la queue frétillante et cette même étincelle de rébellion dans les yeux. Maintenant qu'il avait une coupe Mohawk inversée à la suite de son opération, il avait l'air encore plus indépendant. Les derniers mots du vétérinaire ont été: « Ne le laissez pas sauter dans les airs! »

J'ai essayé, j'ai vraiment essayé. Pendant trois semaines, chaque fois que j'étais loin de lui, je le gardais dans une cage. Il me lançait un de ces regards qui signifiait: *Comment peux-tu me priver de ma liberté, de mon esprit, de ma raison de vivre?* Et il avait raison; je n'avais pas seulement brimé son corps, mais aussi son esprit. Donc, à mesure qu'il prenait des forces, je le laissais en dehors de la cage. Je lui ai servi un avertissement sévère de se conduire correctement, mais lui et moi savions qu'il ne le ferait pas.

Les années passaient et Copper trouvait de plus en plus difficile de se déplacer. Lorsqu'il est devenu trop vieux pour grimper facilement sur le canapé avec moi, je lui ai construit une rampe. Bien sûr, la première chose qu'il a faite a été de l'utiliser comme tremplin pour sauter. Il était fier de lui comme il ne l'avait jamais été.

Puis, à l'âge de treize ans, tout le bas du dos de Copper a paralysé; il ne pouvait plus sauter du tout. Je ne sais lequel de nous deux était le plus triste que les jours de vol de Copper soient terminés.

Le vétérinaire n'a trouvé aucun problème chez Copper, alors je lui ai acheté une voiturette K-9, un petit fauteuil roulant pour chiens. « Écoute, Copper, ai-je dit, j'ai cherché une voiturette avec des ailes, mais ils n'en avaient pas. Je crois donc que tu devras rester sur le plancher à partir de maintenant, comme tout chien normal. »

Quelques minutes plus tard, alors que j'étais dans la cuisine à préparer le repas, j'ai entendu un bruit dans le salon. J'ai couru et j'ai vu Copper au haut de la rampe, avec ce regard dans les yeux. Avant que j'aie pu l'arrêter, il s'est retourné et a descendu la rampe dans son fauteuil à pleine vitesse, les oreilles au vent.

Copper pouvait encore voler. J'aurais dû ne pas douter de son esprit d'élévation. Dès qu'il a atterri avec son nouvel « avion », il a remonté la rampe sur son fauteuil et a recommencé, aussi grisé par sa prouesse que les frères Wright ont dû l'être.

Copper a monté et descendu de cette rampe avec les roues qui tournaient derrière lui pendant presque trois années avant de s'échapper des liens de la Terre une fois pour toutes.

Leigh Anne Jasheway-Bryant

Enfermés

Les après-midi d'avril sont chauds dans la banlieue de Philadelphie, et la température à l'intérieur d'une voiture en stationnement grimpe rapidement. Ila, ma fille de deux ans, était attachée dans son siège d'auto, les joues roses et en sueur. D'Argo, mon labrador chocolat de dix mois, sautait de l'avant vers l'arrière, en jappant et en haletant. Impuissante, je ne pouvais que rester là et attendre.

Ils étaient tous les deux enfermés depuis quinze minutes dans la camionnette louée lorsqu'une voiture de police s'est enfin garée dans mon allée.

« Vous n'avez pas un double de la clé, madame ? » m'a demandé le jeune officier. La seule clé que j'avais était attachée au contrôle à distance de verrouillage de la porte et était sur le siège du conducteur, avec mon sac, la collation après l'école pour les enfants plus âgés, mon livre, le courrier et les vêtements à apporter chez le teinturier. J'avais tout déposé sur le siège, attaché Ila dans son siège d'auto, et fait entrer D'Argo sur le siège du passager, et j'avais fermé les portes. Alors que j'arrivais à la porte du conducteur, j'ai entendu le bruit sourd du verrouillage des portes. D'Argo était sur le siège du conducteur, la queue frétillante et ses énormes pattes sur le contrôle à distance.

« C'est une voiture louée, ai-je expliqué. Le concessionnaire ne garde pas de doubles de clés, mais il tente de faire couper une nouvelle clé. Il a dit qu'il l'enverrait immédiatement. »

Une main sur la matraque dans sa ceinture, l'officier a fait le tour du camion, a essayé toutes les portières et donné de petites secousses sur la porte arrière. De l'intérieur, D'Argo le suivait de glace en glace. Ils se sont fait face devant la vitre du passager avant. D'Argo, le nez pressé contre la glace, agitait la queue et bavait, laissant de grosses gouttes de bave et des marques de museau sur la vitre.

Deux autres officiers sont arrivés. Après de rapides explications, l'officier le plus âgé et le plus costaud a pris dans le coffre de sa voiture un long outil de métal terminé par un crochet plat. Il l'a passé dans l'espace entre la vitre du conducteur et la porte et l'a glissé lentement, en poussant et en tirant, pour essayer sans succès d'ouvrir la serrure. Puis, il s'est attaqué au trou de la serrure avec un tournevis, et il n'a réussi qu'à faire quelques égratignures sur le métal avant d'abandonner. « Ces nouvelles voitures sont comme Fort Knox, a-t-il murmuré. Désolé, m'dame. »

J'ai téléphoné de nouveau à la compagnie de location de voitures. On « cherche toujours à faire couper un double de clé », m'a répondu mon aimable concessionnaire. J'ai pressé mon visage contre la glace en plissant les yeux pour voir à travers les vitres teintées. D'Argo s'était installé près du siège d'auto d'Ila, son long corps étendu d'un côté à l'autre de la banquette et sa grosse tête brune reposant sur ses genoux. Le visage d'Ila était rouge et brillant. Des gouttes de sueur roulaient sur ses joues et ses boucles blondes étaient foncées et ternes sur son front. Elle m'a regardée.

« Maman! Debout! » m'a-t-elle dit, les bras tendus. Ses grands yeux bleus étaient noyés de larmes.

« Maman va te sortir de là dès qu'elle le pourra », lui ai-je répondu en essayant de paraître calme et enjouée. Son visage s'est décomposé.

« Maman! Maman! Toi je veux! » a-t-elle dit en pleurnichant. Elle se tortillait et se collait sur le siège d'auto, en pleurant plus fort, les jambes agitées et les bras tendus. D'Argo a sauté sur le siège avant et a fait de même, en hurlant à la lune avec une plainte gutturale.

Tout en tripotant sa matraque, l'un des officiers s'est tourné vers moi.

« Nous pourrions casser une vitre », a-t-il dit, en frappant à titre d'essai sur la glace du conducteur. D'Argo a tressailli, le poil du dos hérissé, mais il est resté là.

« Il n'y a pas de danger pour le bébé sur le siège arrière, mais j'ai peur de blesser votre chien, madame. »

« Nous ne pouvons plus attendre la clé, ai-je répondu. Nous devons les sortir de là. » Les hommes se sont regardés.

« Comme j'ai dit, madame, nous pourrions blesser votre chien. »

« Je ne veux pas que vous le blessiez non plus, mais ils sont là-dedans depuis trop longtemps. »

Le plus jeune officier a sorti sa matraque de sa ceinture et il s'est dirigé vers la portière du passager. D'Argo l'a rencontré à la glace, en jappant et en hurlant.

« Pouvez-vous l'appeler? Faire en sorte qu'il s'éloigne? » a-t-il demandé.

« D'Argo! D'Argo! Viens! » ai-je crié en frappant frénétiquement sur la vitre du côté du conducteur. D'Argo a cessé de japper et m'a regardée, mais il n'a pas bougé. Le policier a levé son bâton, puis il a hésité, en regardant tour à tour D'Argo à travers la vitre, puis moi.

« Faites-le! » ai-je crié.

Il a donné un fort coup sur la vitre avec la matraque. D'Argo a bondi. La matraque a fait de nouveau un bruit sourd contre la vitre. D'Argo a sauté sur la banquette arrière.

« D'Argo, va-t'en! Ôte-toi sur moi, D'Argo! » criait Ila, mais sa voix était assourdie par la poitrine de D'Argo. Le chien était sur son siège d'auto, la couvrant avec son corps. Elle le martelait de ses poings sur le côté et lui donnait des coups de pied dans les pattes, mais il ne bougeait pas.

Soudain, il y a eu un lourd craquement et la matraque s'est fendue. Les trois officiers étaient là qui fixaient le bâton brisé, puis ils m'ont regardée alors que je contournais la camionnette. J'ai couru au sous-sol et j'ai pris la masse dans le coffre, l'outil le plus lourd que j'ai pu trouver. Je l'ai donné au jeune officier qui a commencé à frapper sur la vitre. Le bruit était assourdissant. Ila criait toujours, frappant et donnant des coups de pied frénétiques à D'Argo, qui restait carrément sur elle, son dos vulnérable aux coups dans la vitre. Son large corps couvrait la petite presque complètement.

La vitre s'est soudain cassée dans un craquement. Un autre coup de masse et la vitre s'est fracassée. L'officier a passé la main à l'intérieur pour déverrouiller les portes. J'ai ouvert toute grande la porte d'Ila, et D'Argo est parti à toute vitesse. Il y avait des éclats de verre partout sur la banquette arrière et sur le sol, mais aucun dans le siège d'auto. Je me suis débattue avec la boucle, je l'ai détachée et j'ai sorti Ila. Elle était rouge, chaude et en sueur, le T-shirt trempé et les cheveux collés en boucles sur son front, mais elle n'était pas blessée. Je l'ai serrée très fort et je me suis effondrée par terre alors que nous sanglotions toutes les deux. Je suis restée assise là pendant une minute, à la serrer dans mes bras. Puis, j'ai cherché D'Argo. Il se débattait et faisait des mouvements brusques en essayant de se dégager de l'emprise du plus âgé des policiers, qui le tenait par le collier.

« Il n'est pas blessé, a-t-il dit en s'efforçant de retenir le chien, mais j'ai peur qu'il se sauve. »

Je savais qu'il ne le ferait pas. « Ça va, ai-je répondu, vous pouvez le laisser aller. » D'Argo s'est précipité directement vers nous, il a mis sa grosse tête entre Ila et moi et nous a léché le visage toutes les deux jusqu'à ce que nous nous mettions à rire plutôt qu'à pleurer.

M. L. Charendoff

L'aboiement révélateur

À la maison, chaque chien est un lion.

H.G. Bohn

Les paroles du vétérinaire ne nous ont pas surpris. « Je vais faire ce que je peux, mais je ne suis pas très optimiste. Téléphonez-moi demain matin. »

J'ai lissé la fourrure noire sur la tête de Yaqui et j'ai laissé mes doigts courir à travers les petites taches brunes au-dessus de ses yeux clos. Ses muscles, normalement forts, étaient relâchés, et je pouvais à peine sentir le mouvement de sa respiration dans sa cage thoracique. Détournant les yeux, j'ai pris la main de Frank et nous avons laissé notre compagnon, un berger croisé, étendu sur la surface d'acier poli de la table dans la salle d'examen.

Je me souviens à peine du voyage de retour à la maison. Remplie d'inquiétude, je ne me suis pas rendu compte que nous avions atteint le virage vers notre ranch jusqu'à ce que j'entende le jappement effréné du chien que nous appelions en riant « Le Grand Ennemi de Yaqui ». De derrière la clôture avant de sa maison, Le Grand Ennemi de Yaqui, qui gardait la maison située à l'intersection, allait et venait, en attendant que Yaqui le défie à son tour. Lorsque le silence lui a répondu, il s'est immobilisé, a fixé la voiture et s'est dirigé vers sa tanière sous la véranda.

Lorsque Frank est parti travailler, j'ai erré dans la maison, faisant sans but les tâches ménagères. Simba, la copine de Yaqui, un mastiff costaud, me suivait sans bruit, s'arrêtant à tout moment pour me regarder avec des yeux interrogateurs.

Le repas ce soir-là a été plutôt sombre, alors que nous tentions de nous rassurer que Yaqui s'en sortirait. Frank et moi nous reprochions tous deux intérieurement ce qui était arrivé.

Six mois plus tôt, nous avions emménagé dans un ranch aux pieds des montagnes Pine Nut dans l'ouest du Nevada. Nos chiens, qui étaient habitués d'être confinés à une cour arrière de banlieue, étaient fous de leur nouvelle liberté et passaient leurs journées à renifler autour des granges et du bétail. Par contre, nous les trouvions souvent près de la clôture qui entourait les dépendances du ranch, à regarder de l'autre côté des pâturages. Cédant à leurs yeux suppliants, nous les amenions pour une marche et nous les laissions rôder dans la plaine et suivre des odeurs attirantes et des pistes d'animaux. Avec le temps, nous nous sommes tous familiarisés avec le paysage clairsemé du désert.

Même si nous faisions un effort consciencieux pour tenir les barrières fermées, il arrivait à l'occasion que l'une d'elles reste ouverte et que les chiens disparaissent. Même s'ils partaient pendant des heures, nous nous inquiétions rarement. Il n'y avait presque pas de circulation et comme c'étaient de gros chiens, nous les pensions à l'abri des coyotes et des lions de montagne.

Un soir, au début de décembre, Simba est rentrée seule. Nous avons crié dans le noir, écouté pour entendre le jappement de Yaqui en réponse, mais nous ne recevions que l'écho de notre propre voix. Une douzaine de fois pendant la nuit, nous nous sommes levés pour vérifier le cercle de lumière sur la véranda, mais l'aube s'est levée aussi vide que notre esprit.

Pendant trois jours, nous avons cherché. Au début, nous avons roulé pendant des kilomètres le long des routes menant au ranch avec Simba près de nous dans notre vieille voiture, en espérant qu'elle puisse nous faire un signe que Yaqui était tout près. Puis, comme des nuages gris s'amenaient de l'ouest et que le temps refroidissait, Frank et moi avons attelé nos chevaux. Nous avons arpenté les pentes couvertes de broussailles et nous nous sommes frayé un chemin à travers les ravines empierrées, à la recherche de récentes pistes ou traces de sang.

Le deuxième après-midi, alors que nous étions à la limite supérieure des collines près de l'endroit où le canyon Rouge devient le devant de la montagne, nous avons cru entendre sa voix, mais lorsque le vent s'est tu, la campagne est demeurée silencieuse. Seul le bruit rythmé du halètement de Simba brisait le silence.

Le matin du quatrième jour, la neige tombait régulièrement. Frank regardait par la fenêtre tout en s'habillant pour aller travailler. Aucun de nous ne voulait verbaliser ce que nous pensions. Puis, lorsqu'il a pris son blouson, il a dit: « Viens, vérifions la route vers le canyon Rouge une dernière fois. »

Cherchant désespérément à voir, nous avons conduit doucement la voiture le long d'un chemin boueux à peine visible vers le haut de la pente. Là, dans le silence sinistre de la neige qui tourbillonnait, nous sommes restés assis un moment. Nous sentions tous les deux que c'était la fin des recherches.

Au moment même où Frank embrayait la voiture, Simba a gémi. Je me suis retournée pour la voir sauter et presser son museau contre la lunette arrière. Elle poussait sur la vitre avec ses pattes, la queue s'agitant. Celle-ci frappait à l'arrière des sièges et déplaçait l'air au-dessus de nos têtes. En nous regardant, l'énorme chien a relevé la tête et a émis un long hurlement sourd.

Une ombre noire gisait à moins de six mètres de là, se débattant dans l'obscurité. Bien campé sur sa patte avant, il y avait un énorme piège à ressort en acier. Derrière le piège, attaché par un fil de fer barbelé, il traînait une grosse branche de plus de un mètre. Le bois était grugé de marques de dents et le fil était plissé là où des mâchoires désespérées avaient grugé la surface rouillée, en exposant des bouts d'acier.

Nous sommes tous les trois sortis de la voiture. Simba a léché la face de son ami. Joyeusement, elle s'éloignait de lui, puis revenait, lui adressant des saluts et le mettant au défi de jouer. Mais Yaqui ne bougeait pas et tremblait. Avec précaution, elle s'est de nouveau approché de lui et a reniflé la patte enflée et méconnaissable qui était prise dans les dents de métal.

Frank a pris le piège et a pilé sur le mécanisme de libération. Les charnières rouillées ont refusé d'obéir. Il a pressé plus fort sur le levier et les mâchoires se sont ouvertes. Yaqui s'est écroulé sur le sol, en gémissant doucement pendant que nous libérions sa patte.

Frank a pris le corps émacié de Yaqui et l'a déposé avec précaution dans mes bras pour le voyage vers l'hôpital vétérinaire. Lorsque nous nous sommes rapprochés de l'intersection, Frank a ralenti et, comme toujours, jappant derrière sa clôture, il y avait Le Grand Ennemi de Yaqui. Trop faible pour s'asseoir, Yaqui a levé la tête et a émis un faible *wouf*. À ce moment-là, j'aurais dû savoir que tout irait bien.

Le lendemain, le médecin a téléphoné pour dire qu'il croyait que Yaqui survivrait, mais qu'il perdrait sa patte. Le jour suivant, il a annoncé que Yaqui garderait sa patte, mais qu'il perdrait sûrement un pied. Le troisième jour, le pied semblait sauvé, mais quelques orteils devraient disparaître.

Yaqui a survécu avec tous ses orteils, mais pendant les dix années qui ont suivi, il arborait une cicatrice importante sur le dessus de sa patte. Les jours froids, il marchait en boitillant, mais son esprit n'a jamais été affecté.

Nous avons identifié le bois attaché au piège comme appartenant à une essence d'arbre qui ne pousse que sur le faîte des canyons, plusieurs dizaines de mètres au-dessus de l'endroit où nous avons trouvé Yaqui. En traînant le piège et son ancre, il avait lutté au-delà des limites crédibles de l'endurance pour revenir vers nous, confiant que nous serions là pour lui. Heureusement, nous l'étions.

Eleanor Whitney Nelson

« Je crois qu'il passe trop de temps avec les enfants. »

4

UN MEMBRE DE LA FAMILLE

Faire l'acquisition d'un chien est peut-être
la seule occasion pour un humain
de choisir un parent.

Mordecai Siegal

Le jour du déménagement

C'était un chien de la rue dont la race est impossible à déterminer. Pas trop gros, mais en piteux état.

Il a trouvé mon mari le jour de la Saint-Patrick, en 1988. Steve, un officier de police de la ville de New York, patrouillait le secteur Park Slope de Brooklyn. Le maigre chien blond, avec des rayures blanches sur la face et dont les oreilles ne s'étaient jamais redressées, a carrément sauté dans la voiture de patrouille par la fenêtre ouverte.

J'ai reçu l'appel cet après-midi-là. « Pouvons-nous le garder? » Mon mari, un homme costaud, était comme un enfant au téléphone.

Nous l'avons gardé. Steve l'a appelé Patrick, en l'honneur du jour où il l'a trouvé. Nous ne savions pas comment il avait pu se retrouver jeune chien errant, mais cela n'avait pas d'importance. Il était maintenant en sécurité. Le vétérinaire a estimé qu'il avait environ six mois et qu'il n'avait été dans les rues que quelques jours. Il était en santé, mais était terriblement affamé.

Je lui ai donné du poulet bouilli et du riz, une nourriture facile à digérer, et j'étais bien déterminée à mettre de la chair sur les côtes qui étaient un peu trop saillantes. Après ce repas — et après chacun des autres repas que je lui ai servi pour le reste de sa vie — il m'a remerciée avec plusieurs bisous mouillés sur mes mains.

Le mois de mars a été intense. Les enfants grandissaient et nous étions sur le point de déménager dans un appartement plus grand.

Patrick surveillait tout avec un air étrange; c'était un curieux déménagement. Nous n'avons pas vraiment emballé nos choses. Nous avons simplement tout transporté dans le corridor, rempli l'ascenseur, descendu deux étages et tout déposé dans le nouvel endroit.

Nos enfants ont pu avoir chacun leur chambre dans le nouvel appartement. L'espace de Patrick était constitué d'une alcôve au bout du corridor qui menait dans la chambre des maîtres. J'ai coupé un morceau de tapis pour sa « chambre » et j'ai entassé ses jouets dans l'un des coins. J'ai acheté des affiches « Réservé à Dawn » et « Réservé à Michael » pour les enfants et, bien sûr, j'ai acheté une affiche « Réservé à Patrick » pour lui. Je crois qu'il l'a aimée, car lorsque je l'ai fixée au mur, il a léché l'affiche, puis moi.

Son anniversaire est devenu le 17 mars. Le premier anniversaire du jour où il nous a trouvés, j'ai organisé une « fête de Patty » et j'ai invité tous les grands-parents. Je l'ai fait pour plaisanter, mais l'événement s'est répété chaque année. Nous avons acheté pour Patrick un chapeau de fête vert pomme et un nœud papillon de la même couleur. Un autre chien aurait pu en être embarrassé; Patrick, lui, les portait avec fierté.

Pour nous remercier de l'avoir secouru, Patrick nous a protégés avec zèle et une capacité infaillible à reconnaître les bons des méchants. Il pouvait reconnaître un « criminel » dans une file de gens longue d'un coin de rue à l'autre. Il connaissait aussi les armes. Lorsque Steve nettoyait son revolver de policier, Patrick le regardait étrangement, à bonne distance, l'air de dire: « Qu'est-ce qu'une gentille personne comme toi fait avec une chose pareille? »

Steve a pris sa retraite en 1992. Nous avons acheté une maison au New Jersey, près de chez mes parents, mais nous n'avons pas pu déménager avant octobre. Les enfants sont restés chez mes parents afin qu'ils puissent commencer l'année scolaire dans leur nouvelle école. Nous les amenions à la maison toutes les deux fins de semaine. La chambre de Michael est devenue la « Chambre des boîtes ».

Chaque jour, je m'agenouillais dans cette pièce, je mettais les objets fragiles sur une pile de papiers, je les enveloppais et je les mettais dans des boîtes. Chaque jour, Patrick me regardait faire de son poste d'observation à l'embrasure de la porte. Je lui ai parlé de notre « nouvelle » maison et du plaisir que « nous » aurions.

Nous approchions de notre dernière nuit à Brooklyn. Nous avions vécu dans cet appartement pendant quatre ans et demi, et dans l'édifice pendant quinze ans. Même si nous étions heureux d'emménager dans notre nouvelle maison, nous étions un peu tristes de quitter la ville où nous avions passé toute notre vie. Patrick comprenait. Il patrouillait l'appartement sans fin, reniflant chaque recoin et chaque fissure, comme pour bien fixer dans sa mémoire la sécurité de la seule maison remplie d'amour qu'il avait connue.

Nous avons fermé la maison le vendredi, puis nous sommes retournés à Brooklyn avec les enfants. La « Chambre des boîtes » était presque pleine, mais le papier d'emballage se trouvait encore sur le petit espace libre restant du plancher, prêt à protéger nos trésors de dernière minute. J'ai remis aux enfants leurs boîtes « Dawn » et « Michael », en leur demandant de terminer d'emballer leurs jouets. Nous avons pris un repas rapide. Je ne me rappelle plus ce que c'était. Je me rappelle seulement ce qui est arrivé par la suite.

Je marchais dans la cuisine et, par hasard, j'ai jeté un coup d'œil vers la « Chambre des boîtes ». J'étais stupéfaite.

« Hé, tout le monde, ai-je crié. Vous ne croirez pas ce que Patrick a fait. » Ils m'ont suivie à travers la cuisine. De l'entrée du salon, Patrick s'est montré le bout du nez, avec un air très inquiet.

Là, niché dans la montagne de boîtes, sur le papier journal utilisé pour envelopper les choses fragiles, il y avait le jouet favori de Patrick.

J'ai dit: « Patty, as-tu peur que nous déménagions et que nous partions sans toi? C'est cela que t'ont fait ces autres personnes? » Les mots n'étaient pas nécessaires. Ses yeux me l'ont confirmé.

« Eh bien, ai-je repris, tu n'as pas besoin de t'inquiéter. Nous n'allons pas t'abandonner. Tu viens avec nous. »

Puis, j'ai enroulé son jouet dans le papier. J'avais pensé ranger ses choses dans la boîte « Patrick ». Nous les avons mises plutôt avec notre vaisselle. Cela semblait la chose à faire.

Sa queue en broussaille blonde et blanche s'est agitée frénétiquement, et si on me le demandait sous serment, je devrais affirmer qu'il riait. Nous nous sommes tous rassemblés sur cette pile de papiers, et nous nous sommes tous fait lécher sans fin par un chien très heureux — et très reconnaissant.

Je regrette de reconnaître que je ne me suis jamais préoccupée des sentiments de Patrick pendant tout ce processus tumultueux; je n'ai jamais pensé qu'il s'inquiétait, assis jour après jour à me regarder intensément pendant que j'enveloppais et que j'emballais nos choses; je n'ai jamais réalisé qu'il ne savait pas qu'il faisait partie du « nous » que je mentionnais constamment. Après tout, il était avec nous depuis quatre ans et demi, et nous étions déménagés avec lui auparavant. Je crois cependant que la grande quantité de boîtes nécessaires à ce déménagement a réveillé chez lui de vieux souvenirs et a menacé son sentiment de sécurité. Les éléphants n'oublient jamais; les chiens non plus.

Lorsque je pense à Patty aujourd'hui, je ne peux que dire ceci: *je suis ravie qu'il ait choisi Steve*. Il a apporté dans notre vie de la joie que nous n'aurions jamais connue autrement. Il nous a quittés en novembre 1997 et il nous manque toujours. Il est avec nous, cependant, dans une très jolie urne en bois — et nous sourit chaque jour de sa photo, où il porte si joliment son chapeau d'anniversaire vert pomme et son nœud papillon assorti.

Micki Ruiz

Le commando du réfrigérateur

Vous êtes-vous jamais demandé ce qu'ils devaient penser de nous? Après tout, nous revenons de l'épicerie avec le butin le plus étonnant — poulet, porc, quartier de bœuf. Ils doivent penser que nous sommes les plus grands chasseurs sur terre!

Anne Tyler

Un baril doré sur pattes — telle fut notre première impression de Max lorsque ma femme et moi l'avons vu à la Société protectrice des animaux. Son unique capacité à avaler une pleine tasse de nourriture à chien en moins de sept secondes a permis à Max d'engraisser son corps de beagle croisé pour lui donner la forme d'une saucisse trop farcie. Même après qu'Heather et moi l'avons adopté et aidé à perdre du poids, nous étions constamment étonnés de sa voracité. Ses escapades sont devenues légendaires dans la famille: ses missions de recherche-et-destruction impliquant plusieurs kilos de noix de cajou gourmet de Noël, son insistance à chasser les oiseaux de la mangeoire afin qu'*il* puisse manger les graines, sa découverte (beaucoup trop vulgaire pour en parler ici) des joies de manger la préparation du Gâteau de l'amitié à la levure et, bien sûr, l'histoire du réfrigérateur...

Un jour, pendant sa pause du midi, Heather m'a téléphoné au travail. « As-tu bien fermé la porte du réfrigérateur ce matin? »

« Je le crois. Pourquoi? »

Elle s'est tue, juste assez longtemps pour créer un suspense. « Max a fait une rafle dans le réfrigérateur. »

Nous avons été chanceux: nous avions tardé à faire l'épicerie, donc, il n'y avait pas grand-chose à manger. Il a pris les quelques derniers morceaux de dinde au poivre, et peut-être un tiers du sac de carottes naines — rien de surprenant là-dedans, car Max adore les carottes (et pourtant, Max aime aussi la terre à empoter). Malgré tout, il n'a pas causé de réels dommages. Nous avons cru que la porte n'était pas bien fermée (probablement par ma faute) et le lendemain matin, je me suis assuré que tout était bel et bien fermé avant de partir. Après tout, nous avions fait l'épicerie la veille, et nous ne voulions pas que Max ait des problèmes à cause de ma négligence, n'est-ce pas?

Il s'est avéré que Max n'avait absolument pas besoin de mon aide.

Un autre appel téléphonique pendant la pause du midi d'Heather, cette fois directement au but: « Je crois qu'il sait comment ouvrir le réfrigérateur », a-t-elle annoncé.

« Pardon?! »

Max s'était fait un sandwich. Un *gros* sandwich: un demi-kilo de dinde, un demi-kilo de fromage suisse, une pomme de laitue, la moitié d'une tomate et un pain entier. Il a aussi déchiré un autre sac de carottes et terminé un reste de noix de coco râpé (pour son dessert, j'imagine). Heather l'a trouvé couché parmi le tas de sacs de plastique déchirés, la queue battant désespérément en voyant son mécontentement, comme pour dire: *S'il te plaît, ne sois pas fâchée, c'était siiiiiiii bon...*

Nous n'arrivions pas vraiment à le croire. Il ne pouvait pas atteindre la poignée, et la porte fermait hermétiquement. Comment faisait-il? Je l'ai pris sur le fait cette nuit-là, après avoir rangé notre deuxième commande d'épicerie en deux jours. Je passais par hasard devant la cuisine sombre lorsque j'ai vu son robuste petit corps se tortiller, passer son museau étroit sur le rebord de caoutchouc du frigo comme une lame. Puis, avec un rapide coup de tête, il a ouvert la porte.

De toute évidence, Max, même s'il ne comprenait pas la détresse gastro-intestinale qui suivait après avoir englouti seize tranches de fromage, connaissait parfaitement le concept du levier. Où était donc ce chien lorsque je suivais mon cours de science?

La chose était sérieuse. Il avait maintenant l'habileté, la détermination et, plus important, l'appétit pour nous ruiner littéralement par sa voracité. Le lendemain matin, comme mesure temporaire, nous avons bloqué le réfrigérateur avec un lourd coffre d'outils. Il ne pourrait certainement pas déplacer une barrière remplie de près de douze kilos de métal, non?

Un autre appel téléphonique à l'heure du midi. Je crois que j'ai répondu: « Tu n'es pas sérieuse? »

Le déménagement du coffre à outils demeure encore un peu mystérieux. Je devine qu'il a dû utiliser encore une fois le principe du levier, passant son museau entre le coffre et la porte et ensuite simplement pousser de toutes ses forces. Une fois cette barrière enlevée, il s'est *sérieusement* mis au travail.

Encore du pain, encore de la viande, encore du fromage. Le reste des carottes. Des pommes — plusieurs, plusieurs pommes. Un paquet de coriandre était étalé comme des confettis verts sur le sol de la cuisine. Il avait aussi ouvert un bol Tupperware de pâtes en cheveux d'ange, et s'acharnait sur le contenant voisin de sauce aux tomates lorsqu'Heather l'a trouvé. Les seuls articles qui restaient sur les deux étagères du bas étaient de la bière et du soda, et la seule chose qui les avait épargnés, c'était son absence de pouces articulés.

Ce soir-là, nous avons décidé d'aller au magasin d'alimentation pour la *troisième* fois, et d'investir dans l'achat d'un cadenas à l'épreuve des enfants pour le réfrigérateur. Avant de quitter la maison, nous avons rôdé longtemps autour du réfrigérateur avec anxiété. Il ne restait plus *beaucoup* d'aliments à l'intérieur, mais malgré tout, s'il fallait qu'il essaie d'atteindre les étagères du haut? Qu'arriverait-il s'il pouvait se rendre jusqu'au congélateur?

Qu'est-ce qui pouvait l'arrêter? Le coffre à outils n'avait été d'aucune utilité. Finalement, j'ai soulevé et traîné comme j'ai pu le coffre-fort de trente-cinq kilos du placard de mon bureau et je l'ai placé dans la cuisine, appuyé tout contre la porte du frigo.

Max était assis derrière nous et nous regardait. Il calculait.

Heather s'est penchée vers moi, en murmurant presque: « Crois-tu que cela va fonctionner? »

J'ai répondu: « Eh bien, je crois que nous trouverons l'une de ces trois choses lorsque nous reviendrons: une, tout sera intact; deux, le coffre-fort sera déplacé de quelques centimètres, et nous aurons un beagle avec un nez très rouge et douloureux; ou trois, nous pourrions revenir à la maison et nous apercevoir qu'il a installé un système de poulie élaboré qui aura soulevé le coffre-fort hors de son chemin. Si c'est le cas, je te dis qu'à partir de maintenant, nous garnirons les deux étagères du bas de tout ce qu'il voudra. »

Nous sommes allés au magasin et sommes revenus en un temps record. Nous avons presque couru vers la cuisine et l'avons trouvé couché là, en profonde réflexion. Pas de museau douloureux, pas de système de poulie. Nous avons fait de gros soupirs de soulagement et installé les sangles de plastique et de vinyle à l'épreuve des enfants. Pour le moment, c'est efficace... Pour le moment...

Sam Minier

« Bon, au moins, il ne quête plus des restes à la table... »

L'offre

Nous étions toutes deux très jeunes lorsque mes parents l'ont adoptée — moi, environ dix-huit mois; elle, d'une certaine manière plus jeune mais de beaucoup plus âgée en sagesse et en expérience. Elle avait déjà eu une courte carrière en cinéma, ayant joué l'un des chiots de Daisy dans les films de Dagwood et Blondie. Aujourd'hui, elle était trop vieille pour le rôle et on l'avait donnée à mon père en guise de paiement pour un scénario qu'il avait fourni. Il écrivait des comédies pour la radio, et occasionnellement pour le cinéma, et il excellait dans l'écriture de blagues et de scénarios, mais ne savait pas collecter les honoraires qu'on lui devait.

Elle s'appelait Chickie et était un merveilleux mélange de corgi et de colley barbu. Une étoile blanche éclatait sur sa poitrine, et quatre pattes blanches et une queue au bout blanc ajoutait un complément à sa longue fourrure noire. Même si elle avait à peine plus d'un an, elle avait déjà l'instinct maternel et s'assoyait près de mon berceau pendant des heures, pour s'assurer qu'aucun mal ne me serait fait. Si je pleurais, elle allait vers ma mère et insistait afin qu'elle vienne immédiatement. Si je voulais jouer, elle apportait des jouets, les siens aussi bien que les miens.

Papa a décrété que c'était une chienne exceptionnelle, dotée d'une grande intelligence et d'autre chose aussi. Il lui a enseigné plusieurs tours qu'il avait appris des entraîneurs de chiens au studio de cinéma. Les entraîneurs de Lassie lui ont donné des tuyaux sur la façon de faire obéir Chickie aux signaux des mains, de même que grimper les échelles, japper sur commande, marcher sur des ballons de plage, danser sur deux jambes et sauter à la corde avec un humain qui le voulait bien. Elle faisait tout cela facilement et bien, mais il y avait plus chez elle — peut-être pourrait-on qualifier cela d'un profond sens de l'éthique. Elle semblait la vertu incarnée, le saint François d'Assise des chiens, qui prenait des responsabilités comme un saint. Je la considérais comme ma sœur et, à cause de tous nos voyages, elle était ma compagne de tous les instants et ma plus proche amie.

Par conséquent, ce fut un choc lorsqu'un jour, l'un des acteurs dans un film sur lequel mon père travaillait est venu à la maison avec lui, et a vu Chickie et a immédiatement voulu l'acheter.

« Jack, a dit l'acteur, c'est le chien le plus extraordinaire que j'ai vu de toute ma vie. Je te l'achète pour cinquante dollars. »

« Impossible, mon vieux, a répondu mon père. C'est la chienne de la petite. »

L'acteur a insisté. « Je te donne cent dollars pour cette chienne. Je sais que tu as besoin de cet argent. »

Bien sûr, nous en avions besoin et, guidé par la panique d'une pauvreté imminente, la chose qu'il craignait le plus au monde — mon père a agi d'une façon qui ne lui ressemble pas. En s'excusant, il est allé dans la cuisine pour en discuter avec maman.

« Certainement pas! s'est-elle écriée. C'est la chienne de Jeanie. »

« Tu as raison, Mary, a répondu papa d'un air penaud. Seulement, je crois que je vais perdre mon emploi au studio et j'ai terriblement peur de ne pas pouvoir nourrir ma famille. »

« Tu ne peux certainement pas apporter de nourriture à la maison en vendant la chienne de l'enfant, a ajouté maman en fulminant. De toute façon, si nous manquons d'argent de nouveau, je ferai ce que j'ai toujours fait — j'ouvrirai une école d'acteurs pour enfants. »

Quelques jours plus tard, l'acteur est revenu en insistant: « Jack, il me faut cette chienne sur mon ranch. Je veux cette chienne. Je t'en offre 250 dollars. »

Durant ce supplice, Chickie et moi étions assises sur le sol derrière le canapé, en écoutant, horrifiées. Je préparais déjà ma fuite avec elle.

« C'est certain que j'ai besoin de l'argent, a répondu mon père. Attends un instant, je dois parler à ma femme. »

« Mary, il offre 250 dollars pour la chienne! Nous pourrons toujours acheter un autre chien à Jeanie à la fourrière! »

« Jamais! » a répliqué maman.

Le lendemain, l'acteur est revenu. Il avait rarement connu l'échec et n'allait pas commencer maintenant. « Jack, je te donne 250 dollars et ma voiture d'occasion. Je sais que tu as besoin d'une voiture pour te déplacer. »

« Attends-moi un instant, a dit mon père. Je suis certain que cette fois-ci je pourrai convaincre ma femme. »

En entendant la dernière offre, ma mère, Dieu la bénisse, est sortie en furie de la cuisine, en fulminant contre l'acteur et elle l'a engueulé.

« Ronald Reagan, a-t-elle crié, comment oses-tu essayer de prendre la chienne de mon enfant! »

Il avait au moins le mérite de reconnaître un bon chien lorsqu'il en voyait un.

Jean Houston

Le grand sourire de Sammy

Quels chiens? Ce sont mes enfants, de petites personnes avec de la fourrure qui font que mon cœur s'ouvre un peu plus.

Oprah Winfrey

Lorsque j'étais enfant, ma tante Julie avait une chienne qui s'appelait Sammy, un petit chihuahua croisé noir avec une langue aussi longue que son corps. Sammy pouvait monter sur un côté de votre corps, vous lécher la figure et descendre de l'autre côté avant même que vous sachiez ce qui était arrivé. Cette adorable chienne noire nous accueillait toujours avec un « sourire de chien ». Tante Julie était la propriété de Sammy et toute la famille le savait.

Un après-midi, je suis allée rendre visite à ma tante. Nous étions tous habillés pour sortir. Je ne me souviens plus où nous allions, mais je sais que nous étions terriblement pressés. Ma famille descendait d'une longue lignée de gens qui croyaient que si vous n'arriviez pas quinze minutes à l'avance pour un événement, vous êtes en retard! Comme d'habitude, le temps s'imposait. Toutefois, Sammy n'était pas pressée. La seule chose qui l'intéressait, c'était d'avoir de l'attention.

« Non, Sammy, nous ne pouvons pas jouer, grondait ma tante. Nous devons *partir*! *Maintenant!* »

Le problème était que nous ne pouvions pas « partir », car tante Julie avait égaré ses prothèses dentaires. Plus nous cherchions ses dents, plus nous arriverions en retard à l'événement et plus tante Julie devenait en colère — et plus Sammy semblait demander de l'attention. Nous avons ignoré les jappements de Sammy pendant que nous cherchions désespérément les prothèses.

Finalement, tante Julie a atteint sa limite et elle a abandonné. Elle s'est assise au bas de l'escalier et s'est mise à pleurer. Je me suis assise près d'elle et je l'ai consolée avec toute ma sagesse du haut de mes huit ans. « C'est correct, tante Julie, ne pleure pas. Nous pouvons encore y aller, tu n'as qu'à ne pas sourire », lui ai-je dit, ce qui l'a fait pleurer davantage.

Au même moment, Sammy a émis quelques jappements stridents, cette fois du haut de l'escalier, puis tout est redevenu calme. En nous retournant pour voir ce qu'elle voulait, nous avons toutes deux explosé de rire. Là-haut se tenait une Sammy « souriante » — les prothèses dentaires de tante Julie dans sa gueule — la queue battant cent coups à la seconde. Dans ses yeux brillants, il y avait un message évident: *Cela fait une demi-heure que j'essaie de te dire que je sais où sont tes dents!* Cette vision me fait encore rire à gorge déployée trente années plus tard.

Gayle Delhagen

Une nounou canine

Le chien a été créé spécialement pour les enfants.

Henry Ward Beecher

J'étais épuisée, physiquement et émotionnellement. La nuit, je restais éveillée plus que je ne dormais, en prenant soin d'Abigail, notre fille de trois semaines. Le jour, je courais après notre fille plus âgée, Bridget, une enfant active de deux ans. Mes nerfs déjà éprouvés ont commencé à craquer lorsque Abigail a commencé à avoir des coliques. Bridget demandait de l'attention chaque fois que sa sœur s'agitait. Notre chien, un épagneul breton pure race appelé Two, était constamment dans mes jambes et le fait de toujours trébucher sur elle ne faisait rien pour me calmer.

De plus, je me sentais seule. Nous étions nouveaux dans la région et je ne connaissais personne en ville. Mes parents, nos membres de la famille les plus proches, demeuraient à 240 kilomètres de nous. Je ne pouvais donc pas téléphoner à ma mère sous l'impulsion du moment pour lui demander de surveiller les enfants pendant une heure, le temps que je rattrape un peu de sommeil. Mon mari faisait tout ce qu'il pouvait, mais il lui fallait se concentrer sur son travail.

Un jour, Abigail s'est réveillée de sa sieste. Comme le font souvent les bébés, elle avait sali ses vêtements et ses draps. J'ai essayé de la nettoyer aussi rapidement que possible, mais ses pleurs se sont transformés en gémissements aigus avant que j'aie terminé. Je voulais la réconforter, mais c'était peine perdue. Il fallait que je me lave les mains, je ne pouvais pas la remettre dans son berceau et le plancher n'avait pas été balayé depuis quelques jours. Je l'ai attachée sur la table à langer et j'ai calé une couverture entre elle et le bord de la table. Je lui ai promis de revenir bien vite. Ses cris me poursuivaient jusque dans la salle de bain, je me suis presque effondrée. Les femmes font face à ce genre de situation depuis des générations — pourquoi est-ce que je n'y arrivais pas?

Je venais juste de me savonner les mains lorsque Two a passé d'un air décidé devant la porte de la salle de bain. Quelques instants plus tard, les pleurs ont cessé. Je me suis séché les mains rapidement et je suis entrée dans la chambre d'enfant pour y voir l'épagneul debout sur ses pattes de derrière qui léchait tendrement les oreilles de Abigail. Les yeux du bébé étaient grand ouverts d'étonnement. Two s'est remise sur ses quatre pattes et a remué sa queue courte, en signe d'excuse. Elle avait une grimace canine, les oreilles repoussées aussi loin en arrière que possible, et semblait dire: « Je sais que je n'ai pas le droit de m'approcher des bébés, mais je n'ai pas pu m'empêcher d'y aller. »

J'ai compris à ce moment-là pourquoi je trébuchais toujours sur Two: elle voulait aider! Lorsque Bridget est née, Two avait accueilli le nouveau membre de sa famille avec enthousiasme. Puis, comme elle avait de la difficulté à maîtriser son énergie, nous l'avons surveillée étroitement. Maintenant qu'elle avait six ans et un tempérament plus calme, Two comprenait qu'elle devait être douce.

Ce jour-là a marqué un tournant dans ma vie. Lorsque Abigail était agitée, je la mettais sur une couverture sur le plancher près de Two. Souvent, Abigail se calmait en glissant ses mains et ses pieds dans la fourrure douce de la chienne. Même si Two adorait son rôle de gardienne d'enfant, ne s'objectant que lorsque Abigail attrapait une poignée de poils sensibles de ses flancs, je la surveillais toujours attentivement, sinon Abigail aurait certainement été victime d'une attaque constante de bisous canins.

Lorsque Abigail a eu quatre ans, nous l'avons inscrite à la maternelle. Son professeur et plusieurs autres parents ont fait des commentaires sur la façon dont elle allait toujours au-devant de ceux qui étaient seuls. Quand elle invitait quelqu'un à se joindre à un jeu, Abigail restait souvent près de la personne si elle ne recevait pas de réponse, en lui parlant calmement et avec assurance. J'aime à croire que la bonne volonté de Two à rester couchée près d'un bébé en pleurs a contribué à la sensibilité de notre fille.

J'admets que j'ai gâté Two depuis le jour où elle a réconforté Abigail. Si je quittais la table et qu'un repas à moitié pris disparaissait, je connaissais le coupable. Mais je n'avais pas la force de la punir d'être opportuniste. Je lui dois beaucoup et le fait de perdre quelques bouchées de nourriture froide est un prix bien petit à payer.

Two fait toujours partie de notre famille, et même si nous l'aimons tous beaucoup, il y a un lien indéniable entre elle et Abigail. Two a maintenant presque douze ans, et elle a plus que sa part de maux et de douleurs. Pendant l'hiver, elle se repose souvent devant le calorifère. Lorsque Abigail se réveille le matin, elle couvre *son* chien avec sa vieille couverture de bébé et la traite aux petits soins. Quand Abigail s'éloigne, Two la suit, la couverture traînant derrière sur le sol. Two considère encore Abigail comme sa responsabilité exceptionnelle, et je suis heureuse d'avoir son aide. J'espère qu'elles auront encore beaucoup de temps ensemble, à prendre soin l'une de l'autre avec beaucoup de tendresse.

Christine Henderson

L'amour d'un chien

Après avoir joué pendant deux mois au souque à la corde avec mon chiot, un bon jour, il a cessé soudainement. J'avais beau faire danser la corde devant Rusty, il ne l'attrapait pas. Le plus qu'il faisait, c'était de la prendre et de la mâchouiller, mais dès que je touchais à la corde, il s'arrêtait.

Plusieurs jours plus tard, il a commencé à poser sa tête sur mon estomac lorsque je m'assoyais sur le canapé. C'était mignon, jusqu'à ce qu'il se mette à grogner lorsque mon mari ou ma fille s'approchaient de moi. La situation était irritante, mais semblait sans conséquence jusqu'au jour où il a donné un petit coup de dent à ma fille qui avait sauté sur moi. Mon mari et moi avons donc décidé qu'il nous fallait trouver un nouveau foyer pour Rusty, probablement un foyer sans enfants. Nous trouvions cela très étrange, car il avait été si gentil et si bon avec notre fille avant cet incident.

Des semaines plus tard, quand nous avons finalement trouvé une nouvelle maison pour notre chiot, j'ai découvert que j'étais enceinte. Mon mari et moi avons pensé que Rusty avait probablement compris avant nous que j'étais enceinte, et il avait ce comportement bizarre pour protéger le bébé qui grandissait en moi. J'étais heureuse comme je ne l'avais pas été depuis des semaines. Nous avons téléphoné aux gens qui devaient prendre Rusty et nous leur avons dit que nous avions changé d'idée.

Plus tard ce jour-là, j'ai téléphoné à notre vétérinaire et j'ai raconté ce qui s'était passé. Il semble que cela soit normal pour des chiens qui ont développé un lien très solide avec des femmes. Il a suggéré que mon mari et ma fille s'approchent de moi plus lentement et qu'ils essaient d'être encore plus doux lorsqu'ils me touchent.

Nous avons essayé cela et, après une semaine ou deux, Rusty a commencé à se calmer et à les laisser s'asseoir près de moi. Il a continué d'appuyer sa tête sur mon estomac et de se comporter en protecteur quand il sentait que j'étais menacée. Avec le temps, il a commencé à japper si je soulevais quelque chose de plus lourd que des vêtements, ou si j'entreprenais de nettoyer la maison. Au troisième mois de ma grossesse, il a même commencé à tirer sur mon pantalon lorsque je restais debout trop longtemps. Dès que je m'assoyais, Rusty arrêtait et se couchait à mes pieds ou près de moi, la tête sur mon estomac. Il s'endormait souvent ainsi et se réveillait si je bougeais. Jusqu'à ce jour, je n'avais aucune idée que les chiens pouvaient être si protecteurs ou si sensibles aux besoins de leurs humains.

Au quatrième mois de ma grossesse, le comportement de Rusty à mon égard a changé du tout au tout. Un soir, j'étais sur le canapé et je regardais la télévision lorsqu'il s'est levé sur le canapé et a mis sa tête sur mon estomac. Il n'y avait rien d'anormal à cela — jusqu'à ce qu'il se mette à sauter et à japper en regardant directement mon estomac. Mon mari et moi étions déconcertés.

Après cela, Rusty n'a plus voulu s'approcher de mon ventre. Je pouvais le caresser pendant quelques minutes, mais pas plus. Il ne semblait plus à l'aise de rester près de moi quelle qu'en soit la durée. Je devenais de plus en plus soucieuse à mesure que le temps passait. Je savais que Rusty essayait de me dire quelque chose. Mon mari répondait que c'était idiot, car je n'avais aucun problème avec ma grossesse et aucun signe indiquait que quelque chose n'allait pas bien.

Une semaine plus tard, je me suis rendue à une visite chez mon médecin — et j'ai découvert que le cœur du bébé avait cessé de battre.

C'était ce que Rusty avait cherché à me dire.

J'étais dévastée, et j'ai dû attendre la fausse couche qui ne tarderait pas. À mon retour à la maison après la visite médicale, j'ai pu voir que Rusty sentait à quel point j'étais bouleversée, mais il gardait toujours ses distances. La même distance prudente qu'il avait gardée pendant toute la semaine précédente.

Mon mari était encore au travail et ma fille, à l'école. Me sentant malheureuse, je me suis assise sur le canapé et je me suis mise à pleurer. Lentement, Rusty s'est approché de plus en plus près. Finalement, il a sauté sur le canapé. Je pouvais sentir qu'il était tendu. Il s'est assis tout droit, en s'assurant de rester loin de mon ventre. Comme je pleurais toujours, il s'est assis près de moi et m'a regardée, les yeux pleins d'inquiétude. Puis lentement, il s'est approché et j'ai senti sa langue sur mon visage, léchant les larmes qui roulaient sur mes joues. Cela a déclenché un nouveau flot de larmes. J'ai mis mes bras autour de lui et je l'ai serré fortement. Il est resté tout près, m'a léchée et m'a laissée pleurer tout mon soûl dans sa fourrure chaude. Lentement, il s'est détendu et bientôt je me suis sentie mieux, apaisée par sa présence aimante.

Il m'a fallu quelques jours pour être délivrée. Tout ce temps-là, Rusty ne me quittait pas. Il me suivait partout où j'allais. Si je m'assoyais sur le canapé, il était là près de moi, faisant tout ce qu'il pouvait pour me réconforter. L'instinct naturel profond qui l'a tenu loin de moi a disparu grâce à son amour et à son inquiétude à mon égard. J'étais tellement reconnaissante. L'amour de Rusty a été apprécié durant ce moment triste de ma vie.

Kelly Munjoy

Lady Abigail

« Pourquoi ne te trouves-tu pas un meilleur emploi? »

« Pourquoi ne te lèves-tu pas pour faire le ménage? »

Mon copain me criait ces insultes lors d'une autre de nos querelles fréquentes. J'avais déjà entendu tout cela auparavant:

« Tu sais, si tu ne perdais que cinq kilos, tu serais vraiment jolie. »

« Je me fous de ce que tu fais ce soir; je sors avec les copains... Non, je ne sais pas quand je reviendrai, alors pourquoi ne sors-tu pas avec tes amies? Oh pardon, c'est vrai, j'oubliais: tu n'en as pas. Fais donc ce que tu veux mais cesse de m'embêter, veux-tu? Surtout, n'oublie pas que tu devras payer le loyer ce mois-ci, je serai à court d'argent. »

Lors de ces séances, je rageais toujours intérieurement sous une apparence de calme. *Tu sais qu'il a tort, alors pourquoi le tolères-tu? Il sort avec ses amis? Ouais, certain — je me demande combien parmi eux sont des femmes. Tu es la seule qui a payé le loyer depuis presque six mois; pourquoi ne le mets-tu pas à la porte?*

Tous ces points étaient irréfutables. Le seul vrai argument qui me chicotait était: *Et s'il avait raison? Si je suis trop grosse ou trop petite ou trop tranquille pour que quelqu'un d'autre m'aime?* C'était cette seule peur qui me gardait accrochée à une relation malheureuse et triste.

J'avais vingt-deux ans et je me retrouvais sur un champ de bataille, en lutte avec une baisse constante d'estime de soi. Pour m'en sortir, je faisais du service de secours auprès des animaux — j'allais dans les refuges, je m'occupais de nombreux chats et de petits chiens, et je trouvais des foyers aimants pour les faire adopter tous, souvent en maintenant le contact par des photos et des courriels. Parfois, je pensais que mes allées et venues fréquentes au refuge constituaient vraiment une forme de thérapie plutôt qu'un véritable bénévolat. Bien sûr, j'avais toujours des biscuits et des balles de tennis à offrir, mais je recevais autant — sinon plus — d'attention des animaux que je leur en donnais.

Après notre querelle ce jour-là, je suis allée au refuge. En parcourant les allées, je caressais des museaux, je saluais les plus excités et j'offrais des gâteries à tous ceux qui s'approchaient. Il n'était pas rare de voir quatre ou cinq chiens dans la même cage — le grand nombre d'animaux qui passaient par le système chaque jour ne cessait de m'étonner. Pendant que je distribuais des gâteries, je suis arrivée à une cage où il y avait quatre gros chiens, et trois d'entre eux sautaient et jappaient à la porte, battant la queue d'excitation, alors qu'un quatrième, une grosse chienne noire, restait blottie dans un coin éloigné, repliée sur elle-même comme si elle essayait très fort de se rendre invisible. Elle me ressemblait en tous points.

« Bonjour, ma chérie, tout va bien. Je ne veux pas te faire mal », ai-je dit, en espérant susciter une réaction de sa part. J'ai reçu un lent battement de queue en réponse, mais ce n'était apparemment pas assez pour mériter un regard. J'ai persévéré et je me suis mise à genoux en lui parlant doucement et en lui donnant des encouragements.

« Viens ici, ma douce, viens chercher une gâterie. » Je balançais lentement le biscuit devant moi, mais toujours à l'extérieur de la cage. Un œil brun chocolat m'a jeté un regard de la large masse de fourrure noire, puis elle s'est étirée lentement, révélant la forte carrure d'un labrador étonnamment gros.

« Oui, bon chien, viens me dire bonjour. » L'un de ses compagnons de cage a saisi l'occasion pour essayer de mordre la chienne timide et, apeurée, elle est retournée dans son coin. Sa vie actuelle ressemblait à la mienne.

Frustrée, j'ai crié pour faire venir l'un des autres bénévoles.

« Elle s'appelle Abby, m'a informé le bénévole lorsque je me suis renseignée sur le labrador. Ses propriétaires ont déménagé et l'ont abandonnée il y a environ une semaine. C'est une adulte stérilisée, d'après moi elle a probablement entre trois et sept ans, elle n'est pas très amicale, mais elle ne cause pas de problèmes. Elle semble ne pas vouloir manger beaucoup, elle reste toute la journée dans son coin. Ce n'est pas un mauvais chien, sauf que, si tu veux mon avis, elle manque de personnalité. »

« Comment peux-tu savoir tout cela? ai-je répliqué. Elle a peut-être simplement peur. Regarde-la! » Je me suis tue, les yeux agrandis. Pour l'amour du ciel! Il ne fallait pas être bien brillant pour comprendre pourquoi j'avais essayé de le rabrouer si vigoureusement. « Je m'excuse, je ne voulais pas dire cela, c'est une mauvaise journée aujourd'hui, ai-je ajouté à la hâte. Est-ce que je peux entrer pour la voir? » En observant la pauvre chienne, j'avais le cœur de plus en plus serré, mes cordes sensibles devenaient de plus en plus fragiles et crispées alors que ma conscience les pinçait. Même si son épaisse queue noire a battu deux fois devant cette attention continue, Abby refusait toujours de lever la tête ou de s'aventurer vers la porte.

Mon esprit tourbillonnait: *Si tu amènes cette chienne à la maison, ce sera la Troisième Guerre mondiale! Une autre pomme de discorde. Un petit chien, c'est une chose, mais un chien de cette grosseur demande beaucoup de travail. De plus, quelqu'un l'adoptera, sinon, elle sera peut-être mieux endormie. Qui sait où tu seras dans un mois, dans six mois? Tu peux à peine payer ton loyer et le propriétaire te mettra dehors à coup sûr si tu ramènes à la maison un gros chien comme ça. Ce ne serait pas juste pour elle. Oublie-la.*

Le bénévole a acquiescé. « Tu peux entrer si tu veux, mais je doute que tu réussisses grand-chose. Ne t'approche pas trop rapidement, elle pourrait tenter de mordre. Attends que je sorte les trois autres chiens pour toi. »

En avançant dans la masse de corps poilus, le bénévole a sorti des Jerky Treats (aussi connus sous le nom de « bouchées du paradis » en termes canins) de la poche déchirée de son jeans et les a jetés à l'autre extrémité du chenil qui comportait des divisions. Les haricots sauteurs mexicains ont suivi à la rapidité de l'éclair et, en quelques secondes, les chiens dévoraient leur biscuit dans la section extérieure de la piste. Dans leur sillage, le bénévole a laissé tomber lentement la division en plastique rigide, puis il a tourné les talons et est sorti, laissant la porte de la cage ouverte pour moi.

En entrant dans le petit espace, je me suis dirigée vers Abby tout en lui offrant ma main. C'est alors qu'elle a levé sa tête majestueuse et qu'elle m'a regardée en face, avec ses yeux les plus brun chocolat que je n'avais jamais vus, me transperçant avec le regard le plus déchirant, l'air de dire: *N'y a-t-il personne au monde pour se soucier de moi?* Mon estomac n'a fait qu'un tour. « Oh, mon cœur... tu as perdu ta famille, n'est-ce pas? C'était toute ta vie. Je suis vraiment désolée », lui ai-je murmuré, en penchant ma tête vers son oreille. Elle s'est étirée lentement et a fait un pas incertain en avant, puis un autre et, soudain, elle a poussé sa grosse tête dans le creux de ma veste, rentrant sous mon bras avec la queue qui battait vigoureusement. J'ai passé ma main sur la fourrure noire poussiéreuse et, d'un seul coup, j'y ai vu à la fois des crottes de puces, la malnutrition et un immense chagrin.

Depuis près de six ans que je travaillais en sauvetage, j'avais tenu des animaux pendant leur dernier soupir, j'avais vu ce qui restait d'animaux qui avaient subi de mauvais traitements pendant des années, mais je n'avais jamais de ma vie été aussi émue que lorsque cette chienne s'est lovée contre moi, me suppliant des yeux de la sortir de cet endroit terrible et terrifiant. D'une certaine façon, je savais que j'avais besoin d'elle autant qu'elle avait besoin de moi. Lorsque je me suis préparée à me lever, Abby a levé la tête et s'est mise à me lécher avec sa longue langue rose. « Mais oui, mon ange, tu m'as convaincue », ai-je murmuré en prenant conscience que la décision avait déjà été prise — que ce soit par moi, par Abby ou peut-être par le Seigneur lui-même, je n'en étais pas certaine. Je suis sortie de l'enclos en promettant de revenir rapidement.

Me dirigeant à l'avant vers le bureau, j'ai rencontré la directrice. « Que peux-tu me dire de la femelle labrador dans l'enclos 41? »

Comme j'étais souvent sur les lieux, Kelly et moi nous appelions par notre prénom, et elle savait qu'elle n'avait pas besoin de me ménager. Elle m'a regardée pendant un moment avant de tirer un presse-papiers de dessous le comptoir. Après avoir feuilleté ce qui a semblé un grand nombre de feuilles, elle s'est arrêtée, en pointant son doigt au haut de la page. « Elle s'appelle Abby, elle a quatre ans, est stérilisée, elle est ici depuis mercredi de la semaine dernière. Elle a été abandonnée ici avec l'histoire qu'on ne pouvait pas la garder pour cause de déménagement. Personne ne lui a jeté un second regard. Elle est grosse, toute noire et gênée, ce qui n'est pas une bonne combinaison pour une adoption rapide. Nous devrons l'endormir vendredi, à moins d'un miracle. Elle a aussi ses papiers, au cas où quelqu'un s'en soucierait vraiment, car les anciens propriétaires nous les ont laissés en même temps qu'ils ont abandonné leur responsabilité. Je sais que tu travailles la plupart du temps avec les petits chiens, Jen, mais je suis certaine que tu sais déjà que les gros chiens noirs sont les derniers à être choisis. Si nous pouvions lui trouver un foyer, elle s'ouvrirait peut-être un peu, mais ici il ne faut pas y penser. »

Mon idée était déjà faite. « Si tu peux la libérer, je vais la prendre immédiatement. Je vais l'amener moi-même à la maison... elle doit absolument sortir d'ici. »

« Tu en es bien certaine? »

« Dis-moi juste où signer, Kelly. »

Dix minutes plus tard, Abby est sortie doucement et sans bruit du refuge, attachée à une vieille laisse pleine de nœuds que Kelly avait réussi à trouver. À ma grande surprise, elle a grimpé sans trop se faire prier sur le siège du passager de ma vieille Buick verte et s'est installée rapidement. Elle s'est mise en boule sur le siège à sa façon habituelle, sa seule concession suivant les nouvelles circonstances a été de s'étirer le cou par-dessus le repose-bras pour que sa tête puisse reposer sur ma cuisse. Elle a dormi pendant tout le trajet vers le bureau du vétérinaire, poussant souvent de gros soupirs et occasionnellement levant un œil endormi, comme pour s'assurer que j'étais toujours là.

Le bilan médical de Abby était moins que brillant: elle était couverte de puces, elle souffrait d'une vilaine infection à l'oreille et, pour empirer les choses, elle était positive pour le ver du cœur. Je suis sortie avec des médicaments pour guérir son oreille, ce qui devait être fait avant de procéder en toute sécurité à son traitement pour le ver du cœur.

Son arrivée à la maison a suscité l'engueulade prévue, mais sa présence tranquille à mes côtés m'a empêchée de reculer. Lorsque les cris ont cessé, j'ai emballé mes affaires et je suis partie. Avec l'aide de ma famille, j'ai trouvé mon propre appartement où l'on acceptait les labradors, et ma vie a pris un nouveau virage positif.

Une série de semaines inconfortables a commencé pour Abby, avec son premier traitement pour le ver du cœur, et, pendant tout ce temps, elle ne m'a pas quittée des yeux. Elle attendait à l'extérieur de la salle de toilette pour s'assurer que je ne serais pas partie avec la chasse d'eau et elle me suivait de pièce en pièce, même si cela semblait la fatiguer terriblement. Heureusement, je travaillais pour ce même merveilleux vétérinaire qui lui administrait le traitement contre le ver du cœur, et j'ai pu l'amener au travail tous les jours afin qu'elle puisse se reposer tout en me surveillant pendant que j'accomplissais mes tâches quotidiennes.

Une fois le traitement terminé et après quelques mois de soins tendres et affectueux, son pelage a pris un splendide lustre bleu noir, ses yeux ont repris leur éclat et sa personnalité s'est grandement améliorée. Abby, ou Lady Abigail selon ses papiers, s'est avérée une compagne tendre et à jamais loyale. Alors qu'elle a commencé à se sentir mieux, elle a montré son côté amical et curieux, et elle a insisté pour rencontrer et accueillir tous ceux qui croisaient son chemin. Cette habitude a éventuellement mené Abby à obtenir un certificat de chien thérapeute et bientôt nous sommes allées faire des visites dans les hôpitaux et les maisons de retraite de notre région, ma merveilleuse chienne adorant l'attention qu'elle recevait et offrant son soutien silencieux à tous ceux qu'elle rencontrait.

Cela s'est passé il y a cinq ans. Abby et moi avons combattu nos démons ensemble. J'en suis venue à changer totalement comme être humain, et Abby sait qu'elle n'a jamais à s'inquiéter d'être abandonnée à nouveau. Je viens de me marier à l'amour de ma vie, un homme qui me respecte comme son égale et qui me traite comme la femme belle et intelligente que je suis. Il travaille aussi très fort à transformer Abby en une « petite fille à papa » gâtée de 36 kilos. Mon mari et moi avons récemment construit une maison et nous projetons de fonder une famille très bientôt.

À travers tous ces changements, Abby demeure ma fidèle compagne. Elle s'assoit souvent à mes côtés, met sa tête sur ma cuisse et me donne une bonne dose de ces yeux puissants, comme pour dire: *Merci de m'avoir sauvée... Je t'aimerai toujours.* Je voudrais tant pouvoir lui expliquer que c'est elle qui a fait tout le sauvetage, et que « toujours » ne sera jamais assez long pour moi.

Jennifer Remeta

5

Une ordonnance à poils

J'ai découvert que, lorsqu'on est
profondément troublé, la compagnie
silencieuse et dévouée d'un chien
peut apporter quelque chose
qui ne se trouve nulle part ailleurs.

Doris Day

Willow et Rosie : le simple miracle des animaux de compagnie

Les chiens sont notre lien avec le paradis.
Ils ne connaissent ni le mal,
ni la jalousie, ni le mécontentement.

Milan Kundera

Aux premières heures du 13 septembre 2001, l'hôtel Sheraton de Crystal City, en Virginie, débordait de militaires qui installaient des tables, des lignes téléphoniques, des câbles d'ordinateurs. Des aumôniers, des bénévoles de la Croix-Rouge, la FEMA — [l'Agence fédérale des situations d'urgence], l'Armée du Salut, tous ces gens avaient un rôle à jouer dans ce chaos organisé.

L'hôtel était le centre d'aide officiel pour les familles du Pentagone qui attendaient des nouvelles sur le sort de leurs proches. Moins de 48 heures s'étaient écoulées depuis l'attaque du 9/11 sur l'Amérique, et l'atmosphère était lourde de tristesse, d'ahurissement et de tension — le dernier endroit pour des chiens. Pendant que Sue et Lee Peetoom se frayaient un chemin dans toute cette activité avec leurs deux labradors retrievers, Rosie et Willow, ils pouvaient voir l'étonnement sur le visage des gens qu'ils croisaient. À plusieurs reprises, les Peetoom ont entendu: « Que font ces chiens ici? »

Rosie et Willow, tous deux âgés de plus de dix ans, étaient des chiens de thérapie expérimentés et faisaient partie des "Spiritkeepers" de Fredericksburg, en Virginie. Certifiés par *Therapy Dogs International* (TDI), ils portaient l'insigne officiel sur le bandana rouge autour de leur cou. La coordonnatrice des bénévoles n'avait jamais entendu parler de l'idée d'amener des chiens pour réconforter les humains sur un site de traumas, mais elle les a tout de même accueillis et les a invités pour la journée. Sue, Lee et leurs chiens ont été installés dans le corridor entre la salle de bal de l'hôtel, désignée maintenant comme « salle de briefing » et les autres services qu'on mettait à la disposition des parents des victimes.

Il était difficile d'ignorer deux gros chiens dans un corridor où déferlaient les familles. Rapidement, les gens ont commencé à poser des questions à leur sujet. Sue et Lee ont expliqué la raison d'être des chiens de thérapie, Rosie et Willow agitaient leur queue et s'approchaient pour recevoir des caresses. Bientôt, des aumôniers et le personnel militaire s'arrêtaient pour voir ce qui se passait.

Cet après-midi-là, des centaines de personnes se sont retrouvées dans la salle de bal pour la réunion d'information. À la fin, l'atmosphère était lourde d'une indescriptible tristesse. Les gens sortaient en silence, les parents serraient leurs enfants contre eux, des couples de personnes âgées se tenaient par la main et déambulaient avec leur peine. Quand les premières personnes sont arrivées à côté des chiens, Rosie et Willow se sont levés, prêts à les accueillir. Des enfants sont venus les flatter, suivis des familles. Une escorte militaire s'est penchée pour serrer Willow dans ses bras. Aumôniers, bénévoles, les chiens les ont tous accueillis avec grâce.

De l'autre côté du hall, un officier à l'air sérieux observait la scène. Quand la foule fut dispersée, il s'est avancé pour saluer les gens et a flatté les deux chiens avant de repartir.

Cet officier était le grand responsable de toute l'opération, le général John Van Alstyne. À sa demande, les chiens ont été invités à revenir. Ce qu'ils ont fait chaque jour pendant le mois où le centre a été en opération. Épaulés par quarante-deux équipes de groupes de thérapie de la

Virginie et du Maryland, les chiens sont devenus un symbole de force et d'amour pour tous.

Selon Sue, il n'y a pas de mots pour décrire l'incroyable tristesse dont ils ont été témoins. Un motard, vêtu de cuir, assis sur le sol, dont les bras tatoués serraient Willow et Rosie pendant qu'il sanglotait dans leur fourrure. Sa femme avait péri à l'intérieur du Pentagone. Et cette femme, si bouleversée par sa peine que même les aumôniers n'arrivaient pas à la consoler. On a fait venir Rosie qui a mis sa tête sur les genoux de la dame pour doucement lécher ses mains. La femme a pris le gros chien dans ses bras et, pendant dix minutes, ils sont restés immobiles, Rosie recevant tout son chagrin jusqu'à ce qu'elle cesse de pleurer.

Deux femmes attendaient de connaître le sort de leurs époux disparus, l'une avait trois enfants en bas âge et était enceinte, la seconde venait d'arriver d'Amérique centrale. Ni l'une ni l'autre ne parlaient anglais. Les chiens n'ont pas eu besoin de paroles pour les réconforter. Un enfant qui refusait d'aller voir le site où son père avait disparu a plutôt choisi de trouver le réconfort dans la compagnie des chiens.

Des centaines de personnes dont les yeux reflétaient la souffrance s'arrêtaient néanmoins avec un sourire, parfois à peine esquissé, pour saluer et flatter Rosie et Willow. Le général Van Alstyne passait plusieurs fois par jour pour apporter des biscuits aux chiens et s'éloigner un peu de la détresse, exprimant chaque fois sa gratitude pour l'importance du travail de l'équipe de thérapie. Un aumônier a avoué avoir prétendu être un « chien de thérapie » en aboyant et en faisant le pitre pour les enfants réunis dans le corridor, chaque matin, pour attendre l'arrivée des chiens.

Sue se souvient très bien des autres doux « chiens de réconfort » comme on les a surnommés — des yorkshire aux terre-neuve, des pit-bulls aux lévriers et autres races croisées de tous formats — qui faisaient des journées de quatorze heures chacun pour réconforter les personnes qui avaient tant perdu et détendre celles qui donnaient le meilleur d'elles-mêmes. Cent fois par jour, les gens s'arrêtaient pour les remercier.

Lors de la cérémonie commémorative, un mois après les événements, en présence du président Bush, on a rendu hommage aux équipes de thérapie. Au moment où on s'apprêtait à fermer le centre, on a mis un chien en peluche de plus de un mètre à une place d'honneur. Au cours de la dernière journée, il a été entièrement recouvert de souvenirs des gens qui œuvraient au centre: des tickets-repas, des mouchoirs de la Croix-Rouge, des insignes militaires, des casquettes, des cartes d'affaires et même une Bible. Une médaille de chien portant l'inscription « Chien de thérapie » pendait de son cou. On a ajouté le foulard officiel de Willow et on a remis le « chien » au général en symbole des activités du centre.

Depuis les événements tragiques du 11 septembre, Willow et Rosie sont décédés. On peut imaginer que ces deux anges de bonté ont été accueillis avec des caresses par les gens qui ont péri ce jour-là.

Audrey Thomasson

Tu le reconnaîtras à sa face

Il y a cinq ans, je faisais le même rêve à répétition. Le message était clair et net, il me demandait de me rendre à un chenil précis et d'adopter un chien en particulier. Le rêve me laissait entendre que je reconnaîtrais le chien à une caractéristique unique de sa face. À mon réveil, je ne pouvais jamais me souvenir de cette caractéristique unique. Je me souvenais seulement qu'elle était importante pour identifier le bon chien.

J'étais intriguée et je me suis sentie obligée d'obéir au rêve. C'est ainsi qu'un samedi matin, je me suis rendue à ce chenil précis pour voir les candidats canins à l'adoption. J'ai examiné tous les chiens et j'étais déçue de n'en voir aucun avec un signe inhabituel dans sa face. Il y avait beaucoup de chiots mignons et autant de chiens adultes tout aussi attirants, mais je n'ai été attirée par aucun d'entre eux.

En me dirigeant vers la sortie du refuge, j'ai vu une boîte de chiots un peu à l'écart. J'ai été attirée par un chiot en particulier et j'ai décidé d'aller voir de plus près. Un des chiens semblait ne pas avoir de poils sur la face alors que les autres étaient noirs tachetés de blanc. Je me suis inquiétée du chiot à l'air étrange, me demandant s'il avait été blessé. Les chiots étaient un croisement de labrador noir et de retriever de Chesapeake Bay. On avait attribué des noms de pâtes alimentaires à chacun des chiots. Celui qui avait attiré mon attention se nommait *Fettucine*. En l'examinant de près, j'ai constaté qu'il avait du poil dans la face, mais qu'il était d'une étrange couleur grise qui lui donnait l'apparence de la peau. Rassurée quant à son état, je m'apprêtais à quitter le refuge.

C'est là que je me suis souvenue: *la face — c'est le chien à la face différente!* Je suis immédiatement retournée pour prendre le chiot. Quand je l'ai sorti de la boîte, ses grosses pattes malhabiles se sont posées sur mes épaules et se sont accrochées solidement à mon dos. Nous avons immédiatement créé un lien et je savais que nous étions faits l'un pour l'autre. Je ne pouvais partir sans lui, je me suis donc dirigée vers le bureau des adoptions. En un instant, le chiot à la figure grise avait envahi mon cœur.

Quand j'ai rencontré la conseillère en adoption, elle m'a informée qu'une famille l'avait déjà choisi. Par contre, tout n'était pas perdu, car la famille n'avait pas fait son choix définitif. Elle hésitait entre Fettucine et sa compagne de portée, Penne. J'ai décidé d'attendre sa décision. J'ai traîné dehors, tout en surveillant la porte. Après une attente difficile de plus d'une heure, j'ai vu la famille quitter le refuge avec Fettucine. Les larmes me sont montées aux yeux. C'est alors que j'ai vu un membre de la famille, la mère, se diriger vers moi. La famille savait que j'attendais leur décision et je m'attendais au pire. Elle se dirigeait vers moi et mon cœur battait la chamade. J'étais figée sur place. Pendant un instant, elle est restée silencieuse et je ne pouvais interpréter sa décision. Puis, avec un large sourire, elle a dit: « Voici votre chien. »

J'étais sans voix et des larmes de gratitude coulaient de mes yeux. J'ai serré le chiot contre moi et j'ai senti de nouveau ses grosses pattes avant enlacer fermement mon dos. J'étais heureuse de l'avoir à ce moment-là, mais j'ignorais à quel point je serais heureuse plus tard.

J'ai ramené le chiot à la face grise à la maison et je l'ai appelé Dominic, gardant toutefois Fettucine comme deuxième nom. Dès le départ, il ne s'est pas excité comme un chiot normal. Il était très calme, sérieux et il ne jouait pas beaucoup. Par contre, il était obéissant, intelligent et très attentif. Nous vivions heureux ensemble et Dom est devenu un chien en santé et solide, mon compagnon précieux.

Dominic avait deux ans quand on a diagnostiqué que je souffrais d'épilepsie. Je faisais des crises sérieuses et d'autres moins. Ces crises me faisaient perdre conscience. Quand je me réveillais, je trouvais toujours Dom étendu sur moi. Au début, je n'aimais pas du tout avoir un chien de 40 kilos sur moi, puis j'ai découvert qu'en faisant cela, il m'empêchait de me blesser en contenant mes gestes incontrôlés.

Pendant les crises moins sévères, Dom se tenait bien droit afin que je puisse m'agripper à ses pattes avant jusqu'à la fin de la crise. Il me rendait aussi service après les crises. Quand je reprenais lentement conscience, j'entendais sa « voix ». En me concentrant sur ses aboiements, je pouvais reprendre totalement conscience. J'ai rapidement commencé à compter sur Dom pour m'avertir qu'une attaque était imminente et nous la traversions ensemble, chacun sachant ce qu'il avait à faire jusqu'à la fin de la crise. Dom était devenu mon assistant à quatre pattes.

Pendant la pire période, je faisais cinq attaques de grand mal par jour. Elles arrivaient sans avertissement, mais leur intensité et la gravité des blessures physiques que je subissais étaient réduites parce que le vigilant Dom se mettait à l'œuvre. En fait, Dominic, le chiot qui m'avait été révélé en rêve, avait un talent naturel de chien d'assistance contre les crises — un chien sur un million avec un instinct étonnant.

Pendant un an, j'ai eu des attaques chaque jour, puis elles ont commencé à s'espacer. Aujourd'hui, je ne fais plus de crises. Dom est retourné à ses activités canines quotidiennes, mais il me surveille toujours et est toujours prêt à me porter assistance. Il trouve moyen de m'aider dans la maison et je l'encourage, car je sais que c'est sa raison d'être.

Certains héros portent l'uniforme ou un insigne; le mien est habillé de fourrure.

Linda Saraco

Abacus

Tous les êtres vivants ont une âme identique, même si leur corps est différent.

Hippocrate

On a beaucoup écrit sur ce que les chiens peuvent faire pour les gens. Des chiens mènent des aveugles, aident les sourds, dénichent les substances illégales, nous apportent l'espoir et la joie en thérapie, nous font rire avec leurs pitreries, et nous apportent leur compagnie; ce ne sont là que quelques-uns de leurs nombreux talents. Mais, qu'en est-il de notre devoir envers les chiens — de leurs besoins, de leurs désirs, de leurs espoirs et de leurs joies? Et qu'arrive-t-il aux chiens que la plupart des gens ne veulent pas adopter — ceux qui ne sont pas parfaitement en bonne santé ou mignons? Voici l'histoire d'un de ces chiens.

J'ai découvert Abacus en faisant des recherches sur Internet concernant les chiens avec des besoins spéciaux. Je m'intéressais au sujet après avoir perdu mon frère, Damon, qui, paralysé à la suite d'un accident en 1992, s'est suicidé trois ans plus tard. Damon adorait explorer la nature et préférait la liberté que lui procurait la conduite d'un camion plutôt que de travailler derrière un bureau toute la journée. Déjà qu'il trouvait difficile de perdre cette option, il n'a pu accepter l'idée que personne ne voudrait plus de lui. Sa mort m'a rendue plus consciente des défis que les gens — et les animaux — avec des handicaps doivent relever.

Je savais que mon mari et moi ne pouvions avoir un chien parce que notre propriétaire interdisait les animaux de compagnie, mais cela ne m'empêchait pas de faire des recherches sur eux. Sur le site *www.petfinder.com,* il y avait une entrée qui décrivait un très beau mâle du nom d'Abacus qui habitait au Animal Lifeline, un refuge sans euthanasie situé près de Des Moines, en Iowa. Chiot abandonné, Abacus avait été recueilli deux ans auparavant par le personnel généreux d'un hôpital vétérinaire du Nebraska, après avoir été heurté par une voiture et être resté paralysé. Normalement, on euthanasie les chiens à demi paralysés, car peu de gens veulent adopter un chien dans cet état. Pourtant, le vétérinaire et son personnel ont trouvé qu'Abacus avait un je-ne-sais-quoi de spécial et d'attachant. Ils l'ont donc recueilli pour éventuellement le confier aux soins du refuge de l'Iowa.

La photo d'Abacus sur le site Web du refuge montrait un chien noir, assez grand, avec un canard de caoutchouc dans un bain d'hydrothérapie pendant qu'il faisait ses exercices pour améliorer le tonus musculaire de ses pattes arrière paralysées. Par cette seule photo, Abacus m'a envoûtée à jamais.

Je ne pouvais chasser l'image d'Abacus de mon esprit et je me suis sentie obligée d'aller lui rendre visite, même si je savais que je ne pourrais pas l'adopter. Mon mari, John, toujours aussi compréhensif, m'a accompagnée pendant le voyage de deux heures vers le refuge pour animaux ayant des besoins spéciaux. Quand j'ai vu Abacus pour la première fois dans son enclos au refuge, j'ai été saisie pendant quelques secondes. J'ai été un peu déconcertée à la vue de ses pattes arrière atrophiées à la suite de sa paralysie, mais son exubérance et son attitude enjouée ont rapidement masqué son handicap. J'ai été frappée par la joie débordante qui émanait de lui. J'ai longtemps gardé, après notre départ du refuge, dans mon esprit et mon cœur ses grands yeux pleins d'amour.

La rencontre avec Abacus m'a inspirée à entreprendre la recherche d'une maison que nous pourrions acheter plutôt que de louer. Nous avons rapidement trouvé une jolie maison à la campagne avec un grand terrain à un prix abordable. J'ai entrepris les démarches pour adopter Abacus, et nous avons pu célébrer son troisième anniversaire quelques semaines plus tard en le ramenant à la maison avec nous.

Vivre avec Abacus nécessitait quelques ajustements. J'ai appris à lui faire faire les exercices quotidiens pour ses pattes arrière et comment installer son corps énergique et déformé dans son fauteuil roulant (un K-9 Cart). Quand je m'absente de la maison, son domaine consiste en une pièce spéciale capitonnée, avec un matelas confortable, beaucoup de couvertures et du tapis lavable. Souvent, j'enrobe ses pattes paralysées de bandages de gaze pour les protéger contre les abrasions quand il se traîne sur le plancher et contre les spasmes musculaires incontrôlables qui agitent son train arrière.

Quand Abacus est dans la maison, mais qu'il n'est pas dans son K-9 Cart, il se déplace en faisant appel à ses pattes avant, fortes et musclées. Il lui arrive parfois de supporter son train arrière pendant quelques instants, mais il ressemble à un âne qui fait une ruade, et il fait tomber des objets quand il se déplace. Par contre, dans son K-9 Cart, Abacus est rapide comme le vent. Nous devons surveiller notre Evel Knievel canin dans son chariot, car il verse de temps à autre et reste coincé quand il prend un virage trop rapidement.

Même s'il demande des soins particuliers, je n'ai jamais considéré Abacus comme un fardeau. C'est un privilège de vivre avec lui. Il est toujours enthousiaste et traite les étrangers comme des amis retrouvés. Même s'il adore la nourriture, il préfère les caresses. Sa joie de vivre m'inspire et inspire tous ceux qu'il croise. Certaines personnes s'apitoient sur son handicap, mais je leur réponds toujours qu'il n'est ni déprimé ni démonté par sa différence. Si Abacus pouvait parler, je suis certaine qu'il dirait que les chiens avec des besoins spéciaux peuvent vivre heureux, pleinement, et enrichir la vie de ceux qui les ont adoptés tout autant — sinon plus — que pourrait le faire un chien « normal ».

La principale raison pour laquelle j'ai adopté Abacus était que je voulais lui donner le confort et la sécurité d'une maison bien à lui pour toujours, mais aussi je croyais qu'il m'aiderait à apporter du réconfort aux autres. Un des principes directeurs de ma vie me vient d'un poème d'Emily Dickinson que j'ai appris quand j'étais fillette:

Si je peux soulager la souffrance
d'une seule existence,
Ou apaiser une seule douleur,
Ou aider un seul merle à retrouver son nid,
Je n'aurai pas vécu en vain.

J'aurais aimé que mon frère connaisse Abacus. Même si je sais que la thérapie assistée par animal n'est pas une panacée, je crois qu'elle peut semer une graine d'espoir dans le cœur d'un enfant — ou d'un adulte — handicapé physiquement, mentalement ou émotivement, en lui montrant un animal avec des besoins spéciaux qui vit une vie pleine et heureuse dans un foyer rempli d'amour.

C'est pour répandre cet espoir que j'ai entraîné Abacus à devenir un chien de thérapie certifié. Après avoir réussi son évaluation cette année, il a commencé à visiter les écoles pour enfants ayant des besoins spéciaux. Mon employeur à Farm Sanctuary — une entreprise qui comprend le pouvoir de guérison que partagent les humains et les animaux — me permet généreusement de m'absenter deux fois par mois pour ces visites en cours de semaine. Abacus a toujours hâte à ces excursions et il étonne toujours les enfants (et les enseignants) par sa personnalité animée à la « Tigrou ». Pour certaines visites, il porte sa cape rutilante de « Super Chien » qui virevolte derrière lui quand il file à toute vitesse dans son fauteuil roulant. Abacus sème le bonheur partout où il va.

Vivre avec un animal handicapé ne convient pas à tout le monde, mais ceux qui choisissent de le faire sont largement récompensés. Je dois dire que mon expérience avec Abacus m'a amenée à adopter d'autres animaux avec des besoins spéciaux au cours des années. Tous m'ont apporté plus que je n'ai investi en temps et en énergie, car ils ont été des rappels constants que les défis de la vie ne doivent pas nécessairement engendrer du désespoir ou une attitude négative. Leur amour a un pouvoir guérisseur, leur reconnaissance est un réconfort, et leur personnalité étrange donne un sens inestimable à ma vie.

Meghan Beeby

Journée canine à l'école

Il n'est pas facile d'enseigner la deuxième année. Chaque élève arrive à l'école avec ses propres besoins et difficultés. Une année, un élève que j'appellerai Billy m'a posé un gros défi par son attitude et ses besoins académiques. Chaque jour, il devait refouler ses émotions et il se mettait souvent en colère — devenant parfois même violent. Je savais que, pour le faire progresser en classe, il fallait contrôler ses élans d'émotions.

Un des moyens que j'ai essayés pour aider Billy a été de le faire rentrer directement en classe dès son arrivée à l'école plutôt que d'aller jouer dehors. Billy aimait être l'objet d'une attention particulière avant le début des classes, et je pouvais ainsi m'assurer que ses journées à l'école débuteraient dans une atmosphère positive. J'ai aussi découvert que, lorsque Billy venait dans la classe plus tôt, il évitait les batailles et les querelles habituelles que son tempérament instable causait dans la cour d'école.

Souvent la mère de Billy me téléphonait pour me prévenir que le début de la journée avait été plutôt agité à la maison. Ces matins-là, je faisais un effort particulier pour le calmer avant l'arrivée des autres élèves. La mère de Billy l'aimait et elle voulait désespérément qu'il s'améliore et réussisse. Les semaines ont passé et avec les communications à la maison, des limites fermes, de l'amour et des soins, Billy faisait de grands progrès dans le contrôle de ses émotions, mais il lui arrivait de rechuter de temps à autre.

Une semaine, alors que nous étudiions les animaux de compagnie en classe, j'ai pensé qu'une façon de donner une leçon pratique était d'emmener mon propre chien à l'école pour la journée. Rocky est un shih tzu de deux ans, une créature pleine d'entrain et amicale qui adore les gens —

particulièrement les enfants. Il a grandi avec mes propres enfants; il est donc habitué à être flatté, cajolé et à jouer. J'étais certaine que la classe l'adorerait, et je savais que Rocky apprécierait l'attention de vingt enfants de sept ans enthousiastes et excités.

Le matin du grand jour de Rocky à l'école a commencé normalement. Je suis arrivée tôt et j'ai préparé des activités centrées sur des thèmes se rapportant aux chiens. En mathématiques, nous allions mesurer Rocky de toutes les façons imaginables. Nous allions mesurer la longueur de ses oreilles et de son corps, son poids, et même la quantité d'eau qu'il allait boire. La lecture à voix haute était une histoire de chien. Je me réjouissais de cette belle journée.

Quelques minutes avant l'arrivée habituelle de Billy, le téléphone a sonné. C'était la mère de Billy. Elle voulait m'informer que son fils avait eu un réveil difficile à la maison et qu'il me faudrait probablement prendre un peu de temps pour le calmer. Pendant que je parlais à sa mère, Billy a fait irruption dans la classe. À la surprise de mon élève, Rocky a accouru vers son nouvel « ami », la queue frétillante. Billy s'est accroupi et le chien lui a léché le visage, le couvrant d'affection canine. Billy n'a pu résister au charme de Rocky. Le petit garçon s'est mis à sourire et à rire, puis sa colère a disparu. Son rire heureux a franchi la ligne téléphonique pour se rendre aux oreilles de sa mère. D'une voix hésitante, elle m'a demandé: « C'est Billy? »

J'ai répondu: « Oui. J'ai emmené mon chien à l'école aujourd'hui, et Billy et lui sont en train de faire connaissance. »

« Je crois que mon fils passera une bonne journée », a-t-elle ajouté avec soulagement.

Je n'aurais pu choisir une meilleure journée pour emmener Rocky à l'école.

Toute la journée, Billy a démontré sa nature attentive et aimante. Il n'a jamais quitté Rocky et s'est rendu responsable de le nourrir, de lui faire des câlins et même de demander aux autres de faire moins de bruit quand Rocky a fait une sieste.

Billy était reconnu pour éviter par tous les moyens de devoir lire. Pourtant ce jour-là, il a trouvé une belle histoire de chien: *Quand Clifford était chiot*, et il l'a lue à Rocky. Ce dernier était bon public et il ne s'offusquait pas quand Billy hésitait sur un mot. J'étais émerveillée de voir Billy lire avec plaisir. Mon petit chien avait réussi à transformer la journée de colère et de frustration de Billy en une journée de joie, de rire, de tendresse et d'amour inconditionnel.

Ce jour-là, Rocky a fait plus que m'aider dans mon enseignement; il a contribué à changer la vie d'un enfant. Par la suite, le comportement de Billy s'est nettement amélioré. Car, grâce à sa maman, Billy a bientôt eu un ami chien bien à lui à la maison.

Jean Wensink

Élever une étoile

Dès la toute première réunion à laquelle j'ai assisté, j'ai su qu'élever un futur chien-guide était le projet pour moi. Papa pensait autrement. Il croyait que les responsabilités requises pour cette tâche dépassaient les capacités d'une élève de sixième année. Après des mois de sollicitations, de supplications, de pleurs et d'efforts pour le convaincre, il a finalement accepté que j'élève un chiot. C'est ainsi qu'a débuté mon aventure d'éleveuse de chiots futurs chiens-guides — une aventure qui a duré six ans.

Après avoir déposé ma demande, j'ai dû attendre longtemps qu'un chiot devienne disponible pour moi. En attendant, j'ai commencé à être gardienne de chiots. Quand les chiens qu'on me confiait creusaient des trous dans la cour arrière, je me disais: *Oh... Mon chiot ne fera pas ça.* J'étais dans un état euphorique (et bien ignorante). Les jours s'écoulaient lentement sans un chiot à élever.

Le jour de Noël 1992, après avoir déballé tous les cadeaux sous le sapin, il me restait à vider mon bas de Noël. J'ai sorti des bonbons, des brosses et de la pâte à modeler, puis mes doigts ont senti au fond quelque chose que je n'avais jamais trouvé dans un bas. C'était un bout de tissu. Je l'ai saisi et j'ai vu qu'il s'agissait d'un tout petit manteau vert pour chiot. Un bout de papier y était attachée avec une note écrite dessus:

Chère Laura,

Tu auras besoin de ceci le 6 janvier quand tu viendras me chercher au Kmart d'Escondido.

Je suis un labrador blond mâle et mon nom commence par la lettre B.

À la lecture de la note, j'ai éclaté en larmes. Mon chiot! J'avais très hâte au jour où je ferais la connaissance du nouveau membre de ma famille.

Le 6 janvier 1993, j'ai reçu mon premier chiot: un labrador blond du nom de Bennett. Il a été le premier d'une série de chiots futurs chiens-guides — Hexa, Brie, Flossie et Smidge, pour n'en nommer que quelques-uns — que j'ai élevés au cours des six années suivantes. Chacun des chiots occupe une place bien spéciale dans mon cœur, une place que chacun d'eux a gagnée dès que je l'ai vu. Qui pourrait résister à une petite boule de poils agitée qu'on vous met dans les bras et qu'on vous demande d'aimer et de soigner?

J'ai découvert que l'élevage de chiots chiens-guides était un projet de service très enrichissant, pourtant, il m'arrivait de me demander qui élevait qui. Chacun de mes professeurs canins m'a enseigné des leçons d'amour, de souffrance, de séparation, de pardon et de patience. Il suffisait de quatre pattes et d'une queue pour me motiver à faire des choses que je n'aurais jamais tentées par moi-même. Quand vous savez que vous n'avez que 365 jours à passer ensemble, vous apprenez à chérir chaque moment.

Pendant cette année-là, j'ai soigneusement planifié mon emploi du temps, en m'assurant d'inclure l'entraînement requis, comme l'obéissance, le toilettage et la socialisation. Pour aider ces futurs chiens-guides à s'adapter à plusieurs environnements différents, je devais emmener chaque chiot presque partout où j'allais, parfois même à l'école! J'avoue qu'au départ, ce privilège bien spécial a été la raison principale de vouloir élever un chiot chien-guide, mais avec le temps, la signification de ce projet est devenue beaucoup plus profonde.

Les nombreuses heures que je passais avec chaque chien en public ne représentaient qu'une partie du temps et de l'énergie que je lui consacrais à la maison. C'est dans ces moments que chaque éleveur ajoute sa personnalité à chacun des chiens. Mon expérience m'a appris que c'est le temps que je prenais avant de partir pour l'école ou avant d'aller au lit — juste pour m'arrêter et flatter mon chiot ou lui dire que je l'aimais — qui a créé les liens les plus forts.

Et cet amour était réciproque. Chaque fois qu'un chiot sautait sur mes genoux pour me donner un dernier baiser avant la nuit, j'oubliais ce gérant de magasin furieux qui nous avait chassés de l'épicerie ce jour-là, le trou creusé vers la Chine dans la cour arrière et l'envie de sortir faire ses besoins à trois heures du matin. Il ne faut pas beaucoup plus de temps pour élever non seulement un chien bien entraîné, mais aussi un chien aimant — un chien qui apportera une telle lumière dans la vie d'une personne non voyante.

À la fin d'une année, le temps est venu pour le chiot de partir. Pour moi, c'est un jour triste, même si la chienne ne se doute de rien. Pendant toute la journée, je suis remplie de souvenirs de l'année que nous avons passée ensemble: les longues journées à l'école, les heures à nager dans la piscine et les moments tendres à regarder la télé. Pourtant, le moment est venu pour le chiot de passer à autre chose, d'aller faire ce pour quoi je l'ai élevé. J'ai les yeux pleins d'eau et les larmes coulent sur mes joues au moment de lui faire mes adieux, de lui enlever sa laisse et de le confier à sa nouvelle école. Avant même qu'il soit parti je m'ennuie, me demandant si tout le bon travail que j'ai accompli en valait la peine. Le nouveau chiot grouillant qu'on dépose dans mes bras ne peut se comparer à lui. Je sais que je serai bientôt remplie du même amour pour ce nouveau petit, mais je n'oublierai jamais celui qui me quitte.

Pendant six longs mois, j'attends son bulletin hebdomadaire que j'ouvre avec hâte dès qu'il arrive. Finalement, il a réussi: il est diplômé de l'école et on l'affecte à une personne aveugle.

Je ferais le long voyage vers San Francisco juste pour l'apercevoir, mais habituellement je passe la journée entière avec lui et la personne qu'il aidera. Avant cette journée, je sens que personne ne peut mériter son amour et son affection, mais je change toujours d'avis dès que je rencontre son nouveau partenaire.

En les voyant ensemble, ma perception du projet atteint une fois de plus de nouveaux sommets. Le chiot qui me tirait à travers la cour est devenu un superbe chien adulte au poil lustré qui guide une personne non voyante dans les rues les plus achalandées d'Amérique. Ils ne sont plus un humain et un chien, ils forment une unité qui se déplace avec plus de grâce qu'une grande ballerine. Savoir que j'ai joué un rôle dans la création de cette équipe est suffisant pour effacer les derniers vestiges de mon chagrin d'être séparée de lui. Il a maintenant un nouveau rôle. Il n'est plus le chiot qui me réconfortait, m'aimait et était mon meilleur ami, mais il est devenu un chien-guide: une bouée de sauvetage pour une personne qui a besoin de lui. et bien qu'une étoile manque dans mon firmament, il a ouvert un univers entier pour une autre personne.

Laura Sobchik

Le pouvoir d'une étoile

Nos compagnons parfaits
n'ont jamais moins que quatre pattes.

Colette

« Combien de temps pourrai-je vivre avec cette *solitude*? » a soupiré ma mère au téléphone après le décès de la dernière amie qu'il lui restait en Floride.

Pendant des années, maman comptait sur leurs conversations quotidiennes, pleines de rires, pour nourrir son âme. Manifestement, l'amitié épanouissait maman, mais il lui serait difficile de trouver une nouvelle amie. Elle passait ses journées dans la maison à prendre soin de papa qui éprouvait rarement le besoin de parler à quelqu'un.

Le désespoir de maman m'a fait mal au cœur et a étouffé toute réponse cohérente de ma part. Mes paroles d'encouragement semblaient vides, d'autant plus qu'elles voyageaient le long d'une ligne téléphonique de plus de mille cinq cent kilomètres. Après avoir raccroché, j'entendais toujours la voix de maman dans mon esprit et je n'avais pas encore de réponse. Mon cerveau semblait paralysé, mais mes pieds cherchaient une réponse en arpentant la maison. Plus tard, je suis allée faire un tour dehors et j'ai regardé vers le firmament. J'ai demandé au ciel de veiller aux besoins de ma mère. Chaque matin et chaque soir, sans exception, je refaisais la même demande.

Une nuit, après presque deux semaines de mes prières, mon chien m'a réveillée pour sortir. Cette nuit-là, elle m'a dérangée dans mon sommeil à plusieurs reprises. Finalement, en ouvrant la porte pour la troisième fois, j'ai aperçu une étoile filante traverser le ciel du côté sud.

Plus tôt ce jour-là, au cours d'une émission télévisée, j'avais entendu *When You Wish Upon A Star*, l'une de mes chansons favorites quand j'étais enfant. Tout l'après-midi, j'avais fredonné cet air sans arrêt. En voyant l'étoile filante, je l'ai immédiatement suppliée de répondre aux besoins de maman. Il m'a semblé que c'était un point d'exclamation à mes prières.

Pendant ce temps, plus au sud en Floride, au cours de ces deux mêmes semaines où j'ai imploré pour des réponses, maman pensait à son chien qui était décédé trois ans auparavant. Il l'avait toujours écoutée quand elle avait besoin de parler. Elle a compris que le réconfort qu'il apportait lui avait permis de traverser d'autres moments difficiles. Il lui fallait définitivement un chien. Elle a contacté le refuge pour animaux et a demandé un chien, mais papa croyait qu'ils n'avaient pas les moyens de payer les soixante-dix dollars de frais d'adoption. Que pouvait-elle faire? Elle avait trouvé la réponse pour améliorer sa vie, mais elle n'en avait pas les moyens. Maman est retombée dans le désespoir.

Enfin, un vendredi matin, trois jours après l'incident de l'étoile filante, maman a annoncé à papa, d'un air déterminé: « Je prends l'argent de l'épicerie pour acheter des fruits, des légumes — et un chien. »

Au refuge pour animaux, son espoir s'est envolé. Tous les chiens étaient trop gros pour elle. Perplexe, elle errait dans le chenil du refuge à la recherche de petites oreilles qui voudraient bien l'écouter.

Au même moment, juste à l'extérieur de la porte du refuge, un couple âgé se tenait là, hésitant. Quelques semaines plus tôt, un gentil chien s'était arrêté dans la cour de ces gens. Ils avaient vainement tenté de retracer son propriétaire. Ils possédaient déjà un chien et il leur était impossible de garder celui-ci. Pourtant, ils trouvaient difficile de l'abandonner au sort incertain qui l'attendait dans l'édifice.

Soudain, l'homme a passé à l'action et a dit à sa femme: « Je vais entrer et trouver quelqu'un qui ramènera ce chien à la maison. »

Il a déambulé dans le chenil, contournant un homme qui flattait un berger allemand et un enfant qui observait un labrador. Il a poursuivi son chemin jusqu'à ce qu'il se retrouve devant ma mère.

D'un ton plein d'espoir, il a demandé: « Cherchez-vous un chien? »

Découragée, elle a répondu: « Oui, mais j'en veux un *petit*. »

L'homme a souri chaleureusement et a repris: « Venez avec moi. Ma femme est dehors avec votre chien. »

En sortant, maman a vu le chien: un boston terrier. Elle a tendu la main. Le chien a accueilli ma mère en frétillant et en la léchant. Elle a ouvert les bras, et le chien est entré dans son cœur. Maman a offert de payer le couple pour le chien.

La femme a ri et a répondu: « Le sourire que vous affichez est tout ce que vous avez à payer. »

Maman et le couple ont échangé leurs coordonnées, des poignées de mains et un chien qui portait le nom de Fancy Face.

Plus tard ce jour-là, la voix de maman rayonnait malgré la distance quand elle m'a appelée pour me parler de son nouvel ami à poils. Elle m'a confié qu'elle avait toujours voulu un chien de cette race et que celui-ci était parfait en tout, sauf pour son nom. Je lui ai suggéré qu'elle pourrait changer son nom puisqu'il ne s'appelait Fancy Face que depuis quelques semaines.

Maman a réfléchi pendant un moment puis elle a ajouté d'une voix excitée: « Je crois que je vais faire cela. Le chien a de belles taches, mais la plus frappante est une étoile partielle sur son front... »

Je l'ai alors interrompue: « Maman, tu ne croiras jamais ce que je vais te dire! » Je lui ai raconté ma période de prière de deux semaines qui s'était terminée par l'étoile filante.

« Eh bien, c'est décidé! a répondu maman. Je vais l'appeler Étoile! »

L'étoile filante de maman n'a pas cessé de l'inonder de bienfaits. Après avoir vécu plus de vingt ans en Floride — et ce, par égard pour papa — mon père a soudain consenti à déménager au Colorado où habite la sœur de ma mère. Ils ont visité une maison inoccupée depuis plus de deux ans. Maman croit que cette maison l'attendait. Il y a même une cour fermée pour Étoile.

Aujourd'hui, quand je parle à ma mère, elle est enthousiaste et emballée à propos de l'avenir. Quelle différence avec la femme désespérée qui, il y a quelques mois à peine, se sentait affreusement seule. Voilà ce que j'appelle « Le pouvoir d'une étoile »!

Mary Klitz

Un chien est l'une des dernières raisons
qui peuvent convaincre certaines personnes
d'aller faire une promenade.

O. A. Battista

La leçon de Luke

Par un bel après-midi ensoleillé de septembre, Luke, notre golden retriever, s'est éveillé de sa sieste pour aller faire notre promenade habituelle au parc. Je devrais plutôt dire qu'il a tenté de se lever, car il a vacillé, a cherché à trouver son équilibre, puis s'est effondré. Mon cœur battait la chamade pendant que mon mari et moi le portions à la voiture pour filer vers le cabinet du vétérinaire. Après plusieurs heures de tests sanguins, d'examens et d'ultrasons, on nous a donné la mauvaise nouvelle: Luke souffrait d'un angio-sarcome, un cancer inopérable des vaisseaux sanguins.

« Il lui reste combien de temps? » ai-je demandé en pleurant, mes bras autour de Luke, le serrant sur mon cœur.

« Impossible de le savoir, a répondu le vétérinaire. Quelques semaines, peut-être quelques jours seulement. »

À peine rendue à la voiture, j'ai éclaté en sanglots incontrôlables. Mon mari n'a pas mieux réagi à la nouvelle. Nous avons braillé dans les bras l'un de l'autre. Comment Luke a-t-il pu devenir si malade à notre insu? Bien sûr, il était âgé de dix ans, mais il ne les faisait pas. Il dévorait chaque repas comme un cochonnet affamé et ce matin encore il avait couru après sa balle comme si elle était pleine de ses biscuits favoris. Il ne pouvait avoir le cancer, pas notre Luke, pas notre bébé.

Pendant les jours qui ont suivi, nous l'avons observé attentivement, l'étudiant avec zèle. Nous avons fait de lentes promenades dans le quartier et au lieu de lancer sa balle au loin, nous la lobions directement dans sa gueule pour qu'il l'attrape. Un jour, je faisais le ménage et j'ai trouvé sa veste bleue de chien de thérapie. Luke était bénévole au service du Helen Woodward Animal Center et il visitait les centres pour enfants victimes d'abus et de négligence. J'ai serré la veste contre ma joue et j'ai pleuré. Pourquoi Luke? Il était un si bon chien; il méritait de vivre.

Comme je m'apprêtais à ranger la veste dans un tiroir, Luke est arrivé en trottinant, la queue frétillante. Il m'a regardé d'un air insistant, les oreilles dressées et la langue pendante.

« Tu veux enfiler ta veste et aller travailler, n'est-ce pas? » Je me suis agenouillée pour le gratter derrière les oreilles. J'aurais juré qu'il m'a souri.

Même s'il ne pouvait courir ou sauter, le lendemain Luke s'est joint aux autres chiens de thérapie pendant une visite au centre pour enfants. J'envie souvent Luke d'être capable de mettre un sourire sur le visage des enfants par sa seule présence. Ils rient et tapent des mains quand il leur fait un « Hight Ten » ou lorsqu'il attrape un biscuit posé sur son museau. Mais les meilleures réactions se produisent quand les enfants lui demandent: « Est-ce que tu m'aimes? » et qu'il leur répond par un « Wouf! » énergique. Les enfants crient de joie et demandent encore et encore: « M'aimes-tu? » Il leur répond chaque fois.

Ce jour-là, je voulais m'assurer que Luke aurait du plaisir, j'ai donc moins observé les enfants qu'à l'habitude. Une petite fille d'environ neuf ou dix ans s'est lentement approchée de nous. Ses étroites épaules étaient rentrées et sa tête était penchée en avant; elle m'a rappelé un tournesol en train de faner. Luke a agité sa queue au moment où elle s'approchait et a léché sa joue quand elle s'est penchée pour le flatter. Elle s'est assise à nos côtés sur la pelouse et elle a souri à Luke, mais ses grands yeux bruns restaient tristes.

« J'aimerais que les gens meurent à dix ans, comme les chiens », a-t-elle dit.

Étonnée, je n'ai pu que la regarder. Les enfants ignoraient que Luke était atteint du cancer. Luke s'est tourné sur le dos et la fillette a frotté son ventre.

Je lui ai demandé: « Pourquoi dis-tu cela? »

« Parce que j'ai dix ans et je voudrais mourir. »

Sa peine a tellement touché mon cœur que j'en ai perdu le souffle. « Les choses vont donc si mal? »

« Pire que ça. J'ai horreur d'être ici. »

Que pouvais-je lui répondre? Je ne pouvais pas lui dire qu'elle ne devrait pas se sentir comme ça, ou qu'une belle vie l'attendait. À quoi cela aurait servi? Ce n'était pas ce qu'elle avait besoin d'entendre. J'ai délicatement posé ma main sur son dos et je lui ai demandé son nom.

« Carly. »

« Carly, je vais te dire quelque chose. Luke est atteint du cancer. Il va mourir. Il aimerait surtout continuer à vivre. Toi, tu es en parfaite santé, pourtant tu souhaites mourir. Ce n'est pas juste, non? »

Carly a relevé la tête et m'a regardée: « Luke va mourir? »

J'ai hoché la tête en retenant mes larmes. « Il ne lui reste pas beaucoup de temps, une semaine, peut-être deux, ou même quelques jours… nous ne le savons pas. »

« Ne devrait-il pas être à la maison ou à l'hôpital? »

« Il voulait venir vous voir, pour vous apporter de la joie. Comme toi, les choses ne vont pas bien pour lui. Il souffre probablement beaucoup. » J'ai fait une pause, me demandant si elle était assez âgée pour comprendre. « En venant ici, il désire donner du sens à chaque minute de sa vie. »

Carly est restée silencieuse, regardant Luke tout en lui flattant doucement le ventre. « Pauvre Luke » a-t-elle dit, presque en chuchotant. Puis, elle a levé la tête et m'a regardée dans les yeux avec un air méfiant presque accusateur: « Tu crois que je devrais être heureuse d'être en vie et que je ne devrais pas vouloir mourir, non? Même si je suis coincée ici? »

J'ai attendu quelques instants pour mettre mes idées en ordre avant de répondre. « Tu pourrais peut-être en faire un jeu. Chaque jour, essaie de penser à au moins une bonne raison de vivre. »

Les intervenants ont commencé à rappeler les enfants pour leur retour en classe. J'ai regardé Carly droit dans les yeux en cherchant à la toucher: « À défaut d'autre chose, il te reste l'espoir que les choses vont s'améliorer. »

« Carly, viens... » a appelé une intervenante.

Carly s'est levée: « Tu reviendras me voir? »

« Oui, je te le promets. Et tu pourras m'énumérer bien des raisons de vivre, d'accord? »

« D'accord. » Elle m'a fait un grand signe que oui de la tête et elle est partie en courant rejoindre ses compagnons de classe.

La semaine suivante, même si la démarche de Luke était plus lente et plus pénible, nous sommes retournés visiter le centre pour enfants. Carly n'y était pas. Inquiète, j'ai demandé à l'une des intervenantes où elle se trouvait. Elle m'a répondu qu'elle était partie vivre dans une famille d'accueil. Mon cœur s'est calmé. *C'est une bonne chose pour toi, Carly.*

Douze jours plus tard, Luke a perdu son combat contre le cancer.

Aujourd'hui, quand je pense à lui, je tente de me concentrer sur ce que j'avais dit à Carly: que Luke a fait que chaque minute de sa vie soit utile. Il a peut-être inspiré Carly de faire de même. J'espère qu'elle et tous les autres enfants que nous avons visités ont profité de leur contact avec Luke. Moi, je sais que je l'ai fait.

Christine Watkins

La magie de Puppy

Depuis que j'ai commencé à intégrer des animaux dans ma pratique de psychothérapie pour les enfants, il y a quinze ans, ma vie en tant que clinicienne — et en tant que personne — a été bouleversée. Entourée de mes chiens, oiseaux, lézards et poissons, je me sens comme un Dr Dolittle des temps modernes. Dans mon cas cependant, ce n'est pas que je parle aux animaux, mais c'est que les animaux m'aident à communiquer avec les enfants qui ont des besoins.

Diane, une petite fille de cinq ans aux cheveux foncés, petite pour son âge, m'a été référée à cause d'un problème. Même si elle ne cessait de parler à la maison et avec sa famille, personne n'avait jamais entendu Diane prononcer un seul mot à l'intention de quiconque en dehors de son cercle familial. Pas un seul.

Pendant des années, ses parents ont cru que Diane était gênée. Pourtant, une semaine après son arrivée en classe de maternelle, son professeur a convoqué les parents pour les informer que Diane avait besoin de soins professionnels. Non seulement la petite fille refusait-elle de parler, mais elle avait aussi l'air terrifiée.

Les parents de Diane, inquiets et bouleversés par cette évaluation, ont tenté d'aider leur fille à surmonter son mutisme sélectif. Cependant, aucune parole, aucune démarche ne semblait avoir d'effet sur elle. Diane refusait de parler — en fait elle semblait incapable de parler — en dehors de son cercle familial.

Les parents de Diane m'ont appelée et j'ai accepté de la voir en consultation. La première séance avec l'enfant et ses parents a eu lieu un vendredi après-midi. Ils étaient dans la salle d'attente quand je suis entrée avec mon golden retriever de six ans, Puppy, pour les accueillir. J'ai immédiatement remarqué que Diane avait la tête baissée, qu'elle fixait le sol devant elle. Elle n'a fait aucun geste, c'était comme si elle ne nous voyait pas.

Puppy, qui me précédait, s'est dirigé directement vers Diane. Comme l'enfant avait la tête baissée, elle ne l'a aperçu qu'au moment où Puppy était à un mètre d'elle. Très surprise de voir soudainement un gros chien blond, elle a écarté les yeux et lentement sa bouche a esquissé un sourire. Puppy s'est arrêté directement devant Diane et a posé sa tête sur les genoux de l'enfant.

Je me suis présentée et j'ai présenté Puppy, mais l'enfant n'a pas répondu. Rien chez elle n'indiquait qu'elle m'avait entendue. Diane s'est plutôt mise à caresser silencieusement la tête de Puppy et à lui flatter les oreilles, le nez et le museau. De toute évidence, elle restait nerveuse et craintive de se retrouver dans mon cabinet, mais elle souriait et semblait apprécier son contact avec Puppy. Je parlais tranquillement avec les parents de Diane quand j'ai eu une idée.

Je me suis tournée vers la petite fille et le chien et j'ai doucement prononcé le nom de Puppy. Quand Puppy m'a regardée, je lui ai discrètement fait signe de me suivre dans mon bureau. Le chien s'est immédiatement dirigé vers moi. Lorsqu'il s'est éloigné, j'ai vu le visage de Diane s'assombrir et son regard devenir triste et déçu. J'ai dit: « Oh, je suis désolée. Je ne savais pas que tu voulais que Puppy reste avec toi. Si tu veux qu'il revienne, tu n'as qu'à lui dire: *Viens, Puppy.* »

Les parents de Diane m'ont regardée fixement, d'un air sceptique. Pendant quelques secondes de tension, Diane se demandait quoi faire, sa lèvre inférieure tremblait. Puis, d'une voix douce, elle a appelé: « Puppy, viens; s'il te plaît viens, Puppy. »

Le regard des parents s'est dirigé vers leur fille, et ils en sont restés bouche bée. J'ai signalé à Puppy d'y aller et il s'est retourné pour courir vers Diane, qui a sauté de sa chaise pour enlacer fermement le cou de Puppy. Nous avons regardé Diane et Puppy se serrer l'un contre l'autre avec bonheur. Les parents de Diane pleuraient de joie.

Je savais qu'il fallait saisir le moment et j'ai envoyé les parents de Diane attendre dans mon bureau. Assise par terre, à côté de Diane et de Puppy, j'ai parlé à la fillette. Je lui ai dit que je savais à quel point il lui était difficile de parler aux étrangers et comment nous étions fiers d'elle, car elle avait été assez brave pour appeler Puppy. J'espérais que le miracle se poursuivrait et je lui ai demandé ce qu'elle aimait chez Puppy. Elle a hésité un peu avant de répondre: « Il est doux. Il est drôle. » Pendant que nous parlions, Puppy était appuyé contre Diane et les doigts de la petite fille caressaient la robe de Puppy.

Le temps était venu de mettre fin à la séance. J'ai demandé à Diane de dire au revoir à Puppy. Elle a de nouveau pris le chien dans ses bras et elle a prononcé: « Au revoir ». Sa voix était faible, mais elle était claire. Elle avait fait un énorme progrès dans sa capacité d'interagir avec le monde à l'extérieur de son foyer. J'étais très contente.

Après le départ de Diane et de ses parents, assise dans mon bureau, j'ai flatté la douce tête blonde de Puppy. Je savais que sans lui la séance aurait pris une tout autre tournure. Une nouvelle fois, la magie de Puppy avait opéré.

Aubrey Fine, Ed. D.

Un ange déguisé en chien d'assistance

Il m'a dit mille fois que je suis sa raison d'être par sa façon de s'appuyer sur ma jambe et d'agiter sa queue au moindre sourire de ma part.

Gene Hill

Avec le début de ma vie en fauteuil roulant vint la fin d'un très long mariage.

En 1989, j'ai été victime d'un grave accident de camion qui m'a détruit le bas du dos. Même si j'étais considéré paraplégique partiel, la condition de mon dos s'est détériorée progressivement avec les années. À la fin de 1999, mon médecin m'a ordonné d'utiliser un fauteuil roulant en tout temps. Ma femme m'a quitté.

Soudain laissé à moi-même, j'ai décidé de déménager en Californie où le climat est plus chaud, où il y a plus de choses à faire et, surtout, où les lieux sont plus accessibles aux handicapés que dans mon coin de campagne. Malgré cela, s'adapter à la vie en fauteuil roulant, seul dans un nouvel environnement, n'a pas été facile. Six mois après mon arrivée en Californie, mon médecin a jugé qu'un chien d'assistance serait d'une grande utilité pour moi et il m'a mis en contact avec *Canine Companions for Independence* (CCI). J'ai entrepris le processus d'inscription, mais, lorsque j'ai été enfin accepté, on m'a informé que je devrais attendre près de cinq ans. Déçu mais déterminé à organiser ma vie, j'ai continué à me débrouiller tant bien que mal chaque jour. Parfois, j'étais tellement fatigué que je devais m'arrêter quelque part, à bout de ressources, jusqu'à ce que mon énergie revienne et que je puisse continuer.

Donc, j'ai été surpris quand trois ans et demi plus tard, j'ai reçu l'appel de CCI. Il y avait eu une annulation pour le cours qui débutait dans deux semaines — pourrais-je me libérer, malgré un délai de dernière minute, pour y assister? Sans hésiter, j'ai répondu « Oui! » J'étais vraiment ému. J'avais mis tous mes espoirs dans ce projet, et voilà qu'il se présentait presque trop rapidement.

Dès le lendemain, je me suis présenté au campus du CCI comme on me l'avait demandé, juste pour s'assurer qu'ils avaient un candidat compatible avec moi. Cette séance préliminaire devait servir à évaluer mes capacités de maîtriser le chien et pour voir si l'un des trois partenaires canins éventuels me convenait. On m'a amené dans une salle où il y avait plusieurs chiens et j'ai été étonné quand un gros chat noir et blanc très obèse s'est frayé un chemin calmement entre les chiens vers mon fauteuil roulant et a décidé que mes genoux étaient l'endroit idéal pour se reposer.

Un entraîneur m'a présenté le premier chien, une petite chienne labrador noire du nom de Satine. Nous n'avions qu'une minute pour faire connaissance avant de commencer la formation avec des commandements de base comme « au pied! » pour voir sa réaction. Malgré le chat qui accaparait mes genoux, Satine a très bien réagi à tout.

Ensuite, un chien beaucoup plus gros, un labrador noir croisé du nom de Hawk a remplacé Satine — et le chat a quitté mes genoux précipitamment. Pourtant, Hawk ne l'a pas pourchassé. En fait, il a tout ignoré pour se concentrer sur moi. Même si sa forte personnalité a fait qu'il a résisté à mes commandements au début, j'ai persisté et bientôt Hawk s'est mis à mon service; il a ouvert les portes, ramassé les objets échappés et fait plusieurs autres choses. J'ai été stupéfait de sa seule présence, sans parler de ses talents et de son obéissance.

Le troisième candidat canin était une femelle golden retriever pleine de vitalité qui s'appelait Tolarie. Elle était belle et intelligente, mais peu importe mes efforts, elle n'a pas voulu travailler pour moi.

Quand on m'a demandé lequel des trois chiens je voudrais, j'ai répondu que mon premier choix était Satine, la plus facile, mais en réalité je voulais Hawk. J'étais en amour total avec ce chien depuis que je l'avais vu!

Le lendemain, le CCI m'a appelé pour m'annoncer que les entraîneurs avaient été impressionnés par mon habileté à manier Hawk et qu'ils espéraient me jumeler à lui. Quelle joie! Je les ai remerciés avec effusion et j'ai entrepris les démarches pour participer au cours de formation de deux semaines au campus du CCI à Oceanside, en Californie.

Je suis arrivé tôt et j'ai consacré la première journée à remplir des formulaires et à faire la connaissance des trois entraîneurs et des cinq autres personnes qui suivaient le cours avec moi. En entrant dans la classe, j'ai immédiatement trouvé Hawk. Il s'est avancé vers la porte de sa cage et a léché mes doigts comme pour dire: « Bonjour, je me souviens de toi. » Je pouvais entendre sa queue battre d'impatience.

Enfin est venu le moment que nous attendions tous: le travail avec les chiens. Les entraîneurs m'ont amené Hawk et nous avons consacré les premières minutes à un joyeux échange de salutations.

Les quatre jours suivants ont été très énervants. Les jumelages n'auraient lieu que le vendredi, après que chacun de nous aura travaillé avec assez de chiens différents pour permettre aux entraîneurs de former les paires idéales. Dès la deuxième journée, la plupart d'entre nous avaient choisi leur favori et ressentaient de la jalousie si « leur » chien travaillait avec une autre personne. Le vendredi, on m'a jumelé à Hawk, mais ce jumelage n'était pas encore définitif. Les entraîneurs devaient s'assurer que les chiens s'étaient attachés à nous, que nous étions à l'aise l'un avec l'autre et que nous pouvions bien travailler ensemble. À ce moment-là, je ne pouvais déjà pas imaginer avoir un autre chien que Hawk — surtout après ce qui s'était passé lors de notre première nuit ensemble.

Depuis mon accident, j'avais toujours eu beaucoup de difficulté à dormir. Chaque fois que je bougeais, la douleur me réveillait et il m'était presque impossible de me rendormir. Dans mon cas, une bonne nuit de sommeil durait trois heures. La première nuit que j'ai passée avec Hawk, je devais le mettre dans sa cage pour la nuit. Mais, pendant que Hawk et moi étions étendus sur le lit à regarder la télévision ensemble, je me suis endormi. Je me suis réveillé à cinq heures le lendemain matin, et Hawk était toujours là. Il s'était allongé près de mon corps, ce qui me donnait une position confortable, m'évitant ainsi des mouvements douloureux. J'avais dormi une nuit entière!

J'étais stupéfait. Plein d'énergie et de perspicacité après une bonne nuit de sommeil, j'ai compris que Hawk avait posé d'autres gestes similaires toute la semaine que j'avais simplement attribués à sa formation. Il s'était attaché à moi dès le premier jour et, très rapidement, il avait saisi mes capacités et mes limites et s'était ajusté à elles pour rendre tout le processus de la formation plus facile pour moi. Chaque fois que la douleur était intolérable, il avait fait une pitrerie ou une finesse pour me faire oublier la douleur et m'aider à traverser ma journée. Il avait fait cela sans qu'on le lui ait ordonné — simplement par amour pour moi et par désir de me plaire et de rendre ma vie plus facile.

Hawk et moi avons réussi notre examen final avec grande distinction. Nous sommes rentrés à la maison et avons entrepris une nouvelle vie, très différente — ensemble.

Aujourd'hui, quand je sors en public, les gens ne me fuient plus et ne me regardent plus bizarrement. Quand les gens entendent tinter le collier de Hawk et qu'ils voient cette équipe se déplacer, ils sourient et viennent nous voir. Hawk me rend de grands services : il tire mon fauteuil roulant quand je suis fatigué, il ouvre les portes et ramasse les objets que j'échappe. Les gens adorent voir mon superbe gros chien noir s'appuyer sur un comptoir et tendre mon argent ou ma carte de crédit au commis. Tout un spectacle !

Les « honoraires » de Hawk pour tous ces services ? Un simple « Bon chien ». Il adore entendre ces mots, car il sait qu'il a fait quelque chose pour me rendre heureux.

Ses autres récompenses arrivent quand nous rentrons à la maison. Nous adorons tous deux nous rouler par terre en soirée avant une partie de balle de tennis. Je suis encore ébahi de voir que Hawk, qui peut saisir une bouteille pleine d'eau sans laisser une seule marque de dent, peut faire éclater une balle de tennis en un instant.

Je n'avais jamais imaginé que ma vie serait si belle de nouveau. Chaque jour, j'ai hâte de me lever après une bonne nuit de sommeil, de faire la toilette de Hawk, d'aller quelque part où je ne suis jamais allé et de participer à la vie autour de moi, puis de rentrer à la maison pour jouer et me détendre pendant la soirée.

Grâce à ce merveilleux chien et aux gens qui ont travaillé si fort pour l'élever et l'entraîner, ma vie a été transformée. Hawk, mon ange déguisé en chien d'assistance, me prête ses ailes.

David Ball

6

Ces chiens qui enseignent

Je crois que les chiens sont des créatures étonnantes. Ils donnent de l'amour inconditionnel. À mon avis, ils sont les modèles vivants par excellence.

Gilda Radner

De bons instincts

Si votre chien n'aime pas une personne,
vous ne devriez pas l'aimer non plus.

Anonyme

Le vent sifflait autour de la maison, le tonnerre grondait et la pluie battait contre les fenêtres — ce n'était pas une nuit pour être dehors mais plutôt pour rester assis près du feu, protégé par des murs et un toit solides. J'imaginais la créature du Dr Frankenstein dehors par un temps pareil. J'étais seule, mon mari était en voyage et le premier voisin se trouvait à plusieurs centaines de mètres. J'étais seule, enfin avec Lassie, un border collie noir et blanc à longs poils hirsutes, la tête sur mes genoux et ses yeux bruns intelligents qui me regardaient et semblaient me dire: « T'en fais pas, tout ira bien. »

Lassie s'était trouvée à notre porte quatre ans plus tôt, suivant sa volonté et non la nôtre. Pendant les dix-huit années qu'elle a vécu avec nous, elle nous a souvent prouvé qu'elle savait superbement juger les gens. Nous n'avons jamais déterminé si c'était à cause de son odorat ou de son ouïe, ou d'un sixième sens, mais quoi qu'il en soit, elle avait un talent que les humains n'ont pas. Dès le premier contact, elle agitait le bout de la queue à quelques reprises pour nous dire que le visiteur était digne de confiance, ou elle retroussait légèrement sa lèvre supérieure pour nous prévenir de nous méfier. Elle avait toujours raison, et son don ne s'est jamais si clairement manifesté que ce soir-là.

On a sonné à la porte. J'ai décidé de ne pas répondre. On a encore sonné, avec plus d'insistance cette fois. La personne à la porte refusait de partir. Pourtant, j'hésitais toujours. À la quatrième sonnerie, avec Lassie à mes côtés, j'ai décidé d'ouvrir. Mon estomac s'est noué et ma bouche s'est asséchée, car là, sa silhouette découpée par la lumière de la véranda, se tenait le monstre lui-même. Moins imposant que je l'avais imaginé, mais tout aussi menaçant. Un corps tordu sous un lourd imperméable, une épaule plus haute que l'autre et la tête qui penchait légèrement d'un côté vers l'avant. Des doigts noueux au bout d'un bras atrophié touchaient sa casquette.

« Puis-je utiliser votre téléphone? » La voix provenait du fond de sa gorge et même si la question était formulée poliment, elle était rude.

J'ai reculé pendant qu'il fouillait dans sa poche pour trouver un bout de papier. Il s'est avancé et me l'a tendu. J'ai refusé de le prendre. Craignant qu'il ne tente d'entrer de force, j'ai regardé Lassie pour voir si elle était prête à défendre son foyer. À mon grand étonnement, elle était assise à mes côtés, agitant le bout de la queue.

Lassie, tu te trompes, ai-je pensé. Mais son signal était clair et, me fiant à l'expérience passée, j'ai fait confiance à son instinct.

À contrecœur, j'ai fait entrer l'étranger et je lui ai indiqué le téléphone. Il m'a remerciée tout en prenant l'appareil. Sans honte, je suis restée là pour écouter la conversation. Selon ses propos, j'ai appris que sa camionnette était en panne et qu'il avait besoin d'un mécanicien. Lassie ne lâchait pas d'une semelle les gens dont elle se méfiait tant qu'ils n'avaient pas quitté la maison. Ce soir-là, elle a ignoré notre visiteur. Elle est plutôt retournée dans la salle familiale pour se coucher en boule près du feu.

Après son appel téléphonique, l'homme a relevé son collet et se préparait à partir. En se retournant pour me remercier, j'ai pu voir ses épaules inégales s'affaisser et une touche de sympathie s'est mêlée à ma peur.

« Prendriez-vous une tasse de thé? » Les mots se sont échappés avant que je puisse les retenir.

Ses yeux se sont éclairés. « J'aimerais bien, merci. »

Nous sommes allés vers la cuisine. Il s'est assis pendant que je mettais l'eau à bouillir. Penché sur le tabouret, il avait l'air moins menaçant, mais je gardais quand même un œil sur lui. Quand le thé a été servi, je me suis sentie assez brave pour m'asseoir à mon tour. En silence, chacun de notre côté de la table, nous avons siroté notre thé fumant.

« Vous êtes de quel endroit? » ai-je fini par demander pour faire la conversation.

« Birmingham », a-t-il répondu. Après une pause, il a ajouté: « Désolé de vous avoir effrayée, mais vous n'avez pas à vous inquiéter. Je sais que j'ai l'air étrange, mais il y a une raison. »

Je n'ai rien ajouté et nous avons continué de siroter en silence. J'ai pensé qu'il parlerait lorsqu'il serait prêt, et c'est ce qu'il a fait.

« Je n'ai pas toujours été ainsi », a-t-il repris. J'ai senti plutôt qu'entendu l'émotion dans sa voix. « Il y a plusieurs années, j'ai été victime de la polio. »

Ne sachant pas quoi répondre, j'ai fait: « Oh ».

« J'ai été alité pendant plusieurs mois. Quand j'ai pu marcher à nouveau, je n'ai pu me trouver de travail. Mon corps handicapé rebutait les gens. J'ai fini par dénicher un emploi de livreur et, comme vous l'avez appris lors de mon appel, ma camionnette est tombée en panne devant chez vous. » Il a souri de son visage tordu. « Je devrais vraiment y aller pour ne pas manquer le mécanicien. »

« Écoutez, ai-je dit. Par un temps pareil, vous ne devriez pas rester dehors. Pourquoi ne laissez-vous pas une note dans votre camionnette à l'intention du mécanicien pour l'informer où vous êtes. »

Il a souri de nouveau. « Je vais le faire. »

Quand il est revenu, nous avons pris place près du feu dans la salle familiale. « Vous savez, si ce n'avait été de Lassie, je ne vous aurais pas laissé entrer. »

« Oh, a-t-il dit en se penchant pour lui gratter la tête, et pourquoi? »

Je lui ai expliqué son rare talent pour juger les gens et j'ai ajouté: « Elle vous a senti pour ce que vous êtes vraiment, alors que je n'ai vu que votre apparence extérieure. »

« Quelle chance pour moi qu'elle ait été là », a-t-il répondu en riant.

Deux heures et plusieurs tasses de thé plus tard, on a sonné de nouveau à la porte. Un homme en bleus de travail sous un imperméable à capuchon a dit que le véhicule avait été réparé.

L'homme m'a remerciée chaleureusement et il est sorti dans la nuit. Quelques minutes plus tard, les feux de sa camionnette ont disparu au loin. Je ne m'attendais certes pas à le revoir.

Pourtant, la veille de Noël, on a sonné à la porte et j'ai ouvert à l'étranger de la soirée de tempête. « Pour vous, a-t-il dit en me tendant une grosse boîte de chocolats. Pour votre bonté. » Puis, il m'a donné un sac de friandises pour chiens en ajoutant: « Ceux-ci sont pour Lassie, mon amie à l'instinct infaillible. Joyeux Noël à vous deux. »

Chaque veille de Noël, jusqu'à notre déménagement cinq ans plus tard, il est venu avec sa boîte de chocolats et ses friandises pour chiens. Et chaque année, il a reçu le même accueil chaleureux de notre sage Lassie.

Gillian Westhead
tel que raconté à Bill Westhead

« Il serait peut-être bon pour le moral de Skippy que vous lui disiez qu'il a besoin de s'améliorer plutôt que de le traiter de "Méchant chien". »

Le jour du Jugement dernier

Le jour du Jugement dernier, saint Pierre
Tient une liste des vertus à la main.
Pendant que les âmes, en silence, attendent
Pour savoir qui entrera au Paradis,
Il déclare: « Vous serez les premiers
Si vous pouvez jurer en votre âme et conscience
Que vous avez toujours été fidèle,
Et que vous avez été jusqu'à la fin
Un ami solide, loyal et dévoué.
Que vous n'avez jamais été malveillant,
Jamais été cruel.
Que vous êtes demeuré le même
Pendant les bons et les mauvais jours,
Ne souhaitant qu'une chose:
Pouvoir aimer pour l'éternité. »
Voilà la raison pour laquelle,
Quand la main de saint Pierre
Ouvre les portes célestes,
Tous les chiens,
La queue battante et les yeux clairs,
Entrent au Paradis.

Millicent Bobleter

Le tas de terre

Lorsque j'étais en première année, je terminais toujours mes prières chaque soir en suppliant Dieu de m'envoyer un chien. Mes parents, qui étaient agenouillés près de moi, n'avaient pas été sans remarquer cette prière. Deux semaines avant mon septième anniversaire, en mai, ils m'ont dit qu'ils voulaient aller chercher de la terre pour notre cour arrière. Je n'ai pas réalisé qu'il se passait quelque chose jusqu'à ce que papa stationne la voiture devant une maison style ranch dans une banlieue voisine.

« Je ne crois pas qu'il y ait de la terre ici », ai-je dit, en regardant les alentours.

Pendant que mes parents échangeaient des coups d'œil nerveux et qu'ils chuchotaient entre eux, une femme, Martha, nous a fait entrer dans la maison.

« Je parie que tu es une très bonne élève », a dit Martha. Je ne savais pas quoi répondre. J'étais tout, sauf une bonne élève. J'avais beau faire tout mon possible à l'école, j'allais échouer la première année.

En voyant mon malaise, Martha a demandé: « Eh bien, j'imagine que tu veux voir la “terre”, non? »

« Oui », ai-je répondu, pressée de ne plus entendre parler de l'école.

Martha a placé une grande boîte au milieu du salon. Je me suis approchée tout près et j'ai regardé à l'intérieur. Six chiots teckels noirs labouraient l'intérieur de la boîte avec leurs griffes, chacun demandant mon attention. Au fond de la boîte, un avorton dormait. J'ai passé mes doigts sur une touffe de poils qui se dressait au milieu de son dos.

Martha a dit: « Celui-là ne sera jamais un chien d'exposition. »

Il ne m'importait pas du tout que cette petite femelle devienne un chien d'exposition. Ses yeux bruns me regardaient avec tant d'espoir. Lorsque je l'ai prise, elle s'est blottie contre mon cœur. Elle est restée là tout au long du trajet vers la maison. Je l'ai appelée Gretchen.

Alors qu'elle grandissait, Gretchen adorait gruger des os, les enterrer dans la cour et chasser les écureuils qui osaient toucher à ses montagnes d'enfouissement d'os. Observer la détermination et la persévérance de Gretchen à protéger ses os a été une expérience d'apprentissage pour moi. J'ai constaté que, parce qu'elle n'a jamais cessé de se battre contre les écureuils, ils l'ont finalement laissée tranquille.

Aussi farouche et intraitable qu'elle était avec les écureuils, elle aimait les enfants, particulièrement mes amis du voisinage. Si je faisais des pâtés de sable avec Sally, Gretchen était avec nous. Si Markie et Joanie voulaient marcher jusqu'à la pharmacie du coin, Gretchen nous suppliait de lui mettre sa laisse. Si les enfants organisaient un jeu, Gretchen en faisait partie. Si Gretchen se glissait hors de la clôture, tous les enfants des alentours se mettaient ensemble pour la rattraper. Pour nous, elle n'était pas un chien, elle était une compagne de jeu — une amie.

Gretchen était la seule amie avec qui je partageais mes problèmes d'apprentissage. Pendant qu'elle était assise sous l'établi de papa, je lui racontais mes échecs à l'école, je lui confiais à quel point je me sentais nulle parce que je ne pouvais pas lire, et comment les autres enfants riaient de moi. Je croyais que Gretchen comprenait mes problèmes, car ayant été l'avorton de la portée, elle avait dû se battre dès sa naissance. Plus nous nous blottissions dans notre petit espace secret, plus j'en venais à croire que les choses n'étaient peut-être pas aussi graves qu'elles le paraissaient. Il y avait peut-être de l'espoir pour moi. Elle semblait comprendre à quel point j'avais besoin d'elle. Et j'ai eu vraiment besoin d'elle l'été avant ma deuxième année.

Je voulais devenir intelligente et j'ai pensé que la meilleure façon de le faire, c'était de lire tous les jours.

« Quel livre? » lui demandais-je alors qu'elle sautait sur mon lit.

Gretchen, qui se servait de son museau pour bouger *tout* ce que je mettais sur le lit, poussait vers moi un des livres qui était sur le couvre-lit, et je le lisais à voix haute. J'avais beaucoup de difficulté à lire, mais Gretchen était patiente. Parfois, elle soupirait lorsque je trébuchais sur les mots. Et dès que je parvenais à réussir un passage difficile, elle venait se nicher tout contre moi et posait son museau contre mon cœur. Je me sentais réconfortée de l'avoir près de moi pendant que je lisais. Ma peur d'être nulle disparaissait lorsqu'elle était à mes côtés.

L'été a passé — livre après livre — jusqu'à ce que le moment soit venu d'aller faire les achats de vêtements pour l'école. Comme c'était une journée très chaude, maman a pensé qu'il valait mieux que Gretchen reste à la maison. Gretchen s'est lamentée d'être laissée derrière. Elle détestait lorsque j'allais quelque part et qu'elle ne pouvait pas m'accompagner. J'avais beau lui expliquer que les chiens ne peuvent pas aller faire les courses, il n'y avait rien à faire, elle gémissait. Je me suis retournée juste à temps pour voir sa tête apparaître dans la fenêtre avant que nous partions, mais lorsque nous sommes revenues, je n'ai pas entendu ses pattes cliqueter sur le plancher de bois pour m'accueillir.

Ma mère a remarqué que la porte du placard était ouverte.

« Oh, non », s'est-elle écriée en inspectant de plus près. Sur le sol, nous avons trouvé des contenants de poison mâchouillés que Gretchen avait déterrés d'un coin en retrait du placard. Nous avons trouvé Gretchen derrière le canapé du salon. Sa queue battait faiblement pendant que je m'approchais. Nous l'avons amenée en vitesse chez le vétérinaire.

« Gretchen est très malade. Le vétérinaire prétend qu'elle ne répond pas au traitement », a dit maman pendant le souper.

« Elle va guérir », ai-je répondu avec détermination.

« Il vaut mieux que nous nous préparions au pire », a ajouté mon père.

« Non, ai-je crié, elle va guérir, elle va revenir à la maison. »

Je pensais que Gretchen devait être bien seule. *Elle doit penser que je ne l'aime plus, qu'elle ne me reverra plus jamais.* Gretchen avait toujours été là pour me réconforter lorsque j'étais triste et blessée.

« Je voudrais aller la voir, ai-je demandé à mes parents. Si elle pouvait me voir, je sais qu'elle irait mieux. »

« Réveille-toi, Gretchen », ai-je dit après avoir suivi le vétérinaire dans une salle à l'arrière de son bureau. En entendant ma voix, sa queue a frappé le fond de la cage, encore une fois faiblement. Le vétérinaire ne pouvait pas le croire lorsque Gretchen s'est levée dans sa cage et a gémi pour que j'ouvre la porte et que je la prenne. Elle s'est rétablie très rapidement et est revenue à la maison.

Gretchen et moi avons continué à lire ensemble pendant toute l'année qui a suivi. Ma lecture s'améliorait vraiment, mais la troisième année a été le moment décisif de ma vie. Cette année-là, je suis devenue la meilleure lectrice de ma classe. Mon professeur de troisième année avait compris que j'étais une élève intelligente qui avait un problème d'apprentissage. Elle racontait des histoires à propos de personnes comme moi qui, avec beaucoup d'efforts, ont réussi à apprendre malgré les obstacles.

Même si j'ai apprécié tout ce que mon professeur et mes parents ont fait pour moi, j'ai le sentiment que je dois tellement à ce petit « tas de terre » que mes parents m'ont offert pour mon septième anniversaire de naissance. La persévérance et la détermination ne sont qu'une partie de l'histoire. L'avorton qui ne serait jamais un chien d'exposition m'a enseigné que l'amour est un terreau qui guérit et nourrit, et dans lequel un esprit blessé peut se régénérer.

Paula Gramlich

Le dernier chiot

Il n'y a qu'un seul chien qui soit le plus intelligent au monde, et chaque petit garçon le possède.

Louis Sabin

Ce fut une très longue nuit. Notre cocker-spaniel noir, Precious, avait un accouchement difficile. J'étais couché sur le sol à côté de sa grande cage de un mètre carré, et je surveillais chacun de ses mouvements. Je la surveillais et j'attendais, au cas où j'aurais à l'amener précipitamment chez le vétérinaire.

Au bout de six heures, les chiots ont commencé à apparaître. Le premier-né était noir et blanc. Le deuxième et le troisième étaient beige et brun. Le quatrième et le cinquième étaient tachetés noir et blanc. *Un, deux, trois, quatre, cinq,* ai-je compté en moi-même tout en marchant dans le corridor pour réveiller ma femme, Judy, et lui annoncer que tout allait bien.

Lorsque nous sommes retournés dans la chambre libre, j'ai remarqué qu'un sixième chiot était né et qu'il était couché tout seul sur le côté de la cage. J'ai pris le petit chiot et je l'ai placé sur le dessus de la pile de chiots, qui gémissaient et essayaient de téter leur mère. Precious a immédiatement repoussé le petit loin des autres. Elle refusait de le reconnaître comme un membre de sa famille.

« Quelque chose ne va pas », a dit Judy.

J'ai tendu la main et j'ai pris le chiot. J'ai eu le cœur brisé en voyant que le chiot avait un bec-de-lièvre et qu'il ne pouvait pas fermer sa minuscule gueule. J'ai immédiatement décidé que, si on pouvait sauver cet animal de quelque façon, j'allais faire tout mon possible.

J'ai amené le chiot chez le vétérinaire et il m'a informé que rien ne pouvait être fait à moins de vouloir dépenser environ mille dollars pour essayer de corriger la malformation. Il nous a dit que le chiot mourrait principalement parce qu'il ne pouvait pas téter.

En retournant à la maison, Judy et moi avons décidé que nous ne pouvions pas nous permettre de dépenser cet argent sans avoir d'abord l'assurance de la part du vétérinaire que le chiot avait une chance de s'en tirer. Par contre, cela ne m'a pas empêché d'acheter une seringue et de nourrir le chiot à la main — ce que j'ai fait jour et nuit, toutes les deux heures, pendant plus de dix jours. Le petit chiot a survécu et, en fin de compte, il a appris à manger par lui-même, pourvu que c'était de la nourriture molle en conserve.

Cinq semaines après la naissance des chiots, j'ai placé une annonce dans le journal et, en moins d'une semaine, il y eut des personnes intéressées à tous les chiots — sauf à celui qui avait une malformation.

Tard un après-midi, je suis allé à l'épicerie pour acheter des victuailles. En rentrant, j'ai rencontré par hasard la vieille enseignante à la retraite qui vivait de l'autre côté de la rue. Elle avait lu dans le journal que nous avions des chiots et se demandait si elle pouvait en avoir un pour son petit-fils et sa famille. Je lui ai répondu que tous les chiots avaient été adoptés, mais que je surveillerais pour savoir si quelqu'un d'autre avait un cocker disponible. Je l'ai aussi assurée que, si quelqu'un changeait d'idée, je lui en ferais part.

En moins de quelques jours, tous les chiots sauf un étaient partis avec leur nouvelle famille. Il ne nous restait qu'un cocker brun et beige, de même que le petit chiot avec le bec-de-lièvre.

Deux jours ont passé sans que l'homme à qui l'on avait promis le chiot brun et beige se manifeste. J'ai téléphoné à l'enseignante et je lui ai dit qu'il nous restait un chiot et qu'elle pouvait venir le voir. Elle m'a avisé qu'elle irait chercher son petit-fils et qu'elle viendrait vers vingt heures le soir même.

Ce soir-là, vers 19h30, Judy et moi prenions notre repas lorsque nous avons entendu frapper à la porte avant. Lorsque j'ai ouvert, l'homme qui voulait le chiot beige et brun se tenait là. Nous sommes entrés, avons réglé les détails de l'adoption et je lui ai remis le chiot. Judy et moi ne savions pas ce que nous ferions ou dirions lorsque l'enseignante se présenterait avec son petit-fils.

À vingt heures exactement, nous avons entendu sonner. J'ai ouvert la porte à la dame et à son petit-fils qui se tenait derrière elle. Je lui ai expliqué que l'homme était venu chercher le petit chien et qu'il n'en restait plus.

« Je suis désolée, Jeffery. Ils ont trouvé une maison pour tous les chiots », a-t-elle dit à son petit-fils.

Au même moment, le petit chiot qui restait dans la chambre s'est mis à glapir.

« Mon chien! Mon chien! » a crié le petit garçon en se précipitant de derrière sa grand-maman.

Je suis quasiment tombé à la renverse en voyant que le petit garçon avait lui aussi un bec-de-lièvre. Le garçon a couru devant moi aussi vite qu'il a pu, dans le corridor, guidé par les cris du chiot.

Lorsque nous nous sommes retrouvés tous les trois dans la chambre, le petit garçon tenait le chiot dans ses bras. Il a regardé sa grand-mère et il a dit: « Regarde, grand-maman. Ils ont trouvé une maison pour tous les chiots sauf ce beau petit, et il est pareil à moi. »

J'en suis resté bouche bée.

L'enseignante s'est tournée vers nous: « Est-ce que ce chiot est disponible? »

Me ressaisissant rapidement, j'ai répondu: « Oui, ce chiot est disponible. »

Le petit garçon, qui serrait le chiot dans ses bras, a ajouté: « Ma grand-maman m'a dit que ces chiots coûtent très cher et qu'il faut que j'en prenne bien soin. »

La dame a ouvert son sac, mais j'ai repoussé sa main afin qu'elle ne sorte pas son porte-monnaie.

« Combien crois-tu que vaut ce chiot? ai-je demandé au garçon. Environ un dollar? »

« Non, a répliqué le garçon. Ce chiot vaut très, très cher. »

« Plus qu'un dollar? » ai-je ajouté.

« J'en ai bien peur », a dit sa grand-mère.

Le petit garçon restait là, pressant le petit chien contre sa joue.

« Nous ne pourrions certainement pas accepter moins que deux dollars pour ce petit chien, a repris Judy en serrant ma main. Comme tu l'as dit, c'est le plus beau. »

L'enseignante a sorti deux dollars et l'a donné au petit garçon.

« C'est ton chien maintenant, Jeffery. Donne l'argent au monsieur. »

Tenant toujours fermement le chien, le garçon m'a fièrement tendu l'argent. Toute inquiétude que j'entretenais concernant l'avenir de ce chiot avait disparu.

Même si cela s'est produit il y a plusieurs années, l'image du petit garçon et de son chiot assorti à lui me reste encore en mémoire. Je crois que cela doit être merveilleux pour une jeune personne de se regarder dans le miroir et de ne voir rien d'autre que « le plus joli ».

Roger Dean Kiser

7

Adieu, mon amour

Un bon chien ne meurt jamais,
il est toujours là; il marche à nos côtés
lors des frais jours d'automne,
quand les champs sont couverts de givre
et que l'hiver approche, sa tête dans
notre main, comme il l'a toujours fait.

Mary Carolyn Davies

Le genou droit de papa

Nous étions tous venus de loin pour être auprès de maman qui, le cœur déchiré, veillait au chevet de mon père. Il avait subi plusieurs attaques successives le jour de l'Action de grâce, avait traîné jusqu'aux fêtes et perdait son lien ténu avec la vie à l'aube du Nouvel An. Notre douleur avait été ponctuée de transferts d'un lit aux soins intensifs à un séjour négocié dans l'aile des soins de longue durée, jusqu'à une inexorable descente finale, devant nous résoudre froidement et cruellement à un déménagement dans un centre de soins palliatifs. Le corps solide de papa était devenu d'une maigreur squelettique; il ne parlait plus et ne bougeait plus, comme si son essence s'était évaporée. L'attaque destructrice qui avait détruit son cerveau l'avait laissé inerte.

Il y avait toujours eu un chien dans le cœur et dans la maison de mes parents; celui de cette époque-là était un vieux retriever blond qui s'appelait Randy. Nous avions l'habitude de l'appeler le « genou droit de papa » et de nous émerveiller de la précision et de la discipline militaire de ces deux mâles impressionnants quand ils marchaient d'un pas ferme dans le quartier. Papa marchait toujours en ne portant qu'un seul gant; Randy tenait fièrement l'autre pour lui. Après la promenade, papa tendait la main et Randy lui remettait le gant et obtenait sa récompense, une caresse sur sa tête blonde. Son immense queue touffue se balançait élégamment pendant que ses yeux irradiaient l'amour.

Le panier de jouets de Randy, de la grosseur d'un panier à lavage, était tout près du fauteuil de mon père et, chaque soir, Randy prenait avec amour chaque trésor dans sa gueule et les offrait l'un après l'autre à mon père pour qu'il les admire. À l'heure du coucher, les jouets tout comme les genoux de mon père étaient trempés de salive.

Papa appelait cela des diamants liquides, et proclamait en riant que Randy lui avait encore donné des bijoux.

Lorsque Randy a commencé à souffrir d'arthrite et qu'il ne pouvait plus grimper dans la fourgonnette pour des sorties en ville, papa lui a construit une rampe avec du tapis de la même couleur que l'intérieur de la fourgonnette. Il a installé un lit à l'arrière avec un bol d'eau intégré et ils ont continué leurs virées. Il y avait de l'eau particulière pour Randy dans le réfrigérateur prête pour ces voyages. Papa appelait cela « l'eau de l'auto ». Malheur à la personne qui essayait par mégarde de boire l'eau de Randy; elle était rapidement remise à sa place par les plaintes vigoureuses de Randy et de papa.

Après l'attaque de papa, nous nous sommes relayés pour nous asseoir dans son fauteuil, en essayant d'intéresser Randy à ses jouets. Il ne faisait que nous fixer, demandant en silence où était papa. C'était un chien qui avait toujours eu un intérêt avide pour toute nourriture, mais ses formes rondes fondaient et il était devenu mince en attendant le retour de papa. Ses poils couleur feu tapissaient le sol et ses yeux s'éteignaient. Inconsolable et stoïque dans la douleur, il se préparait à mourir devant nos yeux. Nous lui promettions sans cesse qu'il pourrait aller voir papa et il nous regardait, l'air de dire: « Quand? » Papa lui manquait de toutes les fibres de son être.

Puisqu'on permettait les visites d'animaux à l'hospice, nous étions fermement décidés à ce que papa et son genou droit se retrouvent. Le jour où papa a été déménagé au centre de soins palliatifs, nous avons amadoué un Randy réticent pour qu'il s'éloigne du fauteuil vide qu'il gardait et nous l'avons embarqué dans la fourgonnette de mes parents pour le voyage à l'autre bout de la ville. Randy voulait absolument transporter le gant de papa dans sa gueule. Après avoir vérifié si papa était dans la fourgonnette, il s'est affaissé à l'arrière en gémissant doucement. Même si je ne cessais de lui répéter que nous allions voir papa, il est resté couché et n'a même pas jeté un coup d'œil à l'eau dans la voiture.

Lorsque nous sommes arrivés au centre, le lit du chien dans la fourgonnette était couvert de poils tombés dû au chagrin. Il m'a fallu user de beaucoup de persuasion pour que Randy quitte à regret le véhicule qui avait l'odeur de son maître bien-aimé, la lotion après rasage Old Spice, pour trouver l'odeur de la maladie à l'entrée du centre. Il était évident qu'il savait qu'il était dans la salle d'attente de la mort. Tirant de l'arrière, il s'est traîné dans le corridor, la tête tombante et la queue basse qui ressemblait maintenant à un plumeau.

Lorsque j'ai tourné le coin vers le corridor central, la laisse s'est immobilisée derrière moi. Puis, une traînée dorée gémissante avec le nez en l'air a commencé à me tirer rapidement dans le corridor. Randy se dirigeait vers son maître, sa queue massive ne traînant plus au sol, mais battant frénétiquement de droite à gauche. Il s'est précipité vers la porte puis dans la chambre de mon père. J'ai perdu la laisse et Randy s'est dirigé immédiatement du côté droit du lit pour reposer sa grosse tête près de la main inerte de papa. Il a laissé tomber le gant près de la main de papa et a fixé intensément la forme inanimée sur le lit. Je me suis avancée pour prendre le gant et éviter à Randy l'attente impossible d'une caresse qui ne viendrait jamais plus.

Soudain, le moniteur cardiaque de papa s'est mis à sonner l'alarme. Mes genoux m'ont lâchée et je me suis écroulée sur le sol en regardant avec étonnement les longs doigts de papa qui se sont mis à bouger pour se poser sur la tête de Randy. Randy a soupiré profondément, de nouveau heureux.

Pendant les quelques semaines suivantes, les visites quotidiennes de Randy ont retenu en vie ce qui restait de l'esprit chaleureux de papa. Chaque matin, Randy marchait allègrement dans le corridor en portant le gant de papa pour le placer tendrement sur le lit. Puis, il mettait sa tête près de la main de papa en attendant la caresse qui n'est plus jamais venue. Les infirmières ont dit que papa se reposait mieux lorsque Randy était près de lui. Le soir, Randy acceptait avec hésitation le gant que nous lui tendions, puis il retournait à la maison pour le garder jusqu'au lendemain.

À la fin, nous nous sommes réunis en cercle autour du lit de papa et nous avons lu les Prières aux malades. La foi inébranlable de maman a tenu sa douleur à distance, ne laissant place qu'à l'amour. Le dernier soupir de papa a été accompagné d'un profond gémissement sourd de Randy. La famille s'est blottie ensemble dans la peine, puis, à regret, nous nous sommes préparés à quitter la chambre pour la dernière fois. Les yeux remplis de larmes, j'ai vu Randy prendre le gant de papa et l'apporter soigneusement à l'extérieur de la chambre sans qu'on le lui demande.

Pendant que nous descendions le corridor, Randy a levé les yeux et a suivi quelque chose que lui seul pouvait voir et qui a disparu dans la lumière. Sa queue s'agitait pendant qu'il regardait, sa soyeuse tête dorée se penchant sous une caresse invisible.

Carol M. Chapman

Comme toujours

Bénie soit la personne qui s'est gagné
l'amour d'un vieux chien.

Sydney Jeanne Seward

Depuis aussi longtemps que je puisse me souvenir, Ivan m'a toujours attendue à la porte lorsque je revenais à la maison, agitant sa queue brune en guise de bienvenue. Ce soir-là, lorsque je suis rentrée après mes cours, il n'était pas à son poste habituel.

« Ivan? »

Le silence fut ma seule réponse.

Puis, ma mère est apparue de la cuisine. « Ivan ne va pas très bien, Lori. Il est en bas dans la salle familiale. Il devient vieux. »

« Vieux? Maman, il n'a que onze ou douze ans. »

« Quatorze ans, a rectifié maman. Il est avec nous depuis longtemps. »

« Quand est-il tombé malade? »

« Il n'est plus lui-même depuis assez longtemps. Il n'a pas beaucoup d'appétit, et il dort beaucoup plus qu'avant. »

« Mais c'est la première fois qu'il ne vient pas m'accueillir à la porte comme... eh bien, comme toujours. »

« Ces derniers temps, il a fait un effort chaque soir pour monter t'accueillir, car il t'aime tant. »

« Il va aller mieux, n'est-ce pas? »

Maman a évité mon regard. « Je l'ai emmené chez le vétérinaire aujourd'hui. Il lui a donné des médicaments pour qu'il soit confortable, mais on ne peut rien faire de plus. »

J'avais du mal à respirer. Un poignard m'est entré dans le cœur et l'a compressé fortement. « Tu... tu veux dire... qu'il va mourir? »

« Ma chérie, pendant que tu grandissais, il vieillissait. »

J'aurais pu pleurer, mais quand on a presque vingt ans... on se retient...

Le téléphone a sonné. « Allô. » C'était mon amie Cathy. « À quelle heure veux-tu que je passe te prendre pour le cinéma? »

« Ivan est malade. »

« Ivan? Qui est Ivan? »

« Ivan. Mon chien. »

« Oh. Tu n'en as jamais parlé, non? De toute façon, je suis désolée, mais à quelle heure veux-tu que je passe te prendre? »

« Cath, je... je crois que je ne pourrai pas y aller. Je veux rester à la maison avec Ivan. »

« Pardon? Lori, nous avons attendu des semaines pour que ce film arrive sur les écrans et maintenant, tu ne viens pas à cause d'un chien? »

« Ivan n'est pas seulement un chien, Cath. C'est mon ami, c'était autrefois mon compagnon de jeu, et — »

« Ça va, Lori, je comprends ton chagrin. » Je pouvais sentir à sa voix comme elle était contrariée. « Viens-tu, oui ou non? »

« Non. Je reste à la maison avec Ivan. »

La communication s'est coupée immédiatement. Il y a des gens qui ne comprennent vraiment pas.

En descendant l'escalier, j'ai repensé à ce que Cathy avait dit. « Qui est Ivan? » Est-ce que je n'avais jamais parlé de lui? Il n'y avait pas si longtemps, nous allions partout ensemble. Au cours des dernières années, cependant, j'avais eu d'autres intérêts. Par contre, mon amour pour lui n'avait jamais cessé, mais comment pouvait-il le savoir si je ne prenais pas le temps de le lui montrer? Ivan semblait heureux, alors je n'y avais pas tellement pensé.

La queue d'Ivan a remué faiblement quand je me suis assise à côté de son lit. Il a essayé de lever la tête, mais je me suis approchée davantage afin qu'il n'ait pas à le faire, pendant que je caressais son corps brun. « Comment va mon copain? Pas très bien, il me semble? »

Sa queue s'est agitée de nouveau, ses yeux noirs plongés dans les miens. *Où étais-tu ?* semblaient-ils dire. *Je t'attendais.*

Les larmes me sont montées aux yeux pendant que je lui caressais le dos. Qu'est-ce que maman avait dit? Que je grandissais pendant qu'Ivan vieillissait. Même si je l'ai toujours caressé en passant, je ne pouvais pas me rappeler la dernière fois où nous avons fait quelque chose ensemble.

J'ai changé de position et Ivan a essayé de se lever. « Non, non, lui ai-je murmuré. Je ne te quitte pas. Nous avons un peu de retard à rattraper. » Il s'est recouché, le nez sur ma jambe.

« Te souviens-tu, Ivan, lorsque tu étais un chiot et qu'à la fête des Mères, tu as rapporté une souris morte à la maison et tu l'as déposée aux pieds de maman? Te souviens-tu à quel point elle a crié? Tu ne lui en as jamais rapporté d'autres. » Il essayait de me regarder, mais il s'endormait.

« Te souviens-tu lorsque nous sommes tous allés en camping et tu as pourchassé ce chaton noir et blanc qui s'était avéré être une mouffette? »

Il avait les yeux fermés, mais sa queue remuait et ses pattes bougeaient. Il s'en souvenait peut-être dans son sommeil.

Maman est arrivée sur la pointe des pieds avec un sac de couchage. « J'ai pensé que tu voudrais passer la nuit avec lui. »

J'ai acquiescé. C'était comme au bon vieux temps — nous dormions côte à côte — mes bras autour de lui.

J'ai été réveillée le lendemain par sa langue qui léchait mon oreille. Je l'ai serré dans mes bras et sa queue s'est agitée comme un drapeau usé dans le vent. Le travail ne semblait pas important, mais je savais qu'il me fallait y aller.

« Ivan t'attendra lorsque tu reviendras à la maison », m'a assurée maman.

Et c'est ce qu'il a fait — juste devant la porte avant.

« Je l'ai trouvé en train de grimper l'escalier pour monter t'accueillir, a dit maman. Je ne sais pas comment il a pu se rendre si loin. Je l'ai porté le reste du chemin. »

« C'est comme dans le bon vieux temps, mon copain. » Je l'ai pris dans mes bras et je l'ai serré sur mon cœur. Je l'ai transporté en bas et je l'ai tenu jusqu'à ce qu'il s'endorme.

Il est mort cette nuit-là dans mes bras. Je lui ai répété sans cesse à quel point il avait été important dans ma vie. À la fin, nous étions ensemble... comme nous l'avions toujours été.

Lorena O'Connor

Un sourire de Phoebe

Les vieux chiens sont confortables comme les vieilles chaussettes. Ils sont peut-être un peu déformés et un peu usés sur les bords, mais ils nous vont bien.

Bonnie Wilcox

Sur le point d'entreprendre mon premier emploi comme professeur, j'avais déménagé au Colorado, totalement seule, prête à me refaire une vie dans un nouvel endroit. À l'école où j'enseignais, j'ai rapidement rencontré des gens chaleureux et amicaux qui partageaient les mêmes intérêts, mais en rentrant dans mon appartement vide le soir, j'avais le sentiment que quelque chose manquait. Un autre professeur m'a suggéré d'acheter un animal — un chien plus âgé qui n'aurait pas besoin d'être entraîné et qui serait prêt à devenir un compagnon dévoué. J'ai planifié une visite au refuge local pour animaux, m'imaginant avec enthousiasme combien la vie serait merveilleuse avec une face aimante pour m'accueillir chaque soir.

Le refuge était grand et il y avait beaucoup de bruit. J'ai marché rapidement le long des allées, m'arrêtant devant l'une des dernières cages. Mon cœur s'est serré d'émotion lorsque je l'ai vue qui me fixait du sol en ciment: un beagle à la face totalement blanche et une queue qui s'agitait, comme propulsée par un moteur. Ses yeux brillants ont rencontré les miens pendant que sa tête s'inclinait dans un angle qui faisait en sorte que ses oreilles pendaient tout droit de chaque côté. Lorsque je lui ai souri, elle s'est agitée fébrilement. Il n'en fallait pas plus. En un rien de temps, les papiers ont été signés et j'étais en route vers la maison avec un beagle de onze ans sans nom.

Phoebe, un nom auquel je n'avais jamais beaucoup pensé, semblait aller à la perfection à cette vieille fille. Ma nouvelle amie s'est installée confortablement dans ma vie. Souvent, je revenais à la maison tendue par mon travail d'enseignante de première année, mais Phoebe savait instantanément comment me faire oublier mes tracas. Elle s'étirait le cou vers l'arrière, balançait sa tête juste assez, jusqu'à ce que ses oreilles soient en parfaite symétrie de chaque côté de sa face. Mon vieux petit beagle devenait soudainement un avion prêt à décoller, et je souriais puis j'oubliais ma mauvaise journée.

À la lumière du bonheur qui émanait de ce chien de onze ans qui avait été ballotté de foyer en foyer, mes petits problèmes disparaissaient. J'ai décidé qu'il n'était que juste que je la gâte du mieux possible. Phoebe avait déjà mangé occasionnellement des restes de table, et il semblait que son lit soit resté vide lorsqu'elle a compris que le mien était plus grand et plus chaud. Nous formions un couple idéal, chacune trouvant exactement ce dont elle avait besoin chez l'autre.

Notre nouvelle vie ensemble était vraiment remplie de bonheur, mais bientôt, j'ai commencé à remarquer que Phoebe avait de terribles difficultés à grimper l'escalier et à courir. J'ai eu le cœur brisé à la suite de notre visite chez le vétérinaire: Phoebe souffrait d'arthrite sévère de la colonne vertébrale, et il n'était pas possible de la traiter. Le vétérinaire m'a consolée, et nous avons discuté d'un moyen pour que Phoebe soit confortable et souffre le moins possible. Sur le chemin du retour, Phoebe s'est assise à l'avant de la voiture, le regard très préoccupé de me voir lutter pour ne pas pleurer.

J'ai décidé de donner le plus de bonheur possible à Phoebe pour le temps qui lui restait à vivre. Nous allions à son parc favori chaque jour, et je lui massais les oreilles chaque fois qu'elle poussait ma main avec sa patte. J'ai aussi pris plusieurs photos d'elle autour de notre maison et dans ses endroits favoris, mais je n'ai jamais réussi à la photographier lorsqu'elle avait les oreilles parfaitement balancées, « prête à s'envoler ». Malheureusement, rien de cela ne me garantissait plus de temps avec elle.

Un après-midi de printemps frisquet, je suis rentrée du travail, heureuse d'emmener Phoebe au parc. Nous n'avons même pas pu descendre l'escalier. J'ai téléphoné au vétérinaire, qui m'a demandé si elle avait encore plus de bons jours que de mauvais jours. Une fois le récepteur raccroché, j'ai regardé Phoebe dans les yeux, comme pour lui poser la question. Nos yeux se sont fixés et la réponse a été claire.

Le lendemain, j'ai pris congé du travail et j'ai passé ce temps-là à chouchouter Phoebe. J'étais muette de douleur pendant le trajet chez le vétérinaire. Alors qu'il se préparait à endormir Phoebe, j'ai murmuré tous mes remerciements à son oreille. Je lui ai dit combien elle m'avait donné de joie. Elle a soupiré de soulagement quelques instants juste avant que sa tête devienne lourde sur mes genoux. Pendant qu'elle devenait paisible, moi, j'ai éprouvé un grand sentiment de vide.

Chaque jour m'apportait de nouveaux rappels de l'absence de Phoebe. Que ce soit un os caché ou une empreinte de pas sur le sol de la cuisine, ma douleur était intense et j'avais besoin de réconfort. J'essayais de me rappeler son air paisible, mais je me demandais toujours si j'avais pris la bonne décision.

J'ai trouvé la paix quand j'ai commencé à faire un collage des photos de Phoebe. Pour terminer mon projet, j'ai pris les photos du dernier rouleau de film que j'avais prises d'elle. En ouvrant l'enveloppe, la photo sur le dessus de la pile m'a fait grimacer. C'était une photo magnifique d'un beagle à la face blanche et à la tête relevée, les oreilles pendant de chaque côté en parfaite symétrie. C'était ma Phoebe qui me demandait de sourire.

Beth McCrea

Un legs d'amour

Le plus beau rôle d'un vétérinaire, c'est d'aider à accueillir de nouveaux chiots et chatons dans une famille. La chose définitivement la plus difficile, c'est d'aider quelqu'un à dire adieu à un membre de la famille. Puisque l'horloge biologique d'un animal tourne plus rapidement que la nôtre, les animaux vivent en général entre dix et vingt ans. Au cours de sa carrière, un vétérinaire peut assister à la mort de dizaines de milliers d'animaux. Cette profession ne se compare à aucune autre — et de loin.

Afin de faire face à ce taux élevé de décès et aux difficultés de soutenir les clients en deuil, les vétérinaires se durcissent parfois le cœur face à la mort, leur âme s'immunisant contre un autre adieu douloureux. Bien que des sondages démontrent que le public apprécie les soins, la compassion et la sollicitude des vétérinaires, il demeure qu'en tant que tel, vous pouvez devenir insensible aux adieux à faire à un animal de compagnie, ou à faciliter le passage vers la mort. Jusqu'à ce soit *votre* animal.

J'étais un élève de dernière année dans une école vétérinaire lorsque nous avons adopté un effronté schnauzer miniature poivre et sel. Ma femme, Teresa, l'a appelé Bodé (à prononcer comme cela s'écrit) d'après un de ses professeurs préférés. Bodé est devenu notre premier enfant. Nous l'appelions Bodé notre fils, et nous-mêmes étions sa maman et son papa, un autre exemple de la philosophie de notre génération voulant que les « animaux fassent partie de la famille ».

Nous avons pourri Bodé. Il mangeait avec nous dans la cuisine, dévorait la meilleure nourriture pour chiens, se promenait avec nous dans la voiture (jappant pendant le trajet en ville comme une sirène canine), s'assoyait avec nous sur le canapé pour regarder la télévision le soir, dormait dans notre lit et venait en vacances avec nous. Il portait des tricots faits à la main, recevait des traitements à l'huile chaude chez le toiletteur, et les meilleurs soins médicaux possibles. Nous avons tout fait pour bichonner notre premier enfant.

Malheureusement, en raison d'un système immunitaire très faible, Bodé avait des problèmes médicaux — beaucoup de problèmes. D'abord, il a eu une grave pancréatite et est devenu aveugle. Par la suite, il a développé une séborrhée incurable, qui rendait sa peau huileuse et qui dégageait une mauvaise odeur. Avec le temps, sa dentition s'est détériorée, ce qui lui a causé une horrible haleine; il est devenu sourd et il boitait à cause d'une articulation douloureuse à la hanche. Malgré sa mauvaise haleine, sa peau qui dégageait une mauvaise odeur et la nécessité de le monter et le descendre du lit, toutes les nuits *sans exception*, il a dormi dans notre lit.

Le 10 décembre 1985, notre « deuxième » enfant est né: notre première fille, une magnifique blonde avec deux jambes que nous avons appelée Mikkel. Lorsque nous avons emmené Mikkel à la maison, comme beaucoup de nouveaux parents, nous nous sommes inquiétés de la relation entre Bodé et notre bébé. Bodé serait-il jaloux de la perte d'attention et essaierait-il de mordre Mikkel?

Alors que Teresa était assise avec Mikkel sur le canapé, les grands-parents des deux côtés et moi-même surveillant attentivement, Bodé est venu pour vérifier cette étrangère plissée à l'air bizarre qui avait une touffe de cheveux sur la tête, comme un oisillon. Bodé a ouvert la bouche et a fait un mouvement soudain vers Mikkel. Je me suis levé d'un bond. Mais Bodé n'allait pas mordre le bébé! Plutôt, il a commencé à la lécher, donnant à Mikkel une version canine d'un bain à l'éponge. Oubliez la transmission de maladie, nous étions plutôt ravis qu'un lien puissant d'affection soit établi.

Un an plus tard presque jour pour jour, à l'approche du premier anniversaire de naissance de Mikkel, Bodé a été frappé d'une maladie fatale appelée anémie hémolytique. En d'autres mots, les cellules rouges de Bodé étaient détruites par milliers alors que son système immunitaire attaquait ce qui maintenait l'oxygène dans toutes les cellules de son corps.

Refusant d'accepter ce diagnostic fatal et bien déterminé à sauver Bodé, j'ai fait d'autres tests, j'ai téléphoné à des spécialistes de diverses écoles vétérinaires, j'ai consulté d'autres vétérinaires avec qui je travaillais, j'ai lu des manuels, j'ai fait d'autres tests. Malheureusement, toutes les routes menaient à l'issue fatale.

Je me souviens lorsque j'ai annoncé la nouvelle à Teresa. Elle sanglotait pendant qu'elle tenait Bodé dans ses bras en le berçant gentiment, alors qu'il respirait de plus en plus mal en raison du manque d'oxygène. Elle ne pouvait pas s'imaginer vivre sans Bodé, et moi non plus.

Elle m'a regardé pour que je la conseille sur la décision à prendre et, soudain, cela m'a frappé. Je ne conseillais pas un autre client sur les choix à prendre; je ne me préparais pas au décès d'un autre animal précieux; je ne m'apprêtais pas à prononcer mon discours habituel sur ce qui se produit lorsqu'on euthanasie un animal, ou quelles étaient les choix concernant les funérailles et les restes du corps. Ce n'était pas un autre animal de compagnie; c'était notre enfant, le chien le plus extraordinaire au monde.

Même si cette prise de conscience m'a brisé le cœur, elle a aussi réussi à percer l'épais durillon que j'avais autour du cœur, une barrière érigée par la participation à des milliers de décès d'animaux. Je me suis mis à pleurer — en libérant non seulement des larmes pour un membre de la famille, mais aussi les larmes qui ont été contenues et submergées pendant que je luttais depuis des années pour ne pas vivre la tristesse de dire adieu à des centaines, à des milliers d'animaux de compagnies adorés appartenant à mes clients et aux amis des membres de ma famille. Mon cœur s'éveillait à nouveau, même alors que la vie de mon enfant à quatre pattes le quittait.

À la fin, Teresa m'a dit: « Tu sais, Bodé ne se rétablira pas et il souffre beaucoup. Nous l'aimions tant; tu sais ce que nous devons faire. » Puis, elle m'a donné le corps chaud et faible de Bodé.

Paralysée par la douleur, elle n'a pas pu venir avec moi à ma clinique. J'ai donc rassemblé ses jouets favoris et j'ai déposé Bodé sur mes genoux en conduisant. « Ton voyage est presque terminé, mon garçon », lui ai-je dit en le flattant sur tout son corps. *Tu nous manqueras, nous te manquerons, nous nous manquerons,* répétait mon cœur déchiré.

Sanglotant, presque incapable de voir ou de reprendre mon souffle, j'ai marché vers la porte arrière de l'hôpital et j'ai dit à mon associé que le temps était venu. Plein de sollicitude, il m'a mis la main sur l'épaule et a fait un signe de tête en guise d'acquiescement.

Pendant que mon associé préparait l'injection qui mettrait fin aux souffrances de Bodé, j'ai pris la tête de mon chien entre mes mains et je l'ai regardé profondément dans les yeux. Je lui ai dit combien il nous avait rendus heureux par tout l'amour, les rires et la loyauté dont il nous avait choyés. Je lui ai murmuré que là où il allait, son corps se renouvellerait: il aurait des dents blanches étincelantes et bien aiguisées, des yeux d'aigle capables d'apercevoir l'oiseau le plus distant, des oreilles qui détecteraient l'ouverture du tiroir à gâteries de l'autre côté du ranch, une tête hollywoodienne, quatre bonnes pattes non seulement capables de suivre le pas, mais pouvant ouvrir la marche lors de nos fréquentes promenades à cheval dans les montagnes, et une haleine douce pour dormir nez à nez le soir.

Pendant que la solution sortait de la seringue pour pénétrer dans le corps de Bodé, son bout de queue a hésité, puis a cessé de battre. Notre premier enfant n'était plus, et il n'avait que six ans. Son corps était encore là, mais son essence l'avait quitté.

Ce soir-là, Teresa et moi nous sommes assis dans la cour de la maison en tenant Mikkel dans nos bras et en songeant aux cadeaux particuliers que Bodé nous avait donnés. Nous avons décidé de le retourner à la terre sur la ferme familiale. Nous savions qu'il était parti physiquement, mais que sa mémoire vivrait en nous à jamais.

La mort de Bodé m'a donné une nouvelle compréhension du processus de deuil. Lorsque nous perdons un animal, nous en avons le cœur brisé — mais lorsque notre cœur guérit, il s'agrandit assez pour accepter un autre membre de la famille à quatre pattes, un processus qui se répétera plusieurs fois pendant la vie de celui qui aime les animaux de compagnie. Ainsi, la douleur de la perte — même si elle est grande — n'est qu'une étape dans le voyage pour faire en sorte que notre cœur puisse ressentir de plus en plus d'amour.

Il y a eu un autre point important dans le legs de Bodé: l'épais durillon que j'avais autour de mon âme n'est jamais revenu. À partir de ce jour-là, j'ai perdu cet engourdissement devant la douleur des autres qui perdaient leur animal. Ce fut le cadeau le plus précieux que Bodé m'a offert: il m'a redonné mon cœur.

Marty Becker, D.M.V.

Des larmes pour Sheila

C'était un après-midi occupé, normal à la clinique vétérinaire où je travaillais comme technicienne vétérinaire. Les chirurgies du matin, la stérilisation et les nettoyages dentaires étaient terminés, et nous en étions maintenant aux rendez-vous de l'après-midi. Quelques injections à des chiots ici, enlèvement de points de suture là, peau qui démange dans la salle trois. Je me dirigeais au son des jappements de chiens, des portes qui se refermaient et de la centrifugeuse qui terminait un cycle.

Pendant que je me préparais à injecter un vaccin contre la rage à un chiot beagle, l'une des réceptionnistes est sortie d'une salle d'examen et m'a remis un dossier, en disant à voix basse: « C'est pour l'euthanasie d'un labrador. Le propriétaire veut que cela se fasse dans son véhicule, car la chienne est grosse et il lui sera difficile de la transporter par la suite. »

« Sheila, neuf ans, cancer détecté en juin, inopérable », me suis-je dit en consultant le dossier avant de le déposer. Nous étions en octobre. Le labrador avait vécu quatre mois de plus que j'aurais cru. En général, le cancer prend ses victimes très rapidement.

J'ai terminé l'injection au petit beagle, j'ai caressé le chiot et apaisé le propriétaire nerveux, puis je me suis dirigée vers l'arrière de la clinique pour y retrouver la technicienne qui avait le plus d'ancienneté. Je savais qu'elle pourrait me donner quelques informations sur le labrador.

« Le vétérinaire lui a annoncé en juin que Sheila avait le cancer. Elle avait une bosse à l'arrière du cou qu'il avait fait vérifier par lui et, en fait, c'était un carcinome », m'a-t-elle dit en me remettant la seringue qui contenait le liquide rose pâle pour l'euthanasie. « Elle ne souffrait pas et il n'était pas prêt à la faire endormir à ce moment-là, mais maintenant il a eu quatre mois pour s'y préparer. »

J'ai pris la seringue et quelques tampons imbibés d'alcool, et je suis allée retrouver le vétérinaire. Je lui ai expliqué que nous pratiquerions l'euthanasie à l'extérieur, et nous sommes sortis ensemble de la clinique.

Le propriétaire de Sheila, un homme à forte carrure qui s'appelait Mike, avait garé sa camionnette à l'ombre des arbres à l'autre extrémité du stationnement. En nous approchant, j'ai vu Sheila à l'arrière, couchée derrière la cabine, la tête appuyée sur ses pattes avant. Autrefois, elle était une très belle labrador chocolat. Maintenant, le cancer avait transformé son magnifique pelage en un brun poussiéreux. Ses tristes yeux bruns étaient à moitié fermés, et elle a soupiré profondément pendant que nous marchions vers elle. Sheila était allée très souvent chez le vétérinaire, et je suis certaine qu'elle s'attendait à un examen difficile ou à une injection.

Pendant que je préparais la seringue pour le vétérinaire, Mike lui a parlé doucement: « Viens ici, Sheila. Viens ici, ma fille. »

Mes yeux se sont remplis de larmes pendant que je la regardais se lever péniblement. Il était évident que Sheila souffrait beaucoup. Lorsqu'elle a finalement réussi à se mettre sur ses pattes, j'ai aperçu la bosse cancéreuse. Elle sortait de son cou, plus grosse qu'un pamplemousse.

« Viens ici, Sheila », a doucement répété l'homme. N'ayant rien d'autre en tête que la confiance et l'amour dans ses yeux bruns fatigués, Sheila a clopiné vers nous trois à la porte du camion. Pendant que Mike baissait le hayon, il a dit doucement: « Elle a beaucoup souffert ces trois derniers jours. Son cou lui fait très mal et elle ne peut pas manger ni dormir. Je crois que je savais que son moment était venu. » Il a délicatement entouré la grosse face de sa chienne dans ses mains et, lentement, a caressé son museau brun qui grisonnait.

Le vétérinaire a doucement demandé à Mike s'il était prêt.

« Oui. Allez-y », a-t-il murmuré en guise de réponse.

Au signe imperceptible du vétérinaire, j'ai soigneusement pris la patte avant de Sheila et j'ai appliqué une légère pression. Les yeux de Sheila sont toujours restés fixés sur le visage de Mike, même lorsque le vétérinaire a glissé l'aiguille profondément dans une veine. Après l'injection de seulement quelques centimètres cubes de liquide, j'ai aidé Sheila à se coucher pendant que la drogue commençait à faire son œuvre. Après un dernier regard au visage de son ami précieux, les yeux doux de Sheila se sont fermés pour la dernière fois. Avec le reste de l'injection dans ses veines, Sheila est partie, la main de Mike sur sa tête grisonnante.

En sortant l'aiguille de la patte de Sheila, le vétérinaire me l'a remise et il a enlevé son stéthoscope de son cou. Après avoir écouté attentivement pendant plusieurs minutes, il s'est tourné vers Mike et n'a prononcé qu'une seule phrase: « Elle est partie très paisiblement. »

L'homme a acquiescé, la tête basse. Je pouvais voir les larmes couler de ses yeux.

J'ai rassemblé ce que nous avions utilisé pendant que le vétérinaire retournait à la clinique. Je me suis attardée un moment, voulant ajouter quelque chose, n'importe quoi, pour réconforter l'homme éploré. Je voulais dire: « Sheila était très belle. Elle était brave et forte d'avoir lutté si longtemps contre ce cancer. Je pouvais voir à quel point elle vous aimait. Je pouvais voir dans ses yeux à quel point elle avait confiance en vous. »

Je n'ai jamais réussi à dire quoi que ce soit de semblable. J'ai mis ma main sur son épaule et j'ai murmuré: « Je compatis à votre perte. »

Il n'a pas bougé et n'a pas répondu, et ses yeux n'ont jamais quitté Sheila. Il n'y avait rien que j'aurais pu dire qu'il ne savait déjà — combien Sheila était merveilleuse de son vivant, et combien elle était digne dans la mort.

En retournant au bureau, j'ai jeté un dernier regard vers l'homme. Le soleil faisait briller les larmes qui inondaient son visage, alors qu'il s'assoyait sur le hayon du camion, la main caressant sans arrêt le corps inanimé de Sheila.

J'ai fermé doucement la porte derrière moi, je me suis essuyé les yeux et me suis dirigée lentement vers l'avant de la clinique. J'ai eu le cœur brisé un bon moment en accomplissant mes tâches. J'ai vécu beaucoup de scènes semblables, mais ça ne devient pas plus facile avec le temps. Il n'y a pas de doute: l'amour fait mal. Pourtant, je suis reconnaissante — et honorée — d'avoir été en sa présence.

Laurie MacKillip

Harry et George

Chaque année, dès le lendemain de Noël, ma sœur et moi attendions avec impatience le 15 juin. C'était le jour où nos parents chargeaient l'auto, et nous déménagions dans un cottage délabré sur la baie pour tout l'été. C'était l'idée qu'un enfant se faisait du ciel sur terre — pêcher tard le soir sur le quai; pieds nus en maillot de bain à prendre du soleil sur des bateaux; déguster ses repas sur une grande véranda entourée de moustiquaire, sous des ventilateurs de plafond. Chaque été semblait plus agréable que le dernier — jusqu'à l'été où nous avons perdu George.

George et son frère Harry, des golden retrievers, étaient toujours ensemble, soit à courir dans l'herbe longue, soit à chasser les hérons sur les quais des alentours. Lorsqu'ils étaient séparés, Harry jappait jusqu'à ce que George le trouve. Nous aimions tous ces chiens comme s'ils nous appartenaient, mais en fait, ils étaient la propriété d'un vieux marin que tout le monde appelait « le capitaine ».

Un après-midi au cours de cet été particulier, Harry et George s'étaient étendus pour faire une sieste sous des hortensias. Environ une heure plus tard, Harry s'est réveillé, mais pas George. On pouvait voir tous les enfants, la plupart des mamans et même quelques papas renifler et essuyer leurs larmes lorsqu'ils entendaient Harry aboyer pour appeler son frère. Le capitaine faisait presque autant pitié que Harry. Enfin, Harry a complètement cessé d'aboyer. Malheureusement, il a cessé de manger en même temps. Il refusait de toucher à la nourriture pour chien, ignorait ses biscuits canins préférés, et levait même le museau sur un cheeseburger.

Ma sœur et moi étions si inquiètes que le cinquième soir du jeûne de Harry, pendant que nous mangions notre repas composé de truites mouchetées frites, de maïs en épi fumant et de tomates fraîches, j'ai demandé à maman ce que nous pourrions faire. Elle nous a répondu de prier pour qu'un ange aide Harry.

Couchée dans mon lit cette nuit-là sous le ventilateur oscillant qui faisait aller et venir une brise, j'ai réfléchi à la détresse de Harry. J'étais à peu près certaine que les anges ne s'occupaient que des personnes et qu'ils n'avaient certainement jamais entendu l'un d'eux se mêler de problèmes de chiens. Mais juste au cas où, j'ai récité cette prière en m'endormant: *S'il vous plaît, mon Dieu, envoyez un ange aider Harry.*

Le lendemain matin après le petit-déjeuner, maman m'a donné une saucisse avec ordre de la donner à Harry. Je les ai trouvés, lui et le capitaine, assis tristement au bout de leur quai. J'ai balancé la saucisse sous le nez de Harry, mais il n'a pas sourcillé. *Il n'y a jamais d'anges dans les parages lorsqu'on en a besoin,* ai-je pensé. Harry s'est levé et s'est dirigé vers la maison. Son énorme tête était si basse qu'elle traînait presque sur les planches du quai, et je voyais bien qu'il était faible de n'avoir pas mangé. Le capitaine, qui regardait Harry avancer péniblement vers la maison, a secoué sa vieille tête en soupirant.

Un éclaboussement soudain dans l'eau nous a fait tourner la tête pour voir de quelle sorte de poisson il s'agissait. Ce n'était pas un poisson, mais la face souriante d'un dauphin qui avait fendu l'eau sombre, et même le capitaine a dû lui retourner son sourire. Il a lancé un petit cri de dauphin. Un profond grognement m'a fait regarder vers la maison. Harry était sur la véranda, les oreilles dressées. Le dauphin a roulé dans l'eau dans un éclaboussement — comme le font tous les dauphins — puis il a fait quelque chose que les dauphins entraînés font souvent, mais qui se voit rarement chez un dauphin dans une baie. *Zoum!* Il s'est élancé dans les airs comme une fusée, une masse d'argent luisant sur le ciel bleu profond de l'été. Le capitaine et moi applaudissions et criions de joie, tellement saisis par ce spectacle. La première chose que j'ai sue, Harry est venu en courant sur le quai, sa grosse tête dorée jappant à tue-tête. Lorsqu'il s'est finalement calmé, le dauphin a regardé le chien droit dans les yeux, a dit quelque chose en langage dauphin et a nagé vers le large.

Pendant toute cette excitation, j'avais échappé la saucisse de maman. J'ai vu avec ravissement Harry qui l'a avalée. Le capitaine et moi l'avons ramené à la maison et nous lui avons donné un énorme bol de nourriture pour chiens, et nous l'avons gavé de gâteries canines.

Le lendemain matin, Harry attendait et, effectivement, le dauphin est revenu. Il a soufflé de l'air au-dessus de sa tête grise brillante et a souri à la manière des dauphins. Harry a recommencé à aboyer comme la veille et il a rapidement reçu une réponse de dauphin. Puis, il est reparti de nouveau, une fusée grise tout sourire.

Même si j'ai entendu dire que le dauphin était revenu visiter Harry tout l'été, je ne l'ai jamais revu. Cela n'a pas beaucoup d'importance, puisque c'était sa première visite qui a guéri Harry. Lorsque j'ai raconté l'histoire à ma sœur, elle a décidé que cela qualifiait le dauphin d'animal de compagnie, et elle l'a appelé Fishy. Quant à moi, je connaissais une autre version: je l'ai appelé Angel.

Margaret P. Cunningham

Le gentil géant

Il y a plusieurs années, après que notre doberman croisé, Turnpike, soit mort de coliques, je me tenais sur ma véranda avant et j'ai annoncé publiquement que maintenant je *ne* cherchais *pas* officiellement un saint-bernard — dans l'espoir qu'il en apparaisse un par magie. C'était ma méthode habituelle: si je ne cherchais pas une chose, elle apparaissait toujours.

Pour une fois, cette méthode n'a pas fonctionné et j'ai donc fait appel à une copine secouriste qui travaillait pour un groupe de sauveteurs de toutes les races, appelé la ARF, (Animal Rescue Foundation) et je lui ai dit: « Que penses-tu de nous placer sur la liste d'attente pour adopter un saint-bernard? »

Mary Jane s'est mise à rire. Elle m'a répondu qu'ils ne voyaient presque jamais de saint-bernard ici, à Tulsa, en Oklahoma. Elle a ri de plus en plus. J'ai ajouté: « Ça va maintenant. Je vais payer un supplément si je suis drôle, alors inscris-nous sur la liste, veux-tu! »

J'ai ensuite téléphoné à une autre amie secouriste, et j'ai dit: « Inscris-nous sur une liste d'attente pour un saint-bernard. » Elle a ri tant et plus. Même chanson, deuxième version.

Une semaine plus tard, personne ne riait lorsqu'un propriétaire de saint-bernard devait partir outremer avec l'armée et ne pouvait emmener son chien de 64 kilos. Ils nous ont téléphoné, mon mari Dale et moi, et nous avons adopté Bart.

Nous aimions Bart depuis une semaine lorsque — vous l'aurez deviné — le téléphone a sonné! C'était l'autre amie secouriste qui avait ri de nous. Elle m'a demandé si nous avions trouvé un saint-bernard à adopter. Je lui ai répondu: « Oui, merci beaucoup. Pourquoi le demandes-tu? »

Elle a ajouté qu'un saint-bernard âgé de un an allait être abattu par un shérif dans une petite ville à quarante minutes au nord de Tulsa.

« Abattu? » Si vous voulez me faire déplacer à toute vitesse, vous n'avez qu'à mentionner les mots *abattre* et *chien* dans la même phrase. Je peux me *déplacer* à fond de train s'il le faut!

Il semble que les propriétaires du saint-bernard ne pouvaient pas garder Bogey à l'intérieur de leur cour clôturée, et l'association locale du contrôle des animaux leur avait déjà donné trois contraventions pour plaintes logées contre eux. Puisque ce saint était encore en fugue, l'inspecteur du contrôle des animaux se préparait à tuer ce gentil géant.

J'ai téléphoné au shérif et je l'ai informé que j'étais en route pour prendre Bogey au nom de l'ARF.

Il a répondu: *Chomp, chomp* (bruit de tabac qu'on chique) « Madame, vous avez trente minutes pour vous rendre ici — sinon je l'abats. »

J'ai répondu: *Chomp, chomp* (bruit de masticage de gomme sans sucre) « Monsieur, vous allez me donner tout le temps nécessaire pour me rendre — ou vous verrez votre visage et votre nom dans tous les journaux, d'ici jusqu'en Arkansas, racontant qu'un shérif dans une arrière-campagne a tiré sur un gentil animal de compagnie pendant qu'une équipe de secouristes essayait désespérément de se rendre sur les lieux avant le drame. Au fait, avez-vous de bons magazines illustrés en noir et blanc chez vous? »

Bang! Il a raccroché brutalement le récepteur du téléphone.

J'ai attrapé mon sac à main et je me suis précipitée pour trouver Dale. « CAMION! » ai-je crié. « ENTRE DANS LE CAMION! TOUT DE SUITE! CONDUIS! » J'ai commencé à ramasser laisses, colliers et bacon (on ne sait jamais quand il faudra une bonne tranche de bacon), et nous avons foncé à toute vitesse pendant que je racontais l'histoire à Dale, qui m'a rappelé que nous avions déjà un saint-bernard et il se disait certain que nous n'en avions pas besoin de deux.

Nous sommes arrivés à l'adresse que l'on m'avait indiquée. Il n'y avait aucune trace du shérif dans les alentours, mais il y avait un *beau* chiot saint-bernard affamé. Il avait été « enfermé » dans un enclos en fil de cage à poulet. Il n'avait qu'à sauter pour retrouver la liberté et chercher de la nourriture.

Il appartenait à un couple très pauvre, et l'homme a dit: « Il mange comme un cheval et nous n'avons pas les moyens de le nourrir. »

Bien sûr, Dale pensait que nous ramassions Bogey pour l'ARF, mais ce garçon m'appartenait et je le savais. J'ai omis de prévenir le refuge avant d'entreprendre les démarches.

Nous avons ramené Bogey à la maison pour y vivre avec nous. Il aimait particulièrement Nicholas, notre petit chien mélangé miniature, et ce dernier le lui rendait bien. Chaque matin, Bogey et Bart couraient avec Dale dans le quartier. Il y a quelque chose de particulier chez deux saint-bernards qui attire les enfants de tous âges. Bogey ressemblait tout à fait à Bethoven, l'étoile de cinéma, avec ses joues flasques et sa bave en permanence qu'il pouvait balancer un bon dix mètres plus loin.

Les années ont passé. Nos deux caniches chéris, Fred et Munchie, sont décédés, et aussi le petit Nicholas. De nouveaux chiens se sont joints à notre groupe.

Lorsque Bogey a eu treize ans, sa santé a décliné. Il avait de la difficulté à monter et à descendre l'escalier, à déplacer ses quatre-vingt kilos et plus pour rester dans notre garage climatisé pendant les journées où la température atteignait plus de vingt degrés. Je craignais le moment où il faudrait prendre la « décision » tant redoutée.

Un soir, je suis revenue à la maison à la suite d'un voyage de cinq jours. Lorsque je suis sortie de la voiture, Bogey est venu à ma rencontre, en remuant la queue. J'ai déposé mes bagages et je me suis penchée pour lui caresser la tête, grosse comme celle d'un ours. Bogey semblait parfaitement normal et heureux de voir sa maman revenir à la maison. Comment aurais-je pu savoir que ce serait sa dernière nuit avec nous?

Dale m'a réveillée le lendemain matin, le visage en larmes. Je savais que quelqu'un était mort et, instinctivement, je me suis mise à chercher fébrilement les bichons. Ils étaient tous les deux dans le lit avec moi, encore endormis.

Dale a réussi à prononcer le mot « Bogey ».

Je me suis précipitée hors de la chambre et j'ai couru vers le garage. Là gisait Bogey, sur son estomac, la patte arrière tendue et la tête reposant sur ses pattes avant. Il était dans la même position que toujours pour dormir. En fait, il n'avait que glisser paisiblement vers la mort dans son sommeil.

Ce que j'ai fait par la suite peut paraître surprenant pour certains, mais si jamais vous avez déjà été obligés de prendre la décision ultime du geste d'amour pour un animal vieux et malade, vous comprendrez certainement. À travers mes larmes et en chemise de nuit, je suis sortie du garage, juste à l'entrée de l'allée. J'ai levé mes deux mains dans les airs et j'ai sangloté ouvertement, en disant: « Merci, mon Dieu. Merci .»

Voyez-vous, mes prières avaient été exaucées pour Bogey: mourir paisiblement dans son sommeil le moment venu de partir, lorsque les mauvais jours seraient plus nombreux que les bons. Dale et moi ne voulions pas devoir amener Bogey chez le vétérinaire pour son voyage final.

J'avais souvent fait, au cours de ma vie, cette prière pour plusieurs de mes chiens, alors que leurs jours tiraient à leur fin, mais c'est la seule fois en quarante-sept ans où elle a été exaucée. Nous avons toujours dû aider nos chiens à traverser le Pont Arc-en-ciel. Nos caniches, Fred et Munchie, avaient été endormis le même jour, le 19 mai. Puis, six années plus tard, encore le 19 mai, aussi étrange que cela puisse paraître, nous avons dû faire nos adieux à Nicholas, le chien de notre vie. Soudain, je me suis rendu compte que nous étions le 19 mai! Notre Bogey était allé vers Dieu à la même date, un autre six années plus tard.

En retournant dans le garage, je me suis agenouillée auprès de Bogey: « Bon voyage, mon gentil géant, ai-je murmuré. Nous t'aimons tant. Cours maintenant rejoindre ton Nicholas. Tu l'as toujours tant aimé. » J'ai souri à travers mes larmes. C'était un tel soulagement de savoir, sans l'ombre d'un doute, que pour Bogey c'était le moment de partir.

Robin Pressnall

Un chemin familier

Posséder un chien, c'est comme un arc-en-ciel. Les chiots sont la joie à un bout du spectre. Les vieux chiens sont un trésor à l'autre bout.

Carolyn Alexander

Lentement, je promène le bout de mes doigts sur le nez sensible de Joe-Dog, sans provoquer de réaction. Encore chaud, il est aussi brillant que de la soie. Pendant nos dix années ensemble, ce fut le seul endroit de son anatomie qu'il ne permettait pas que l'on touche, car il était trop sensible au toucher humain — en donnant patiemment un coup de tête ou en éternuant devant toutes les tentatives que l'on faisait.

Je touche son museau une seconde fois, toujours sans réaction. Ses yeux sont fermés, sa large poitrine de labrador immobile. Mon meilleur ami bien-aimé, qui avait lutté depuis dix-huit mois contre le cancer avec un esprit obstiné, et de qui j'avais cherché — et reçu — du réconfort et de la joie sans borne, n'est plus.

Ce qui avait commencé il y a dix ans pour enseigner à mes enfants la responsabilité de prendre soin d'un animal était plutôt devenu pour moi une leçon riche et déchirante sur les cadeaux fugaces de la vie.

J'enveloppe son corps dans une couverture de laine usée, mais avant, j'enfouis mon visage une dernière fois dans la douce fourrure de ses épaules, en respirant son odeur familière réconfortante, jusqu'à ce que mes poumons menacent d'éclater. Je veux m'imprégner à jamais de son odeur. Je prends soin de laisser sa tête découverte, comme si je bordais un enfant, en replaçant son collier bleu azur avec la médaille d'identification en métal usé qui faisait tinter une mélodie à chaque pas.

Pendant que mon mari prépare un site d'enterrement le long de la bordure ombragée d'un pré encore verdoyant du printemps, je me promène dans la maison d'un air hébété, me demandant comme dernière tâche lesquel de ses biens enterrer avec lui. Je savais que ce jour arrivait, et je m'en veux d'être si mal préparée. En soupirant, j'arrête mon choix sur un bol en céramique avec l'inscription: « Dog from Hell » [chien venu de l'enfer] en lettres d'or, un cadeau de la famille après que Joe-Dog a subi une opération d'urgence pour retirer un caleçon qu'il avait avalé et qui s'était complètement tordu dans son estomac. Dans le bol, je dépose trois de ses jouets à mastiquer préférés, y compris un jouet en molleton en forme d'étoile, qu'on appelait « chemo-baby » [chimio], non pas parce qu'il était effiloché, mais parce qu'il nous accompagnait souvent chez le vétérinaire pour les traitements de chimiothérapie. J'ajoute une boîte à moitié pleine de biscuits pour chiens et, enfin, une photo de nous trois à Silver Falls, prise un jour ensoleillé et glacial de février.

À l'extérieur, je me tiens à côté de mon mari qui dépose avec douceur le paquet qui contient Joe-Dog dans la tombe fraîchement creusée et, ensuite, je lui remets les objets que j'ai choisis. Il les ajoute, en silence. En l'aidant à se relever, nous sommes attirés momentanément dans les bras l'un de l'autre. Le bruit et le cliquetis du tracteur diesel qui s'ensuivent alors qu'il travaille à remettre la terre pardessus le trou n'est pas suffisant pour couvrir le tumulte de mon chagrin. Il se déverse hors de moi en sanglots étouffés. Mon mari s'essuie le visage avec sa manche de chemise à carreaux entre le maniement des leviers de tracteur. Après une dernière pelletée de terre, le travail est terminé.

En naviguant à travers notre douleur de la seule façon que nous connaissons, nous plantons plus tard un rosier avec des pétales couleur pêche sur la tombe de Joe-Dog. En plus, nous ajoutons une petite tuile en béton où est imprimée sa patte, plus trois galets, la tuile provenant à l'origine du jardin aux papillons construit dans des temps plus heureux. Dans les moments calmes de l'aube, il nous arrive de déposer une gaufre, la gâterie matinale favorite de Joe-Dog, pour nourrir tant les oiseaux que notre âme.

Plusieurs mois passent. Mon mari et moi visitons le refuge pour animaux du comté, cherchant de façon malhabile à combler notre solitude. Nous sommes d'accord pour affirmer que Joe-Dog ne pourra jamais être remplacé, mais par contre, nous avons beaucoup à offrir à un nouveau compagnon sans abri, et nous savons qu'il comprendrait. Après une visite émotive, nous ramenons un berger mélangé, une femelle de neuf mois — pleine d'amour et d'énergie, et peu après nous trouvons des morceaux de caoutchouc de la semelle de mes souliers de sortie préférés.

Déjà une experte du Frisbee, elle chasse avec joie plusieurs envois malhabiles pendant que je m'applique à maîtriser ce nouveau jeu rapide. Nous l'appelons Josie et elle s'intéresse rapidement aux écureuils, à tout ce que les humains mangent pour le petit-déjeuner et au confort douillet de notre très grand lit. Avant que je m'en rende compte, elle nous guide sur un chemin familier, toujours en tête.

Pennie DeBoard

Nos adieux à Dingo

Ma fille Ella a une relation unique et particulière avec l'adorable mais irascible caniche croisé de mes parents. La règle était que Dingo n'aimait pas les enfants. Il s'en éloignait simplement ou, si nécessaire, grognait afin qu'ils gardent leurs distances. Par contre, il adorait Ella. Elle était toujours très gentille et douce, et il lui faisait confiance. Elle lui faisait confiance aussi. Elle savait qu'il serait toujours là pour attraper la balle, pour ramasser des framboises ou pour simplement lui caresser doucement les oreilles.

Ella avait huit ans et Dingo en avait dix-sept, avec une santé très chancelante. Mes parents ont retardé l'inévitable aussi longtemps qu'ils l'ont pu, mais par un beau matin de printemps, ma mère m'a téléphoné pour m'annoncer que le moment était venu. J'ai serré fort le récepteur et j'ai regardé par la fenêtre, mes yeux embués de larmes rendant floues les jonquilles et les tulipes de mon jardin.

« Dingo souffre beaucoup. Nous avons pris un rendez-vous chez le vétérinaire pour cet après-midi, a dit maman en essayant de cacher l'émotion qui étranglait sa voix. Je sais bien que ce n'est pas nécessaire de te le dire, a-t-elle ajouté, mais je voulais te laisser décider de la façon d'aborder la question avec Ella. » Maman avait toujours voulu protéger ses enfants et ses petits-enfants de tout problème et de toute épreuve. Elle le faisait en nous disant les événements désagréables après le fait, ou en n'en parlant pas du tout. Pour quelque raison inconnue, cette fois-ci, elle nous a inclus. Je serai à jamais reconnaissante à ma mère pour cet appel. C'était un geste généreux et, ultimement, il aurait des répercussions au-delà de ce qu'aucun de nous aurait pu prévoir à l'époque.

Je me suis tourmentée pendant un certain temps, pensant que maman avait peut-être raison, de simplement laisser les choses arriver et l'annoncer ensuite à Ella afin de lui « éviter » la douleur. J'ai parlé longtemps au téléphone avec mon mari et des amis intimes, à savoir si l'on offrait à Ella la chance de dire adieu à Dingo dans le confort de sa propre maison. Était-elle trop jeune pour choisir par elle-même, ou même pour faire ses adieux? J'ai regardé notre propre terrier croisé vieillissant, Petey, qui était étendu sur le sol de la cuisine, et notre courageux chat persan, Albert, qui somnolait dans le soleil du matin sur le canapé. Lorsque leur moment viendrait de partir, nous voudrions certainement pouvoir leur dire adieu. Est-ce que je pouvais refuser ce choix à ma fille pour son Dingo adoré? J'ai décidé de faire confiance à mon instinct maternel, qui m'a dicté de soumettre les facteurs importants de ce triste événement à une « enfant de huit ans » et de l'aider à décider par elle-même.

Mon mari a pris l'après-midi de congé et nous avons marché jusqu'à son école primaire. Le professeur d'Ella a permis à notre fille de quitter la classe avec nous. Nous nous sommes assis avec Ella dans la cour de récréation déserte et nous lui avons parlé doucement, tout en nous tenant les mains.

« Ma chérie, lui-ai-je dit, reconnaissante de pouvoir contrôler ma voix pour le moment. Comme tu le sais, Dingo est très vieux. Et tu sais aussi que, souvent, il ne va pas bien, vrai?

Elle a acquiescé solennellement, en nous regardant, mon mari et moi, tour à tour.

« Ces derniers jours, il est très malade. Il souffre de partout et le vétérinaire dit qu'il mourra bientôt. Mamie et Papi ne veulent pas qu'il souffre davantage, donc, ils vont l'amener chez le vétérinaire qui aidera Dingo à mourir afin qu'il ne souffre plus. Comprends-tu? »

Les yeux d'Ella se sont remplis de larmes, mais elle a fait signe que oui.

L'émotion a commencé à paraître dans ma voix. « Alors, même si c'est très triste, si nous le voulons, nous pouvons aller rendre visite à Dingo tout de suite, lui parler et lui dire que nous l'aimons, et lui faire nos adieux. Ton professeur et le directeur ont donné leur permission, mais seulement si tu le veux. Si tu préfères écrire une lettre à Dingo ou lui faire un dessin, nous pouvons faire cela. »

Seules les larmes qui roulaient sur ses joues ont trahi ses sentiments, et elle a répondu d'une voix forte et claire: « Je veux aller dire adieu à Dingo. »

Nous l'avons emmenée hors de l'école, avec le soutien total de la directrice et de son enseignante de deuxième année, toutes les deux sachant que ce vieux chien enseignerait sûrement à Ella une leçon de vie plus grande qu'elles pourraient lui offrir ce jour-là.

Nous sommes donc partis tous les trois pour rendre visite à Dingo chez Mamie et Papi pour une dernière fois. Mes parents ont eu la bonté de s'arranger pour être absents à notre arrivée. Ella s'est assise près de Dingo sur son lit rond en plaid. Le pauvre vieux ne pouvait pas lever la tête, mais lorsqu'elle a mis sa main près de sa bouche, sa douce langue rose l'a gentiment embrassée. Le seul bruit qu'on entendait dans la maison silencieuse était sa tendre voix de huit ans et le tic-tac de l'horloge de la cuisine.

« Te souviens-tu, Dingo, quand je te lançais la balle de tennis et que tu courais pour la rattraper? lui a-t-elle demandé. Te souviens-tu lorsque tu m'as aidée pour la chasse aux œufs de Pâques? » Elle lui tenait une patte d'une main et lui grattait l'oreille de l'autre. « Tu te souviens d'être grimpé jusqu'à la cabane et d'avoir marché jusque de l'autre côté du pont? J'avais toujours peur de traverser ce pont, mais tu m'attendais. Te souviens-tu? »

Il y a eu un petit, petit battement de queue. Elle lui a donné son biscuit favori et l'a doucement serré dans ses bras, en lui disant combien elle l'aimait, ses chaudes larmes tombant sur sa fourrure grise. Mon mari et moi avons tous deux fait nos adieux en pleurant. Nous nous sommes enlacés autour de son lit, Dingo au centre de notre amour. Nous avons tous su ensemble quand le temps de partir était arrivé.

Ella voulait retourner à l'école. Lorsqu'elle est entrée dans la classe, plusieurs amies se sont pressées autour d'elle pour la réconforter et l'embrasser. Plus tard, son enseignante nous a dit qu'elle avait lu devant la classe le texte *Les dix bonnes choses sur Barney*. Puis, tous ont parlé d'amour et de perte et de différentes choses que nos apprenons de nos animaux de compagnie. L'enseignante a dit que ce fut une journée mémorable.

Même si je savais à quel point cette expérience d'adieu était importante et bienfaisante pour nous tous, particulièrement pour Ella, j'ignorais ce qui arriverait dans notre famille après cette expérience de la mort. Je savais, du fond du cœur, que nous avions sagement saisi l'occasion d'enseigner une leçon, mais ma tête voulait s'assurer que nous n'avions pas exagéré. Si j'avais su qu'au cours des vingt mois suivants, notre famille dirait adieu au grand-papa adoré d'Ella, *Papi*, à son merveilleux *Grand-Oncle* et, par la suite à notre adorée *Mamie*, je ne me serais posé aucune question sur la mort de Dingo, pas un seul instant.

Nos adieux à Dingo nous ont tous aidés à comprendre combien il est important et utile de dire adieu chaque fois que l'occasion se présente. Papi est mort subitement, avec peu d'avertissement et à des milliers de kilomètres d'ici. Il a été impossible de lui dire adieu avant sa mort, nous avons donc écrit des lettres et fait des dessins que nous avons mis dans son cercueil afin qu'il puisse les lire au ciel. De même, Grand-Oncle était loin, mais il a pu lire nos lettres d'amour avant de mourir.

Heureusement, comme elle n'était qu'à quelques kilomètres de chez nous, nous avons pu dire adieu personnellement à Mamie. Nous lui avons rendu visite plusieurs fois et nous l'avons serrée et embrassée, nous avons parlé de nos moments privilégiés, nous avons cuisiné ses repas favoris. Nous lui avons dit encore et encore à quel point nous l'aimions, alors qu'elle se mourait du cancer dans sa maison. Nous savions comment faire tout cela parce que nous avons eu un professeur magnifique: un petit caniche croisé gris appelé Dingo.

Elizabeth Wrenn

8

AU SECOURS !

Sauver ne serait-ce qu'un seul chien
ne changera pas le monde... mais le monde
changera certainement pour ce seul chien.

Inconnu

Ce n'est qu'un vieux golden retriever

Elle n'était qu'un vieux golden retriever. Elle s'appelait Brandy et, pendant onze ans, elle a été l'unique compagne d'une vieille dame qui vivait dans une communauté de petites maisons à la campagne. Les voisins les voyaient souvent toutes deux dans le jardin. La femme se penchait pour ramasser des fleurs, et cette vieille chienne était toujours sur ses talons ou couchée au milieu du gazon, la regardant enlever des mauvaises herbes. Puis, la femme est décédée, des parents sont venus et ont pris tout ce qui semblait avoir de la valeur, ils ont mis une enseigne « À vendre » sur le terrain. Ils ont ensuite fait sortir la chienne de la maison et sont partis.

Certains voisins ont laissé de la nourriture pour Brandy, mais la plupart du temps, la chienne restait près de la maison qu'elle connaissait et attendait le retour de sa propriétaire. Une jeune femme qui habitait la porte voisine avait bien vu le vieux retriever, mais elle n'avait jamais été en contact avec des animaux et même si elle pensait que la chienne n'était pas dangereuse, elle sentait que cela ne la concernait pas du tout.

Cependant, lorsque la chienne s'est aventurée dans sa cour et qu'elle a commencé à jouer avec son jeune fils Adam de dix-huit mois, elle a voulu chasser au loin cette sale chose. Adam était son seul enfant et la prunelle de ses yeux. Par contre, il avait tellement de plaisir à donner des biscuits à la chienne qu'elle a décidé de la laisser là. Par la suite, chaque fois qu'Adam avait des biscuits, Brandy venait lui rendre visite.

Un après-midi, la maman a laissé Adam jouer dans la cour gazonnée pendant qu'elle répondait au téléphone. Lorsqu'elle est revenue, l'enfant était parti. Simplement parti. La mère était hystérique. Les voisins sont venus aider aux recherches. La police est arrivée et a cherché pendant trois heures avant de faire appel à la police de l'État et aux hélicoptères pour faire une recherche aérienne intensive. Le petit demeurait introuvable et alors que le soleil se couchait à l'horizon, des murmures d'enlèvement, de blessure et même de mort se sont glissés dans les conversations.

Les recherches duraient depuis six heures lorsqu'un voisin, qui venait de rentrer chez lui, s'est demandé où était Brandy. La mère d'Adam, morte d'inquiétude, ne comprenait pas pourquoi quelqu'un pouvait s'inquiéter de la vieille chienne en pareil moment.

Lorsque quelqu'un a suggéré qu'elle pourrait être avec Adam, un policier s'est souvenu d'avoir entendu un chien japper dans le bois lorsqu'il faisait une recherche à pied. Soudain tout le monde s'est mis à appeler Brandy.

Ils ont entendu un faible jappement et ont suivi le son jusqu'à ce qu'ils trouvent l'enfant, profondément endormi, pressé contre le tronc d'un arbre. La vieille chienne le tenait avec une épaule pendant qu'une de ses propres pattes balançait au-dessus d'un précipice qui menait vers un torrent 10 mètres plus bas.

Brandy avait suivi Adam lorsqu'il s'était sauvé. Lorsqu'elle a vu le danger, elle l'a poussé hors de la zone dangereuse et l'a maintenu en sécurité pendant toutes ces heures, même lorsque l'enfant s'est débattu pour se libérer.

Dès que les secouristes ont pris Adam, la vieille chienne s'est écroulée. Un policier a transporté Adam à la maison, pendant que sa mère, sanglotant de soulagement, transportait Brandy. Elle était tellement reconnaissante envers le vieux golden retriever que Brandy a passé le reste de ses jours avec eux. Brandy a vécu jusqu'à l'âge respectable de dix-sept ans.

Cette histoire ne se termine pas par le sauvetage d'une seule vie. En l'honneur de Brandy, la mère d'Adam, Sara Whalen, a fondé la société *Pets Alive*, un refuge de sauvetage, à New York, qui accueille des animaux rejetés, dont ceux qui ont été désignés pour l'euthanasie parce qu'ils sont vieux, aveugles, incontinents ou peut-être pas assez beaux pour être adoptés. Même si elle ne peut pas les sauver tous, Sara est réconfortée de pouvoir au moins en sauver quelques-uns. Elle sait que si quelqu'un avait endormi ce vieux retriever, elle aurait facilement pu perdre la prunelle de ses yeux: son fils.

Aujourd'hui, trente années plus tard, il y a plus de trois cents animaux sous ses soins, y compris des oiseaux, des cochons ventrus, des vieux chevaux mis à la retraite et des animaux non adoptables de groupes de secours à travers le pays. La femme qui a pensé un temps qu'une vieille chienne abandonnée ne la concernait pas du tout a trouvé que chaque vie a de la valeur et elle est devenue un phare pour des milliers d'animaux dans le besoin.

Audrey Thomasson

Il n'y a rien qui ne puisse être réparé

« Attention! Attention! » ai-je crié en regardant le camion devant moi qui a failli frapper le petit chien noir sur la grande route. Étonnés, mes enfants, âgés de un et deux ans, m'ont regardée de leurs sièges d'auto.

Avec difficulté, le chien s'est éloigné en boitant d'une patte. Il a réussi à se rendre jusqu'à l'accotement, puis il s'est retourné pour regarder mon auto avec espoir alors que je le dépassais. Je croyais qu'il valait mieux que je n'arrête pas avec les enfants dans la voiture, mais à cet instant précis, quelque chose m'est resté en tête longtemps après que le chien a été hors de vue.

Les chiens errants constituaient un problème dans notre communauté rurale. Mon mari, un vétérinaire, parlait souvent de la détresse de ces animaux oubliés. La plupart ne vivaient pas longtemps. S'ils n'étaient pas tués sur la route, ils mouraient de faim ou de maladie.

Je ne cessais de penser au chien noir en revenant à la maison. Puis, j'ai pris la décision de faire quelque chose que je n'avais jamais essayé auparavant. J'ai déposé les enfants à la maison en demandant à une voisine de les surveiller, puis je me suis rendue à la clinique vétérinaire de mon mari. Il était à l'intérieur et je lui ai parlé du chien blessé.

« Si je peux l'attraper, pourrais-tu l'endormir? » Il ne semblait pas très heureux de mon idée, mais il savait que le chien souffrait probablement. Il n'y avait aucun refuge d'animaux dans notre région, et nous savions tous les deux qu'il était impossible que nous gardions le chien — en plus d'avoir deux enfants en bas âge, nous n'avions pas de cour ni de place pour garder un animal de compagnie. Mon mari a réfléchi un moment, puis il a répondu calmement qu'il ferait ce que je lui demandais.

Armée d'une couverture et de biscuits pour chiens, je suis retournée sur la grande route. J'ai trouvé le chien sur l'accotement. Je me suis garée, j'ai pris quelques biscuits et je suis sortie de la voiture. Lorsque je me suis dirigée là où le chien était couché, j'ai vu pour la première fois à quel point cette existence pouvait être misérable.

Le petit chien noir était rachitique. Des touffes de poils manquaient à sa toison rugueuse et l'on voyait sa peau à vif. Une dent prise dans sa lèvre supérieure donnait à la face du chien l'apparence féroce. Il semblait lui manquer un œil, et sa patte était blessée. Il avait tellement faim qu'il rongeait le bout d'une vieille écaille de tortue qu'il tenait entre ses pattes.

M'agenouillant en face de lui, je lui ai donné tous les biscuits que j'avais. Puis, avec soin, je l'ai pris et je l'ai installé sur la couverture dans mon auto.

Pendant le voyage jusqu'à la clinique vétérinaire, je ne cessais de me répéter que je faisais la bonne chose. Cet animal était très blessé et il était affamé. Une euthanasie rapide et sans douleur valait mieux que le sort qui l'attendait.

J'ai jeté un coup d'œil au chien et j'ai vu qu'il m'observait. Le regard dans cet œil brun était troublant.

Surtout, ne pense pas à ce qui va arriver, me suis-je dit.

Mon mari m'attendait lorsque je me suis rangée dans le stationnement. Il a ouvert la portière, pris l'animal et l'a transporté dans la clinique. Je l'ai suivi à contrecœur.

Au lieu d'apporter le chien vers le chenil, il l'a transporté dans la salle d'examen. Puis, il a évalué l'état de son nouveau patient.

« C'est une jeune femelle d'environ un an et demi. Elle a la gale, c'est pourquoi sa peau est si laide. Elle a probablement été frappée par une voiture, mais sa patte n'est pas cassée. Par contre, elle a la mâchoire fracturée, mais elle se guérit d'elle-même. Cet œil a besoin d'une chirurgie corrective et l'autre paupière doit être fermée... »

Pendant que mon mari continuait d'examiner le chien noir, elle s'était assise calmement sur la table. Son regard n'a jamais quitté mon visage. Pourquoi me fixe-t-elle ainsi? Comprenait-elle pourquoi je l'avais amenée ici?

Une fois l'examen terminé, mon mari s'est tourné vers moi. Il m'a regardée d'un air éloquent et il a dit: « Il n'y a rien qui ne puisse être réparé. »

J'ai regardé de nouveau le chien. Elle me surveillait toujours avec son seul œil brun. J'avais la mort dans l'âme en pensant à la triste vie de ce chien, mais il fallait prendre une décision et je devais la prendre.

* * *

Douze ans ont passé depuis ce jour. J'y repense souvent, particulièrement les jours comme aujourd'hui, alors que je suis assise dans la cour en surveillant mes poules qui picorent dans le gazon. Mon chat orange s'étire paresseusement dans un coin ensoleillé du patio. Les derniers colibris de l'été tarabiscotent à propos des mangeoires.

Un vieux chien est appuyé contre ma jambe. Elle appuie son museau gris, auparavant si noir et si luisant, sur mon genou et me regarde. Je caresse sa tête soyeuse. Je comprends maintenant cette expression dans son seul œil brun. Et je lui réponds: « Je t'aime aussi, Daisy. »

Pamela Jenkins

Ana: de rescapée à sauveteur

Les débuts de la vie d'Ana ont été une longue série d'expériences douloureuses — et malheureusement trop courantes. Comme plusieurs golden retrievers, Ana a débuté comme un adorable chiot débordant d'énergie, mais lorsque son énergie et son fort instinct de chasseur de proie ont commencé à être destructifs, sa famille humaine a commencé à s'affoler. Au lieu de l'entraîner, on l'a éventuellement chassée hors de la maison dans une niche dans la cour. Bien sûr, cela a empiré les choses. Elle était du genre à avoir désespérément besoin de travailler. Maintenant, avec moins d'attention et de directives, Ana a commencé à creuser et à japper. Lorsqu'elle a détruit le système d'irrigation pour les plantes dans la cour familiale, ce fut le bouquet! Anna a été donnée en adoption et, rapidement, elle s'est retrouvée de foyer en foyer. Heureusement, elle a été sauvée par une femme responsable qui a reconnu chez Ana le besoin de travailler. Ce chien particulier a finalement trouvé son chemin dans ma vie, déclenchant la série d'événements qui a mené à la création de l'un des programmes d'entraînement pour recherche et sauvetage en cas de désastre les plus profitables au pays.

Lorsque j'ai pris ma retraite après une longue carrière comme professeur d'éducation physique, mon mari et moi avons déménagé de la banlieue de Los Angeles dans une petite ville des montagnes du sud de la Californie. C'est là que j'ai décidé de poursuivre tous les intérêts et les rêves que j'avais mis de côté lorsque je travaillais. L'un d'eux était d'avoir un chien très bien entraîné pour du travail de sauvetage. J'avais déjà commencé à faire de la recherche et du sauvetage dans les régions sauvages, mais vu mon âge et ma personnalité, j'ai compris que la recherche et le sauvetage dans les cas de désastre me convenaient mieux. La délimitation pour la recherche dans les cas de désastre est clairement définie, il y a un besoin certain et il n'est pas nécessaire de transporter de lourds bagages.

Immédiatement après l'explosion des bombes à Oklahoma City, mon partenaire canin, un labrador noir appelé Murphy, et moi avons été déployés là-bas. Je travaillais à l'édifice Murrah et j'ai vu de mes propres yeux combien les équipes de recherche et de sauvetage étaient essentielles. Malheureusement, il n'y avait pas assez d'équipes entraînées disponibles. Lorsque je suis rentrée à la maison, j'ai décidé de remédier à ce manque.

À l'époque, il fallait de trois à cinq ans pour former des chiens de recherche et de sauvetage, et cela coûtait très cher. J'ai mijoté une idée: si l'entraînement des chiens d'assistance prenait de neuf mois à un an, pourquoi un chien de recherche et de sauvetage ne pouvait-il pas être formé dans le même laps de temps?

J'ai entrepris des recherches et j'ai finalement trouvé un entraîneur qui, selon moi, pouvait entraîner en un an un chiot afin qu'il devienne un chien de recherche et de sauvetage. Par la suite, il fallait trouver les bons chiens pour la formation. Lorsque j'ai téléphoné à mon amie et mentor, Bonnie, qui était très impliquée dans l'entraînement de chiens d'assistance, le tout s'est déroulé très rapidement. Après avoir dit à Bonnie que j'avais besoin de chiens pour ce nouveau programme, elle a répondu: « Je crois bien que j'ai le chien idéal pour toi. »

Ana avait été donnée à Bonnie dans l'espoir que le chien fort intelligent pourrait être entraîné comme chien d'assistance. Bonnie s'est aperçue très vite qu'Ana en serait incapable — elle apprenait vite et avait la bonne attitude, mais elle ne s'était pas suffisamment assagie. Quand j'ai demandé à Bonnie où je pourrais trouver des chiens pour l'entraînement de recherche et sauvetage, elle a immédiatement compris: Ana serait parfaite!

Et elle l'était.

Lorsque je me suis rendue chez Bonnie pour prendre Ana, Bonnie m'a guidée vers un grand terrain clôturé où au moins vingt-cinq golden retrievers jouaient gaiement ensemble. Elle a ouvert la porte et a fait entrer les chiens dans une vaste grange et ils ont commencé à courir ensemble dans un énorme cercle doré. J'ai remarqué qu'un, et un seul, des chiens s'est arrêté pour prendre un bâton et le tenir fermement dans sa gueule. Bonnie m'a souri et m'a demandé: « Wilma, peux-tu me dire le chien que j'ai en tête pour toi? »

J'ai risqué. « Celui avec le bâton? »

Bonnie est restée bouche bée. « C'est elle! » a-t-elle dit. J'avais répondu au hasard, mais il est certain que ma cote a remonté auprès de Bonnie ce jour-là.

J'ai ramené Ana à la maison avec moi. C'était une bête *sauvage!* Pendant qu'Ana courait partout autour de la pièce, sautant par-dessus le canapé et la table à café, mes trois labradors paisibles l'observaient, puis ils m'ont jeté un regard qui voulait dire: *Tu n'es pas sérieuse. Elle va vivre ici?*

Il m'a fallu le mois suivant pour enseigner à Ana les manières élémentaires. Pendant ce temps, j'ai trouvé deux autres golden retrivers pour le programme. Les trois chiens ont commencé leur entraînement. Ana était superbe. Tout y était: elle aimait apprendre et son intensité, qui avait gâché ses chances de succès comme animal de compagnie ordinaire, était l'une de ses qualités les plus grandes. Elle n'abandonnait jamais et essayait, encore et encore — et continuait d'essayer jusqu'à ce qu'elle maîtrise quelque chose. À la fin de leur entraînement, les chiens étaient prêts à être jumelés avec des maîtres-chiens.

Ana a été jumelée avec Rick, un pompier de Sacramento qui était l'un des trois maîtres-chiens choisis par le Bureau des Services d'urgence, section feu et sauvetage, du gouverneur de la Californie. Rick était un homme précis, rapide, au physique fort, maigre et nerveux. Ana avait la même agilité rapide et l'entraîneur a pensé que leur personnalité irait bien ensemble.

De retour à Sacramento, les deux ont appris à vivre ensemble. Le besoin d'Ana de *toujours* avoir quelque chose dans la gueule — des vêtements sales de préférence — ne concordait pas bien avec Rick, qui aimait la propreté et l'ordre. Les deux ont fini par trouver un terrain d'entente: Ana a appris à limiter ce qu'elle avait dans la gueule à l'un de ses propres jouets, et Rick s'est assuré qu'il y avait toujours des jouets à la portée d'Ana.

Rick et Ana ont obtenu leur certification avancée de la *Federal Emergency Management Agency* (FEMA) en moins de sept mois — une réussite incroyable. Les années passant, le chien et le maître-chien ont poursuivi leur entraînement et ont formé une équipe de travail très unie.

Rick et Ana étaient membres du détachement spécial 7 du *California Urban Search and Rescue* déployé à la Tour du World Trade Center le 11 septembre 2001. Voici un extrait du journal que Rick a gardé de ses expériences avec Ana à Ground Zero:

> *Attachés à nos côtés pendant qu'ils se déplaçaient à travers la poussière et la fumée douze heures par jour, les chiens étaient pleins d'énergie. Ils ont prouvé plus que leur valeur comme outil essentiel dans les efforts de recherche à Ground Zero.*
>
> *Les pompiers étaient stupéfaits des talents des chiens... à un certain moment, nous avons dû marcher sur une poutre en I et en angle escarpé. Ana n'avait pas de problème. Nous avons dû ensuite*

nous frayer un chemin à travers l'acier et le métal tordu qui étaient autrefois les tours du World Trade. Ana a manœuvré avec grâce dans le métal tordu, comme si c'était une autre journée au parc. Je sais que son entraîneur aurait été très fier de voir son élève se déplacer à toute allure à travers les débris.

En lisant ces mots, il est évident qu'Ana était une pierre précieuse — pour briller, elle n'avait besoin que d'être polie et de se trouver dans le bon environnement.

La petite idée que j'ai eue il y a tant d'années a mûri pour devenir une fondation efficace pour entraînement de chiens en recherche et sauvetage lors de désastres. De nombreux chiens ont suivi la trace flamboyante d'Ana. Plus de soixante d'entre eux ont suivi notre programme et ont été placés avec des maîtres-chiens dans tout le pays, y compris au Capitole à Washington, D.C., et aussi au Mexique.

Plusieurs chiens comme Ana, qui étaient condamnés à une vie malheureuse ou pire, sont plutôt devenus des ressources précieuses pour leur communauté et pour la nation. Les rescapés sont en effet devenus des sauveteurs.

Wilma Melville

Un chien mérite un bon foyer.

Proverbe

Choisir sa maison

Nous n'avions pas l'espace ni l'énergie pour prendre en charge d'autres animaux. Richard, moi, nos trois chiens et trois chats étions déjà bien à l'étroit dans notre petite maison louée. Au cours de la dernière année, nous avions été éprouvés par la mort de mon père et de ma grand-mère, un déménagement dans une nouvelle ville, le début de ma carrière comme vétérinaire, l'achat de notre première maison et des projets pour notre mariage. J'étais épuisée et vidée émotionnellement, ce qui explique pourquoi Annie s'était retrouvée au refuge ce premier jour.

Lorsque Richard, employé au service des parcs, est arrivé au travail, il a trouvé deux chiens — un jeune golden retriever et un petit terrier noir — qui se baladaient à l'extérieur, autour de la vieille maison dans les bois qui lui tenait lieu de bureau. Les deux chiens étaient très amicaux et sont venus immédiatement vers lui pour se faire gratter l'oreille et vérifier leurs colliers. Ils ne portaient aucune identification et Richard a donc décidé de leur accorder un peu de temps pour voir s'ils se rendraient chez eux par leurs propres moyens. Pendant plusieurs heures, il les a observés par la fenêtre, mais ils ne semblaient pas vouloir quitter. Les chiens ne pouvaient que s'attirer des problèmes s'ils restaient là encore longtemps et Richard les a donc fait entrer dans son bureau et m'a téléphoné à la clinique vétérinaire.

« Bonjour, chérie, il se passe quelque chose ici », a commencé à expliquer Richard.

À l'autre bout du fil, j'ai répondu en grommelant: « Écoute, le chenil est rempli de patients et de pensionnaires et nous avons des difficultés à trouver des foyers pour nos animaux adoptables. Mon patron me tuera si je te laisse les amener ici, et tu sais que nous ne pouvons pas prendre d'autres chiens à la maison. »

« Que dois-je faire, alors? »

« Le meilleur endroit pour eux est probablement le refuge, ai-je répliqué, un peu à bout de nerfs. Si les propriétaires veulent les ravoir, c'est le premier endroit où ils les chercheront. »

Richard pouvait sentir que je n'étais pas d'humeur à argumenter, et il a accepté de téléphoner au refuge pour animaux. L'officier lui a dit qu'elle ne pourrait ramasser les chiens que dans l'après-midi. Plusieurs heures plus tard et après un repas partagé, Richard les a conduits à l'extérieur de son bureau et les a remis à contrecœur.

Ce soir-là, en prenant notre repas, nous avons surtout parlé des deux chiens. Richard s'était attaché à eux pendant la courte période qu'ils avaient passée dans son bureau. Je commençais à me sentir un peu coupable de ne pas avoir essayé plus fort de trouver une façon de les héberger dans la clinique. Nous en avons conclu que nous avions probablement fait la bonne chose dans les circonstances, mais nous ne voulions pas penser à ce qui pourrait attendre ces deux chiens si gentils dans le futur.

Une semaine plus tard, je terminais mes rendez-vous du matin à la clinique lorsque la réceptionniste a appelé à l'interphone: « Dr Coates, il y a deux chiens qui attendent à la porte avant. »

J'ai soupiré. *Des visites sans rendez-vous à treize heures. Adieu mon heure de lunch.*

« D'accord, Royann, installe-les dans la salle un et dit aux propriétaires que j'arrive. »

« Non, Dr C., vous ne comprenez pas. Ce ne sont que deux chiens, sans maîtres, et maintenant ils commencent à se diriger vers la route. »

« Va les attraper », ai-je crié à l'interphone alors que nous courions tous vers la porte avant. La clinique est située sur une route à quatre voies fort achalandée, et elle a été responsable de plusieurs traumatismes chez nos patients. Heureusement, avant que j'aie pu même arriver à la réception, Royann faisait entrer les chiens par la porte avant. Je me suis arrêtée brusquement. J'avais devant moi un golden retriever et un terrier noir un peu négligé.

« Je suis peut-être folle, ai-je dit, mais je crois que ce sont les chiens qui étaient au bureau de Richard la semaine dernière. » Le personnel de la clinique connaissait l'histoire et ils avaient tous un regard incrédule. Si c'étaient les mêmes chiens, que leur était-il arrivé au refuge? Je me suis dit qu'ils avaient dû s'échapper. Mais quelles étaient les chances qu'ils trouvent Richard et moi, dans une ville de trente-quatre mille personnes, alors que nos bureaux sont séparés par huit kilomètres?

Voulant savoir si ces chiens étaient les mêmes, je les ai emmenés à la maison avec moi après le travail. En m'arrêtant dans l'entrée, mes trois chiens, Owen, Duncan et Boomer, ont senti que je n'étais pas seule dans le camion. Au son de cinq chiens qui jappaient, Richard s'est pointé à la porte de la cuisine.

« Bonjour, trésor, ai-je dit à travers le vacarme. J'ai des visiteurs ici que tu connais peut-être. »

Il s'est rendu jusqu'à l'arrière du camion et a regardé à travers la vitre embuée. « Quoi? Comment? » Son regard stupéfait m'a donné la réponse.

Nous les avons fait sortir du camion afin qu'ils inspectent leur nouvel environnement et ils ont gambadé dans la cour, la queue frétillante. J'ai souri avec soulagement en pensant à leur chance de ne pas s'être fait blesser lors de leurs récentes escapades. Les circonstances étaient trop étranges pour les ignorer, et Richard et moi avons décidé qu'ils pouvaient rester avec nous jusqu'à ce que nous trouvions une solution à long terme.

Le lendemain matin, je suis partie travailler et les nouveaux étaient toujours dans la cour clôturée. Nos trois chiens fixaient tristement les fenêtres avant de la maison alors que je m'éloignais. Je leur ai promis de revenir pour le dîner afin de les présenter aux autres et jouer sous surveillance.

En revenant à la maison quelques heures plus tard, je pouvais entendre les chiens japper, mais j'ai été un peu surprise lorsque personne ne m'a accueillie à la porte de la clôture. En m'arrêtant près de la porte de la cuisine, je pouvais entendre que tout le bruit venait de l'intérieur de la maison. Une recherche dans la cour a confirmé que les portes étaient exactement comme je les avais laissées — les deux chiens avaient dû sauter par-dessus la clôture. Mon cœur s'est serré lorsque j'ai compris qu'ils s'étaient enfuis. Nous avions eu une deuxième chance d'aider, mais l'occasion était partie avec les chiens.

Plusieurs semaines ont passé pendant lesquelles nous avons commencé à déménager à la ferme que nous venions d'acheter dans une ville voisine. Tous nos temps libres étaient occupés à voyager entre les deux maisons pour rénover et nettoyer. Je commençais à oublier les deux chiens itinérants, ne m'attendant plus à les voir apparaître à chaque coin de rue.

Un samedi matin, je me préparais à quitter la maison avec un chargement de boîtes et de meubles. J'ai arrêté le camion au début de l'allée et j'ai regardé vers la gauche pour m'assurer que personne ne venait dans ce sens. Au loin, j'ai pu voir un petit chien noir qui trottait d'un pas décidé sur le côté de la route. Ne voulant pas trop espérer, je suis sortie du camion pour regarder de plus près. Comme il s'approchait, il a gagné en vitesse et s'est arrêté devant moi. En sautant, il a mis ses pattes avant sur mes cuisses et m'a jeté un regard, l'air de dire: *Je t'ai choisie.* Cet étonnant petit chien avait réussi à retrouver son chemin vers nous pour la troisième fois, et j'étais ravie! Mais où était son ami? Les deux avaient vécu tant d'aventures ensemble que je ne pouvais imaginer rien d'autre que le pire pour causer leur séparation.

Même si l'ami d'Annie n'est jamais revenu chez nous, il est apparu de nouveau à la clinique un mois plus tard. Je n'avais aucune idée que ce serait autre chose qu'une visite de routine. En marchant dans la salle d'examen, j'ai jeté un coup d'œil sur la fiche — un golden retriever, l'une de nos races les plus populaires. J'ai flatté le chien plein d'entrain en demandant à sa nouvelle propriétaire: « Alors, comment ce beau chien est-il entré dans votre vie? »

« C'est une histoire curieuse, docteur, a-t-elle dit. Il est venu chez nous à quelques reprises, mais il partait toujours au bout d'un jour ou deux. Il était avec un autre chien, mais lorsqu'il est revenu pour rester la dernière fois, il était seul. »

Je me suis mise à rire en reconnaissant finalement mon vieil ami. En m'accroupissant devant lui pour mieux le saluer, j'ai dit à la nouvelle propriétaire: « Laissez-moi deviner: l'autre chien était environ haut comme ça, à poils hirsutes noirs et un museau gris. »

Étonnée, elle a demandé: « Comment donc pouvez-vous savoir cela? »

Nous avons comparé nos histoires et nous étions toutes les deux ravies que, finalement, les deux nomades aient trouvé chacun une maison permanente et pleine d'amour.

Jennifer Coates, D.M.V.

Brooks et le chien au bord de la route

Normalement, Brooks n'aurait pas remarqué un animal mort. Le vieil homme avait l'habitude de les voir sur l'accotement de la route en gravier près de sa maison située dans un quartier rural en Virginie-Occidentale. Par contre, le chien mort étendu partiellement sur la route ressemblait tellement à son labrador, Jake, qu'il s'est senti obligé de garer son camion pour regarder de plus près. Jake ne quittait pas la cour, mais Brooks voulait s'en assurer. En ouvrant sa portière, un mouvement près de la rangée d'arbres a attiré son attention. C'était un chien plus petit, définitivement un croisé de quelque race, qui épiait Brooks avec attention.

« Viens ici, petit », a crié Brooks, mais le petit salopard s'est éloigné de quelques pas. « Bon, Bon. Fais comme tu veux. » Il était évident que le labrador mort n'était pas Jake, et Brooks a déplacé le chien sur le terrain mou de l'accotement pour ensuite monter dans son camion et poursuivre sa route, à un demi-kilomètre de sa maison.

Le lendemain, Brooks revenait de l'église lorsqu'il a remarqué que le chien mort était toujours sur le côté de la route. Cette fois-là, le petit chien était couché à ses côtés. Pendant que Brooks se garait lentement, le petit chien nerveux s'est précipité vers les arbres, ses côtes très visibles à cause d'un manque de nourriture.

« Viens ici, mon garçon! Grimpe dans le camion et viens manger! » a crié Brooks, mais le petit s'est encore une fois éloigné de lui vers la forêt.

« C'était certainement ton compagnon. Tu es passablement affecté, n'est-ce pas? » Le corniaud s'est lentement reculé de quelques pas pour se protéger sous les arbres. « Pauvre petit, tu vas mourir de faim. »

Alors qu'il rentrait chez lui dans son camion, Brooks se disait: « Sacré chien ».

Plus tard dans l'après-midi, Brooks s'est assis à la cuisine en essayant de lire son journal. « Sacré chien », pensait-il, incapable d'oublier ce corniaud. Croyant que l'exercice physique pourrait le distraire et calmer sa frustration, il s'est dirigé à l'arrière vers le tas de bois. À chaque coup qu'il donnait avec sa hache, il répétait: « Sacré chien. Sacré chien ».

Il a finalement donné un dernier solide coup de hache dans un gros rondin. « Maudit sois-tu!» a-t-il crié. Il est rentré en trombe dans la maison et a attrapé ses clés de camion. Il savait ce qu'il devait faire.

En retournant sur les lieux, il a vu le petit chien couché au même endroit, près du labrador décédé. Encore une fois, le chiot s'est sauvé vers la forêt lorsqu'il a entendu le camion qui se garait. Brooks est sorti en tenant une boîte de nourriture pour chien. « Viens, petit, viens manger! Tu vas mourir si tu ne manges pas! » Le chien s'est sauvé à nouveau au son de la voix forte.

« Espèce de chien entêté! a crié Brooks. Tout ce que tu veux, c'est que ton compagnon revienne à la vie, c'est bien ça? »

Brooks a regardé les divers équipements à l'arrière de son camion. « Tu vas me faire faire quelque chose de stupide, mon garçon », a dit Brooks en attrapant une bâche et des gants de travail.

Le corps mort du chien était lourd et Brooks l'a placé dans son camion. « Viens, petit, viens avec ton ami », a répété Brooks pendant qu'il roulait lentement et que les pattes du labrador pendaient du hayon. Le petit chien gardait un œil attentif sur la scène et, avec réticence, il a suivi le labrador, en s'assurant de rester à une bonne distance. « C'est ça, a murmuré Brooks. Viens avec ton ami. »

Il a fallu longtemps pour arriver à la maison de Brooks. Le corniaud a suivi tout le long du chemin, en se tenant à une bonne distance. Alors que le camion était arrivé dans l'allée, Jake, comme à son habitude, s'est mis à japper et a accouru pour accueillir Brooks.

« Du calme, Jake! Tu vas effrayer ton ami, ici! » a dit Brooks de la vitre de son camion.

Au grand étonnement de Brooks, le corniaud a vu Jake et il s'est mis à courir vers lui comme un lévrier. Jake a été pris de surprise par la course soudaine d'un chien qu'il ne connaissait pas. Toutefois, Jake était d'une bonne nature douce et il est resté craintif pendant que le petit chien le léchait partout, en le taquinant pour jouer.

« Tu crois que ton vieil ami est revenu à la vie! » a dit Brooks en riant très fort. Il a continué à rire, à rire si fort qu'il a dû s'appuyer sur le camion. Il a regardé avec ravissement le chien follement heureux qui sautait partout autour du vieux labrador de Brooks. Jake a regardé son maître, totalement confus.

« Sacré chien! » a répété Brooks en riant.

Loyal, comme le corniaud fut appelé, n'a jamais quitté Jake après ce moment. Jake s'est habitué à lui et les deux ont fini par tisser des liens serrés. Les chiens ont été les fidèles compagnons de Brooks pendant de nombreuses années. Les amis et la famille juraient que c'était le bonheur que ces deux chiens apportaient à Brooks qui l'ont maintenu en santé et heureux dans les dernières années de sa vie.

Shannon McCarty

Le miracle de l'amour

Lorsqu'il y a beaucoup d'amour,
il y a toujours des miracles.

Willa Cather

S'il y a jamais eu un chien en quête de miracle, c'était lui. Rejeté sur l'accotement d'une rue achalandée au printemps 2002, le vieux pit-bull croisé avait perdu tout ce qui était important dans sa vie, même son nom. Les choses se sont encore empirées lorsqu'elle a couru sur la route et a été frappée par une voiture. Abandonnée avec une patte fracassée et des yeux remplis de souffrance, on l'a laissée au refuge local du contrôle animal. Si un sauveteur bénévole d'un refuge privé ne l'avait pas remarquée, sa vie aurait pu se terminer dès le lendemain. Elle a plutôt été accueillie au *Little Shelter Animal Rescue and Adoption Center* de Huntington, New York, où on l'a rebaptisée Foxy.

Cet été-là a été une renaissance pour Foxy. Après trois opérations et de la physiothérapie, Foxy a réappris à marcher, mais en raison de son âge et de sa race croisée, le personnel du refuge a cru que personne ne voudrait l'adopter. Au refuge, on a fait son possible pour lui rendre la vie agréable. Le personnel a remarqué immédiatement que Foxy n'était pas comme les autres chiens du refuge. Elle semblait plus intéressée aux gens qu'aux chiens. Les employés l'ont donc nommée leur mascotte officieuse. Le jour, elle aimait se promener en laisse pendant que les autres chiens se bataillaient et se pourchassaient; le soir, elle se blottissait dans un petit lit bleu au bureau alors que les autres dormaient dans des cages.

Cependant, Foxy semblait savoir que le refuge n'était pas sa maison officielle. Chaque week-end, elle regardait pendant que des personnes marchaient vers le grand mur rempli de photos de chiens et de chats disponibles. Avec patience, elle a attendu seize longs mois. Personne n'a jamais demandé à la voir.

Au moment où on a cru que la chance avait oublié Foxy, Mme Maguire et son fils Kevin sont arrivés. Kevin a vu le vieux chien qui boitait. Il a pensé qu'elle pourrait très bien s'entendre avec sa vieille mère. Foxy était d'accord. Elle a donné le spectacle de sa vie. Elle s'est roulée sur le dos et a agité ses pattes vers Mme Maguire, comme pour dire: *Vous êtes enfin venue me chercher!* Mme Maguire savait qu'elle n'avait pas besoin de voir d'autres chiens. Foxy était sa fille.

Qu'elle ait fait de longues promenades lentement dans le voisinage, ou mis son long museau noir dans le ruisseau derrière la maison, Foxy était chez elle. Pendant qu'elles étaient assises côte à côte sur le canapé, Mme Maguire caressait la fourrure soyeuse de Foxy pendant des heures. D'une oreille noire tombante à l'autre, la joie se lisait partout sur la face de Foxy. Mme Maguire lui disait: « Dès que je t'ai vue, je t'ai trouvée belle. » Elle et Mme Maguire étaient vraiment devenues les meilleures amies.

Chaque soir à vingt-trois heures, Mme Maguire sortait sa lampe de poche et amenait Foxy dehors pour sa dernière marche de la journée. Elles descendaient prudemment l'escalier avant extérieur, qui était escarpé, surtout lorsque la glace et la neige tapissaient le sol l'hiver. Cette routine a continué jusqu'à une froide nuit de janvier, alors que Mme Maguire a glissé et déboulé l'escalier.

« Au secours! Mon Dieu. Aidez-moi », a crié Mme Maguire, pendant que la douleur de sa hanche cassée l'empêchait de bouger. Son corps a commencé à engourdir sur le sol gelé et tout ce que pouvait faire Mme Maguire, c'était d'agiter sa lampe de poche dans l'obscurité. Comme si elle répondait à sa prière, Foxy s'est approchée d'elle et a poussé son corps sur celui de Mme Maguire.

« Maintenant, il n'y a plus que nous deux », a murmuré la femme pendant que Foxy faisait de son mieux pour garder Mme Maguire au chaud. Peu après, ce chien généralement calme a commencé à aboyer frénétiquement dans la nuit.

Plus d'une heure et demie plus tard, les voisins de Mme Maguire — après avoir éteint leur poste de télévision — ont entendu les appels à l'aide de Foxy. Après être allés voir, ils ont immédiatement téléphoné pour demander de l'aide. Le jour suivant, la face de Foxy était à la une du journal et aux nouvelles télévisées. Le chien rejeté était devenu un héros!

Au cours des mois qui ont suivi cette nuit tragique, Foxy a reçu de nombreuses récompenses et maints honneurs. Le plus grand de tous fut lorsque Foxy a été escortée à New York pour une célébration d'une durée d'un week-end. Après avoir examiné sa luxueuse chambre d'hôtel au Ritz-Carlton, Foxy s'est sentie très à l'aise pendant qu'elle s'étirait dans le salon de l'hôtel et qu'elle appréciait la nourriture pour chien qui lui a été offerte par le service aux chambres, sur un cabaret d'argent dans un bol en porcelaine. Après son repas, Foxy a été escortée dans la grande salle de bal du Ritz, remplie de musique, de fleurs et de plus de 250 invités, dont certains accompagnés de leur propre animal de compagnie. Mme Maguire, Foxy et le président de *Little Shelter* étaient côte à côte pendant que le directeur général de *Hartz Mountain Corporation* leur remettait la médaille Hartz des Héros 2003. Mme Maguire ne quittait presque jamais Foxy des yeux. Il était impossible de ne pas voir l'amour qui se lisait dans les yeux de la vieille dame. Cet amour a créé un miracle dans la vie de Foxy, et maintenant il a été rendu mille fois.

Valery Selzer Siegel

Le chien de poubelles trouve un foyer

Mon Dieu, entends notre humble prière pour nos amis les animaux, particulièrement ceux qui souffrent; ... pour tous ceux que l'on chasse, qui sont perdus, qui sont abandonnés, qui ont peur ou faim; ... et pour ceux qui s'en occupent, nous demandons un cœur plein de compassion, des mains douces et des mots réconfortants. Fais en sorte que nous-mêmes soyons de vrais amis pour les animaux, afin de partager ainsi les bienfaits des miséricordieux.

Albert Schweitzer

Il faisait un froid d'hiver glacial au Michigan lorsque le téléphone a sonné du *Midwest Boston Terrier Rescue* (MWBTR). « Peux-tu héberger une chienne âgée en mauvaise condition? » a demandé Gwen, cofondatrice de MWBTR. « C'est une vieille chienne de petite taille, non menaçante, et je crois qu'elle s'entendra avec tes chiens. » J'ai accepté. Ce fut le début de notre voyage avec un petit chien fragile et malade que nous avons appelé Lacey.

Lorsque je l'ai rencontrée, je lui ai murmuré les mêmes choses qu'à tous les chiens que nous avons accueillis dans notre maison. Je les prenais et je leur disais: « Tu es en sécurité maintenant; tu as été sauvé. Personne ne te fera plus jamais de mal. » Cela peut paraître étrange, mais je sais qu'ils comprennent. Ils respirent profondément et se détendent — certains d'entre eux s'évanouissent presque. D'où ils viennent n'a vraiment pas d'importance, que je les aie ramassés au dernier jour de leur vie dans un refuge, ou que ce soit d'un propriétaire qui n'a plus de place pour eux. Lorsqu'on me confie une âme troublée au bout d'une laisse, ma réponse est toujours la même: je lui donne une petite partie de mon cœur et elle commence à guérir.

L'histoire de Lacey a mal débuté. Elle a été trouvée par la société locale de contrôle des animaux un jour de février, à moitié morte dans une benne à déchets. Les employés ont décidé qu'elle ne pouvait pas être adoptée — elle était trop malade et trop vieille. Une bénévole d'un autre groupe de sauvetage a visité le refuge par hasard quelques jours plus tard. Même si elle n'allait pas là habituellement, la bénévole a demandé d'aller à l'arrière — où sont logés les chiens qui ne peuvent pas être adoptés. Elle s'est informée du fragile petit boston terrier et on lui a répondu que Lacey subirait l'euthanasie. La bénévole au grand cœur a repris: « Non, je vais la prendre. Je connais quelqu'un qui a un endroit pour elle. » Elle a téléphoné au MWBTR et cet appel a remis Lacey sur le chemin de la vie.

On a emmené Lacey chez le vétérinaire, qui a diagnostiqué que son taux sanguin était dangereusement bas, elle souffrait de malnutrition et la plupart de ses dents étaient cariées. Elle pesait à peine sept kilos. Sa fourrure était très mince et il était évident qu'elle avait eu de nombreuses portées. On l'a mise sous antibiotiques pendant plusieurs semaines, jusqu'à ce qu'elle soit assez bien pour supporter une chirurgie.

Lacey est venue dans notre maison chaotique pour recouvrer ses forces avant son opération. La petite chienne avait de très belles manières et était tout à fait propre. Au début, elle ne faisait que dormir. Lorsqu'elle a été suffisamment forte, elle a subi son opération. Il a fallu lui enlever toutes les dents, sauf ses quatre canines. Elle a été stérilisée et a reçu tous ses vaccins — car la plupart des chiens sauvés, malheureusement, n'arrivent pas avec leur carnet de santé. Même si elle avait des vers, heureusement, elle n'avait pas le ver du cœur. Pendant plusieurs mois, Lacey s'est reposée, guérissant son corps et son esprit. Il était intéressant d'observer comment les autres chiens prenaient soin d'elle. Notre meute pouvait jouer très dur, mais avec Lacey, tous étaient aussi doux que s'il s'était agi d'un enfant.

Ce printemps-là, un gros mâle boxer de six mois est arrivé du Mid Michigan Boxer Rescue, et il est resté avec nous pendant environ une semaine. La santé de Lacey s'était alors améliorée grandement. Elle avait pris du poids, sa fourrure était lustrée et elle dansait avec une énergie renouvelée. J'ai une superbe photo de notre bonne petite vieille dans son lit, assise avec le jeune boxer. La vieille et le chiot — deux vies sauvées.

Lorsqu'un chien rescapé arrive chez nous, nous prenons le même engagement envers chacun d'eux: tu es ici chez toi, aussi longtemps qu'il le faudra. Tu seras toujours en sécurité, tu seras nourri et aimé.

Bien sûr, afin de lui trouver un foyer permanent, Lacey a été inscrite sur *www.petfinder.com* et sur le site MWBTR pour adoption. Par contre, lorsque le temps a passé et que personne n'a semblé intéressé, nous n'avons pas été surpris. Nous pensions que personne n'adopterait une chienne âgée comme Lacey, elle a donc fait partie de notre famille. Elle était très peu exigeante et nous a donné tant de joie en retour.

Puis, au début de juin, nous avons reçu un appel de MWBTR. Cette fois-là, Gwen a annoncé: « J'ai une dame qui est intéressée à votre Lacey. » J'étais surprise, heureuse et dévastée en même temps. C'est comme cela que les choses arrivent. Lorsque le moment est propice et qu'une chose doit arriver, nous le savons, d'une certaine façon — mais nous en avons quand même le cœur brisé. D'un seul coup, il y a de la joie et de la tristesse.

Les trois groupes de sauvetage auxquels nous appartenons ont une procédure similaire pour l'adoption d'un chien. Les parents adoptifs ont toujours le dernier mot dans une adoption parce que le groupe de sauvetage croit que ce sont les parents adoptifs qui ont appris à connaître le mieux le chien.

Carol, notre candidate pour l'adoption de Lacey, a soumis sa demande. J'ai téléphoné à son vétérinaire pour obtenir des références. Elles étaient extraordinaires, ce qui n'est pas toujours le cas. Puis, il y a eu une vérification à la maison. Carol a réussi haut la main. Autant je voulais que Lacey ait un foyer, il lui fallait encore rencontrer Carol pour s'assurer qu'elles s'entendraient bien.

Deux semaines plus tard, Carol et une amie sont parties du Michigan vers le Wisconsin pour rencontrer Lacey. Ce fut le coup de foudre. Carol et son amie sont sorties de notre entrée de garage avec Lacey, son lit spécial et de la nourriture, pour retourner à la maison.

C'est alors que j'ai eu un choc. J'avais gardé mon calme tout ce temps, puis j'ai pris conscience à quel point le Wisconsin était loin. J'ai versé des larmes amères. Pendant des jours, tous nos chiens cherchaient Lacey et je me suis demandé pour la millième fois *Pourquoi est-ce que je fais tout cela?*

C'est alors que j'ai reçu un appel téléphonique de Carol. Sa voix était remplie de joie en nous disant: Lacey adore sa nouvelle sœur boston terrier, Suzie Q., et elle a adopté le chat âgé de deux ans avec des besoins spéciaux comme son enfant, en plus de deux autres chats de la même fratrie. Elle prend des marches jusqu'au bar laitier pour avoir des cornets gratuits pour chien. Carol a dit que Lacey venait d'adhérer à un nouveau programme où des chiens visitent des patients atteints du VIH.

Lacey, le chien de poubelles, qui aurait dû mourir à l'arrière d'un froid refuge pour animaux, avait trouvé sa maison. C'est pourquoi, me suis-je rappelé, nous faisons tous ces efforts — parce que, lorsqu'ils nous quittent, leur cœur brisé est guéri pour toujours.

Debra Jean-MacKenzie Szot

[NOTE DE L'ÉDITEUR: *Carol, la propriétaire de Lacey, a lu cette histoire et a envoyé à Debra ce qui suit:*

Merci beaucoup de m'avoir envoyé une copie de votre histoire! Je suis tellement heureuse de ce que Lacey représente pour moi et pour ses amis ici que j'oublie qu'elle a déjà vécu ailleurs. Je suis étonnée qu'un animal qui a été si malade pendant la plus grande partie de sa vie n'a que de l'amour et de la sollicitude pour chacun dans son entourage.

L'autre jour, j'ai amené Suzie et Lacey à l'établissement de soins pour patients atteints du VIH. Suzie y était déjà allée, et elle est entrée dans la salle commune et a commencé à faire sa ronde. Lacey s'est arrêtée directement à l'intérieur de la porte d'entrée et a commencé à marcher en décrivant des cercles. Finalement, elle a traversé le corridor et s'est assise près d'une porte fermée. Sœur Marion et moi avons essayé de la convaincre d'avancer, mais elle a refusé. Elle s'est couchée et a commencé à gémir doucement. La religieuse m'a expliqué que la personne dans cette chambre avait dix-neuf ans et que son état avait empiré depuis le matin. On a téléphoné à la famille, mais comme elle habite à plusieurs kilomètres d'ici, les gens étaient encore en route. Lacey était maintenant très troublée et a commencé à gratter à la porte. Puisque ce patient avait réagi positivement à Suzie dans le passé, nous avons décidé d'ouvrir la porte et de laisser entrer Lacey.

Deb, c'est la chose la plus incroyable que j'ai vue de toute ma vie. Lacey s'est dirigée tout droit vers le lit et a sauté sur la chaise à côté. Elle a agité la tête et les pattes avant à travers les barreaux du lit afin de toucher au bras du patient, et elle est restée là! Le patient a cessé de s'agiter. Lorsque la famille est arrivée trente minutes plus tard, Lacey est descendue de son perchoir et a quitté la chambre. Elle est retournée à la porte avant, s'est assise sur le tapis et s'est endormie rapidement, comme épuisée. La puissance du lien humain-animal ne cessera jamais de m'étonner.

Carol]

Le chien dans le parc de stationnement

C'était seulement une banale visite à la pharmacie, mais ell a changé ma vie.

En sortant de ma voiture, j'ai remarqué un chien galeux, apeuré et affamé, au pelage brun roux dans le parc de stationnement du magasin. Il semblait attendre quelqu'un. J'ai appris d'un commis du magasin qu'un homme dans une camionnette avait largué le chien dans le stationnement et avait repris la route. De toute évidence, ce chien attendait le retour de l'homme. D'après le regard dans les yeux tristes du chien, je savais qu'il avait besoin d'aide.

Pendant les quelques jours suivants, je suis revenue au stationnement de la pharmacie et j'ai essayé d'attirer le chien avec de la nourriture. Avec la précision d'une horloge, le chien sortait des bois, mais il ne s'approchait pas de la nourriture jusqu'à ce que je m'en aille. J'ai compris que, si je voulais aider ce chien, je devais utiliser un piège sans cruauté. Le lendemain, lorsque je me suis garée dans le stationnement avec le piège dans l'auto, le chien avait disparu. J'ai cherché dans les bois et dans les environs, mais il n'y avait pas de trace du chien.

J'ai décidé de mettre des affiches « Chien perdu » dans la région. La seule information que je pouvais mettre sur l'affiche, c'était une description du chien roux et mon numéro de téléphone. Je ne connaissais même pas son sexe. Je n'ai pas l'habitude de sauver des chiens et j'en ai déjà deux chez moi — pourquoi est-ce que je cherchais un chien dont je ne savais rien? Je ne pouvais pas l'expliquer, mais j'étais bien décidée à le trouver.

Le lendemain, j'ai reçu un appel téléphonique d'un commis dans un dépanneur situé à environ un kilomètre plus loin que l'endroit où j'avais vu le chien la première fois. Il a dit qu'un chien roux, qui répondait à la description sur l'affiche, était apparu devant le dépanneur, et il courait vers les camionnettes dans le stationnement. Il m'a expliqué que la société de protection avait ramassé le chien et l'avait amené au refuge du comté. Même si l'endroit était presque à une heure de chez moi, je me suis rendue au refuge pour m'assurer que c'était le même chien. C'était bien lui, très agité et accroupi à l'arrière de sa cage, qui grondait et qui jappait. Les refuges ont l'obligation de garder les chiens pendant dix jours pour donner aux propriétaires le temps de les réclamer; je devrais donc attendre et voir ce qui arriverait avec ce chien.

Même si je n'avais pas de projet pour ajouter un troisième chien à notre famille, je me sentais obligée d'aider ce chien. Ainsi, pendant les dix jours qui ont suivi, je me suis informée de lui régulièrement. Les gens au refuge m'ont dit que le chien était très agressif. Ils ont ajouté que personne ne l'adopterait et qu'on l'endormirait le moment venu. Le dixième jour, j'ai fait le long chemin jusqu'au refuge pour voir le chien roux. La réceptionniste m'a demandé si je m'appelais Deborah Wood. Je n'ai pas porté beaucoup d'attention à sa question; j'ai simplement répondu « non » pendant que je la suivais vers la cage du chien. Le chien roux était là, tout aussi apeuré et agité qu'avant.

Intimidée par le comportement du chien, mais toujours décidée à le sauver, j'ai demandé à l'assistant du refuge d'amener le chien dans ma voiture et de le mettre dans la caisse que j'avais apportée pour lui. Je ne savais absolument pas comment je pourrais le contrôler une fois à la maison, mais je savais qu'il ne pouvait pas rester au refuge. En suivant l'assistant et le chien à travers le hall jusqu'à ma voiture, la réceptionniste m'a arrêtée. Elle m'a dit qu'une Deborah Wood était au téléphone. Elle s'informait du chien roux et voulait me parler.

J'ai pris le récepteur. La femme, Deborah, m'a dit qu'elle s'était trouvée au dépanneur et avait parlé du chien au commis lorsque la Société de protection l'avait ramassé. Pour une raison inconnue, elle aussi avait été attirée vers le chien roux. Elle lui avait souvent rendu visite au cours des dix derniers jours. Elle avait essayé de l'attirer hors de sa cage pour le faire marcher, mais le chien peureux avait essayé de la mordre. Malgré le comportement du chien, Deborah n'a jamais cessé de s'intéresser à lui et, maintenant, elle voulait savoir ce que j'allais faire du chien. Je lui ai répondu que je l'emmenais chez le vétérinaire pour un bilan de santé et que je lui téléphonerais une fois rendue à la maison. Par pur hasard, Deborah et moi étions à cinq minutes l'une de l'autre. Toutes les deux, nous avions voyagé pendant presque une heure pour nous rendre au refuge visiter le chien roux « inadoptable » — ni l'une ni l'autre ne sachant exactement pourquoi. J'ai été étonnée du moment approprié de son appel. Si Deborah avait téléphoné au refuge un moment plus tard, nous n'aurions probablement jamais fait connaissance.

Le chien dans ma voiture me rendait nerveuse et j'avais hâte d'arriver chez le vétérinaire. Je pourrais certainement savoir quoi faire de lui par la suite. *Je dois être folle*, ai-je pensé en reculant pour sortir du parc de stationnement du refuge. *Pourquoi est-ce que je fais cela? Il y a un chien agressif enfermé dans ma voiture et je n'ai aucune idée de ce que je vais faire de lui.*

Au même moment où je faisais cette réflexion, le chien roux m'a regardé avec ses yeux expressifs et il a sorti sa patte de la caisse pour une « poignée de main ». J'ai tendu la main et j'ai essayé de la refermer autour de la patte tendue. Il m'a semblé que le chien roux me remerciait. Mon cœur a fondu. J'ai tenu sa patte dans ma main pendant tout le trajet de quarante-cinq minutes jusqu'au cabinet du vétérinaire. Lorsque nous sommes arrivés, nous souriions tous les deux!

Le chien roux a passé environ deux semaines chez le vétérinaire pour se rétablir de la gale, des vers et d'autres problèmes de santé. Pendant son traitement chez le vétérinaire, Deborah est venue souvent lui rendre visite, et même si elle n'avait jamais eu de chien auparavant, lorsqu'il a été assez rétabli pour quitter la clinique, elle a offert d'en prendre soin jusqu'à ce qui nous puissions lui trouver un foyer permanent. Personne n'a été surpris que Deborah tombe amoureuse de ce chien et qu'elle décide de l'adopter, en l'appelant Redd. Dès qu'il a compris qu'il était en sécurité, Redd est devenu le chien parfait; affectueux et sociable — aimant tous ceux qu'il rencontrait. Il n'a jamais plus montré de signes d'agressivité.

Il y a cinq ans que Deborah a adopté Redd. Nous avons d'abord été attirées l'une vers l'autre par notre inquiétude face à ce chien, puis nous sommes devenues des amies proches. Redd a maintenant *deux* familles qui l'adorent. Il visite aussi souvent son « oncle », le commis au dépanneur qui a répondu à mon affiche.

Maintenant, Redd est entouré de gens qui l'aiment. Lorsque je regarde ce chien heureux, couché sur le canapé et qui se fait flatter le ventre, je trouve difficile à croire que c'est le même chien aux yeux fous que j'ai vu dans le parc de stationnement il y a cinq ans. Cette banale visite à la pharmacie m'a permis de trouver un chien très spécial et une amie très chère.

Wendy Kaminsky

Deux bonnes actions

Je plantais des fleurs dans mon jardin un jour lorsque j'ai vu un vieux boxer maltraité avec une chaîne brisée autour du cou qui avançait en boitant sur la route. Il avait l'air d'un chien dont on avait abusé. Sans hésiter, il s'est avancé vers mon allée de garage et s'est couché près de moi. Épuisé, il s'est simplement étendu là, son regard me suivant pendant que je courais à l'intérieur pour lui offrir un bol d'eau. En revenant avec l'eau, j'ai regardé ses yeux sombres et tristes. J'ai été saisie dans tout mon corps: je connaissais ce chien!

Un matin, il y a environ huit ans, j'étais dans le centre-ville lorsqu'un beau petit boxer couleur fauve a accouru vers moi. Me penchant pour le caresser, j'ai vu ses beaux yeux, et la plaque d'identification à son collier. Le nom de Mme Reynolds était gravé sur la plaque, avec un numéro de téléphone local. Elle ne vivait pas très loin d'ici et elle est venue chercher son chien en moins de quelques minutes. Après quelques bisous mouillés, le boxer est reparti chez lui. C'était la dernière fois que j'ai vu ce chien.

Mon mari est sorti de la maison. Je lui ai dit que j'étais certaine que ce chien était le même que j'avais trouvé en ville il y a des années. Il a pensé que j'étais folle. « Comment peux-tu en être certaine? Il n'a pas de collier et il n'y a aucun moyen de l'identifier. Il faut que ce soit un autre chien. Celui-ci a l'air si maltraité; il ne peut pas appartenir à cette belle famille. De plus, te souviens-tu même du nom de la famille? »

En effet, je m'en souvenais. « C'était Reynolds, ai-je dit. Je sais que cela semble fou, mais je suis certaine que c'est leur chien! »

J'ai couru à l'intérieur, j'ai pris l'annuaire téléphonique et j'ai téléphoné au premier Reynolds sur la liste.

M. Reynolds a répondu et m'a dit qu'il n'avait pas de boxer. Pourtant, juste au moment de raccrocher, il m'a informé que son frère en avait déjà eu un et il m'a donné son numéro de téléphone.

Lorsque j'ai téléphoné au frère de M. Reynolds, il m'a dit que cela ne pouvait pas être son chien, car il avait été volé six ans plus tôt. Je l'ai convaincu de me laisser le lui apporter afin qu'il l'examine. J'ai mis le chien dans mon auto. Il s'est écrasé sur le siège arrière et n'a pas bougé. En traversant l'autoroute allant vers la ville, il s'est mis à remuer. En traversant le centre de la ville, il a commencer à sauter et à bondir sur le siège arrière.

Lorsque je me suis garée dans l'allée des Reynolds, rien ne pouvait l'arrêter. Trois adolescents sont sortis de la maison et, lorsque j'ai ouvert la portière de la voiture, le chien a sauté et a couru vers eux, geignant et jappant d'excitation.

Pendant que le chien les léchait, ils l'ont examiné. Soudain, l'un des garçons a dit: « C'est lui, c'est lui! Regardez, c'est la grosse cicatrice qu'il a eue au-dessus du sourcil lorsqu'il a passé à travers la vitre de la porte coulissante. »

Je suis restée encore quelques minutes en regardant toute la famille serrer et embrasser le vieux chien, maintenant rajeuni par la joie. Tous sont entrés en courant dans la maison avec lui.

En reculant dans l'allée du garage, je me suis rappelé encore ce matin, il y a plusieurs années, alors que j'avais pour la première fois aidé le boxer perdu à trouver sa famille. Je suis retournée heureuse à la maison, sachant que je venais de participer à un miracle — pour la deuxième fois dans la vie d'un chien.

Rosemarie Miele

La promesse

Tu deviens responsable pour toujours
de ce que tu as apprivoisé.

Antoine de Saint-Exupéry

Pendant les douze dernières années et demie, j'ai été officier pour le contrôle des animaux (OCA) pour le comté de Polk, en Iowa. Dans ce métier, vous apprenez tôt à vous durcir le cœur, sinon l'angoisse et l'épuisement émotif qui viennent avec ce travail vous abattent. Il y a eu beaucoup de chiens au cours des ans que j'aurais aimé ramener à la maison et compter dans ma famille, mais dans ce genre de travail, il n'est pas réaliste de croire que nous pouvons faire cela avec chacun — il y a simplement trop de chiens qui ont besoin de bons foyers. Pourtant, il y a toujours celui-là qui passe à travers vos défenses. Dans mon cas, ce chien s'appelait Buddy.

Buddy a été le chien le plus difficile à capturer que j'ai rencontré pendant que j'étais officier pour le contrôle des animaux; j'avais passé un incroyable seize mois à essayer d'attraper le gros chien noir.

J'ai d'abord reçu un appel téléphonique en novembre 2002 d'une dame qui disait: « Il y a un chien couché dans un champ près de chez moi. Il est là depuis quelques jours et il doit faire très froid ce soir. Pouvez-vous essayer de l'attraper? » Je lui ai répondu que je me rendais sur les lieux pour voir ce qu'on pouvait faire.

En me dirigeant vers l'endroit, j'ai pu constater que le chien était couché sur le côté, près d'une petite colline qui servait quelque peu d'abri contre le vent froid. Je suis sorti de mon camion avec une laisse à la main et j'ai marché vers lui. Le chien dormait et ne m'a pas entendu venir, alors je suis arrivé à une courte distance de lui et j'ai sifflé, car je ne voulais pas le faire sursauter. Il s'est levé immédiatement et a commencé à japper après moi. Puis, il s'est tourné et est parti en courant, au milieu du champ couvert de neige où il s'est étendu pour me surveiller de près. Je savais que je ne pourrais pas l'attraper ce jour-là, je suis donc parti pour répondre à un autre appel qui venait d'entrer.

Il a fait très froid cette nuit-là. Je ne pouvais pas cesser de penser au chien noir et je me demandais comment il pouvait survivre seul dans ce vaste champ froid.

Le lendemain matin, je me suis dirigé vers l'Animal Rescue League of Iowa. C'est là que le shérif du comté abrite les animaux que je ramasse, et c'est le plus grand refuge d'animaux de l'État. Je voulais vérifier si quelqu'un avait téléphoné pour dire qu'il avait perdu son chien noir. J'espérais que quelqu'un cherche ce chien afin que je puisse demander aux propriétaires de venir avec moi dans le champ; je me suis dit que si c'était leur chien, il viendrait vers eux. Il n'y avait aucun rapport de la sorte.

Au retour vers la maison ce soir-là, je n'ai pas pu m'empêcher de me rendre au champ. Il était assis là, en plein milieu. Encore une fois, il ne m'a pas laissé m'approcher de lui et n'est pas venu lorsque je l'ai appelé.

Nous avons joué à ce jeu pendant quelques semaines. Je recevais des appels téléphoniques de différentes personnes qui rapportaient qu'un chien noir était assis dans un champ. Je ne pouvais pas m'enlever ce chien de la tête, et même pendant mes jours de congé, je me rendais au champ pour laisser de la nourriture et vérifier si je pouvais l'apercevoir. Il était toujours là, généralement couché au milieu du champ afin que personne ne puisse le surprendre par derrière. J'ai essayé encore et encore de gagner sa confiance, sans résultat. Je ne pouvais pas m'approcher à plus de cent mètres de lui — trop loin pour utiliser une seringue sédative. Si j'essayais d'approcher davantage, il se levait, jappait et partait vers un champ voisin. Je me demandais avec tristesse ce qui avait bien pu arriver à ce chien pour qu'il ait si peur des gens.

Finalement, j'ai parlé à Janet, l'une des techniciennes en soins animaliers au refuge. Elle avait la réputation de pouvoir s'approcher des chiens qui ne laissaient personne d'autre le faire. Je lui ai parlé du chien noir et je lui ai demandé si elle voudrait essayer de l'attraper. Elle a accepté, et elle a essayé — sans succès.

Nous étions maintenant fin décembre et les nuits étaient très froides, le mercure descendant à vingt-cinq ou trente degrés Celsius sous zéro. La femme qui avait téléphoné la première fois concernant ce chien continuait d'appeler, vérifiant ce que je faisais pour l'aider. Je l'ai assurée que j'essayais de l'attraper et que je laissais de la nourriture pour le chien. C'est alors que je lui ai dit que je réfléchissais à un moyen de placer un piège pour capturer le chien. En secret, je me demandais comment il pourrait survivre la nuit avec les températures tellement froides des hivers en Iowa.

Les semaines se sont écoulées. Je m'assurais qu'il était là régulièrement, en passant par ce chemin le matin lorsque je me rendais au travail, en repassant durant la journée et en faisant ma ronde finale sur le chemin du retour le soir. C'était étrange — juste le fait de le voir là me faisait sourire. J'étais reconnaissant qu'il ait réussi à passer une autre nuit et qu'il soit toujours en vie.

Janet et moi parlions constamment de ce chien. Le piège n'avait pas fonctionné. Nous ne pouvions simplement pas trouver le moyen d'attraper cet animal. Un jour, nous avons décidé que nous apporterions une sorte d'abri dans les champs, que nous allions le recouvrir de couvertures et que nous mettrions de la nourriture tout près. Il l'utiliserait peut-être. Nous avons trouvé une cabane à chiens en forme « d'igloo » et nous sommes allés l'installer dans le champ. Le chien nous a observés avec attention, mais il ne s'est pas approché. C'est le jour où j'ai baptisé le chien *Buddy*. En le regardant, j'ai fait une promesse, à moi et à lui: « Buddy, si jamais je t'attrape, je vais t'adopter et te montrer à quoi ressemblent de *bonnes gens*. »

Nous avons passé le reste de l'hiver ainsi, de même que le printemps et l'été suivants. Un jour, Buddy a semblé disparaître. Plus personne ne le voyait, plus personne ne s'inquiétait de lui par téléphone. J'ai continué de penser à lui, craignant le pire: qu'il avait été frappé par une voiture et en était mort.

L'automne suivant toutefois, j'ai reçu un appel concernant un chien noir qui se tenait sur la route près du champ où j'avais vu Buddy la première fois. Je ne pouvais pas le croire. Il s'était passé sept mois depuis que je l'avais vu la dernière fois, mais je suis monté immédiatement dans mon camion et je me suis rendu dans la région. Là, sur le bord de la route, se tenait mon ami Buddy. Il était tout comme la dernière fois que je l'avais vu. J'ai arrêté mon camion et je suis sorti. J'ai essayé de l'approcher mais, comme d'habitude, il s'est mis à reculer et à japper après moi. Cette fois-là, par contre, lorsque je me suis tourné pour partir, plutôt que de faire demi-tour et de courir, il s'est assis. Il me laissait m'approcher.

Nous avons recommencé le jeu à nouveau. Je continuais de laisser des gâteries pour lui au même endroit. Le manège s'est poursuivi pendant des mois, jusqu'à ce qu'un jour il fasse quelque chose qu'il n'avait jamais fait auparavant — il a dormi près de l'endroit où j'avais laissé des biscuits. J'ai décidé de déposer un piège pour lui à cet endroit, avec du porc barbecue. Lorsque j'y suis retourné à la première heure le lendemain, il semble qu'il ait essayé d'attraper la nourriture en creusant autour du piège, mais il n'était nulle part en vue.

J'ai essayé une autre fois le lendemain soir. J'ai mis une tranche de pizza dans le piège, en espérant que cela ferait l'affaire. Je n'ai pas pu dormir ce soir-là et je me suis levé tôt pour vérifier la cage. Il faisait encore nuit et, en m'approchant, j'ai entendu Buddy japper. J'ai pensé qu'il m'avait entendu et qu'il se sauvait déjà, mais en plissant les yeux, j'ai vu l'ombre d'un chien noir pris au piège. Soulagé et heureux, j'ai commencé à pleurer. Puis, j'ai téléphoné à ma femme. « J'ai attrapé Buddy, lui ai-je dit. Je l'ai! »

Buddy s'est mis à grogner pendant que je mettais la cage dans mon camion et que je me rendais au refuge. Lorsque je suis arrivé, Janet rentrait au travail. Je lui ai crié: « Tu ne croiras jamais ce que j'ai! »

« Buddy? » a-t-elle répondu et elle s'est mise à pleurer.

Janet et moi avons descendu la cage et nous avons installé Buddy dans une plus grosse cage. Je me suis glissé dans la cage, tout en gardant mes distances. Lorsque j'ai compris qu'il n'allait pas me mordre, j'ai commencé à le caresser et à l'aimer. J'ai passé les quelques heures suivantes à tenter d'établir le lien qui, je le savais, durerait toute la vie. À la surprise de chacun, après s'être sauvé de nous et avoir été seul pendant seize mois, il était un chien très affectueux. Tout ce que Buddy voulait à ce stade, c'était d'être flatté et, si vous arrêtiez trop tôt, il vous le laissait savoir en poussant gentiment votre main avec son museau jusqu'à ce que vous recommenciez à le flatter.

Pendant les quelques jours qui ont suivi, j'ai passé presque tous mes temps libres avec Buddy. J'allais au refuge avant le travail, pendant les pauses repas et après le travail, juste pour pouvoir passer du temps avec lui. Quelques jours plus tard, j'ai emmené Hershey, mon labrador jaune, au refuge afin qu'il fasse connaissance avec Buddy. Ils se sont bien entendus dès qu'ils se sont rencontrés.

Peu après, j'ai pu emmener Buddy à la maison. Il s'intègre étonnamment bien dans notre famille. Il n'a pas eu « d'accident » dans la maison et n'a rien détruit. Un jour, ma femme m'a téléphoné et m'a dit que Buddy avait ouvert le réfrigérateur. Au début, je ne la croyais pas, mais je suppose que tout ce temps passé à fouiller les poubelles à la recherche de nourriture lui avait donné plein de ressources. C'est très vrai, je vis maintenant avec un chien qui peut ouvrir un réfrigérateur!

Nous devons entourer le réfrigérateur de cordes élastiques pour empêcher Buddy d'ouvrir la porte. Il y a eu quelques fois où nous l'avons oublié et, au retour, nous avons trouvé le réfrigérateur vide. Nous avons surnommé ce chien « Buddy, le roi du réfrigérateur ».

Cela fait quatre mois maintenant que je l'ai adopté, et c'est vraiment un arc-en-ciel dans ma vie. Je ne peux pas encore croire que ce chien a survécu pendant seize mois par lui-même, à deux hivers en Iowa! Il est un exemple de l'esprit véritable et de la détermination de l'espèce que nous appelons « le chien ».

Mes longues journées au travail me posent encore un défi, mais je suis réconforté à la pensée que je vais rentrer chez moi et donner à Buddy l'amour que je souhaite à tous les chiens. J'ai tenu ma promesse envers Buddy, et je lui ai montré que les gens peuvent être bons. C'était une fin heureuse qui a valu cette attente.

Bill King

9

Beau… en chien !

À mes yeux, de la belle poésie,
c'est un chien qui fait n'importe quoi!

J. Allen Boone

« Fais-le encore! Fais-la parler avec sa drôle de petite voix. »

Compassion canine

Récemment, nous avons accueilli un visiteur hors de l'ordinaire. Quand on m'a demandé de garder pour la nuit un chien rescapé en route vers sa nouvelle demeure à Boston, j'ai rapidement accepté. J'étais tout de même inquiet qu'un de mes deux chiens n'aime pas ce nouvel intrus dans notre domicile, mais je voulais rendre service et je me suis dit que je trouverais bien le moyen de régler la situation si elle devenait problématique.

Notre visiteuse s'appelait Meadow et était une vieille âme canine extrêmement gentille. Elle avait été rescapée d'une vie d'abus et une personne généreuse avait accepté de l'adopter, même si la chienne avait des besoins spéciaux. La pauvre Meadow avait subi un grave traumatisme crânien avant d'être secourue et quand notre invitée s'est présentée à la maison cet après-midi-là, sa maladie neurologique était bien apparente. Elle titubait sur ses maigres pattes et sa vieille tête brune s'agitait d'un côté à l'autre comme si elle souffrait de la maladie de Parkinson. Elle me faisait penser à la grande actrice Katharine Hepburn, qui avait aussi été victime du Parkinson. Katharine Hepburn ne s'était pas laissé abattre par sa maladie et, clairement, c'était aussi le cas de cette gentille vieille chienne.

Quand Meadow est entrée en chancelant dans mon salon inconnu d'elle, elle a entendu mes deux chiens gronder férocement et gratter sans arrêt la porte fermée de la chambre à l'étage. Elle s'est arrêtée et a jeté un regard nerveux dans cette direction. Je me suis inquiété du rituel de présentations canines qui allait se produire et qui pourrait s'avérer pénible pour notre invitée déjà bien stressée. Pendant que je me demandais comment présenter mes deux chiens à notre invitée spéciale, ils ont réussi à ouvrir la porte de la chambre. Avant que j'aie pu intervenir, ils se sont rués dans l'escalier avec une idée commune dans leur cerveau canin: le besoin urgent de chasser cet intrus de leur demeure. C'est alors qu'au lieu d'une féroce attaque canine, j'ai assisté à une scène étonnante.

Subitement, mes deux chiens se sont arrêtés dans l'escalier et ont regardé de leurs yeux étonnés la pauvre étrangère tremblante en bas. Ils ont immédiatement su de façon instinctive que notre nouvelle invitée ne présentait pas une menace. Ils ont descendu l'escalier et ont regardé le chien étranger. Blanca, ma petite femelle croisée chihuahua/spitz, qui peut parfois être très méchante envers les autres chiennes, a été la première à s'approcher de Meadow. Elle a avancé lentement vers notre visiteuse âgée, l'a sentie et a rapidement posé un baiser affectueux sur la joue gauche tremblante de Meadow. Cela m'a rappelé quand j'étais enfant, les petits bisous que je posais sur les joues tremblantes de ma grand-mère, il y a bien longtemps. Mon gros mâle, Turbo, l'a rapidement imitée — ses grands baisers mouillés sur le menton de Meadow étaient par contre bien plus enthousiastes que ceux de Blanca. Après tout, notre invitée était une femelle! J'étais enchanté de l'accueil que mes chiens avaient réservé de bon cœur à notre invitée d'une nuit et je me sentais un peu honteux de m'être autant inquiété.

Bientôt, l'heure de la sieste de l'après-midi est arrivée, ce moment de la journée où mes deux chiens trouvent toujours un fauteuil confortable pour faire leur roupillon. Ce jour-là, ils ont cependant changé leur routine. En silence, ils ont observé Meadow s'allonger avec lassitude sur la couverture que j'avais étendue sur le plancher froid de notre salon. Ils semblaient savoir d'instinct que notre invitée spéciale ne pourrait pas sauter sur un lit ou un canapé confortable comme ils le faisaient si aisément. À mon grand étonnement, mes deux chiens gâtés se sont allongés sur la couverture, un de chaque côté de Meadow. Bientôt, j'ai vu trois nouveaux amis canins fatigués dormir et ronfler ensemble sur le plancher de mon salon.

J'étais extrêmement fier de mes deux adorables chiens cet après-midi-là, mais je n'étais pas au bout de mes surprises.

Quand l'heure du coucher est enfin arrivée, mes deux chiens ont couru à l'étage vers leurs coins favoris habituels dans notre chambre: Blanca, à côté de mon oreiller et Turbo, aux pieds de ma femme, mâchouillant et léchant son précieux ourson en peluche, comme il le fait chaque soir avant de s'endormir. Au moment de me mettre au lit, Turbo a soudain sauté du lit avec son ourson dans la gueule. Curieux, je l'ai suivi hors de la chambre.

Il était en haut de l'escalier, dans le noir, et regardait silencieusement notre invitée en bas. Plusieurs secondes plus tard, Turbo a descendu sans bruit le long escalier avec son ourson favori. Il s'est doucement approché de Meadow et a déposé avec précaution son trésor près de sa tête comme pour dire: *Cet ourson me rassure la nuit, j'espère qu'il te réconfortera toi aussi.*

Notre invitée canine semblait comprendre la grande générosité de ce geste de Turbo. Elle a immédiatement grogné un remerciement et a posé sa tête tremblotante sur le doux ourson en peluche en poussant un gros soupir satisfait. Mon chien généreux s'est dirigé vers l'escalier pour retourner se coucher, mais il s'est arrêté pour regarder Meadow une fois de plus. Il s'est alors dirigé vers elle et s'est étendu à ses côtés. Mon galant Turbo a passé la nuit entière près de Meadow sur le plancher froid du salon. Je sais que notre invitée, déjà stressée et craintive dans un autre endroit inconnu, a dû se sentir très reconnaissante tant pour le noble présent de Turbo que pour sa compagnie rassurante pendant la nuit.

Le lendemain matin, au moment de dire adieu à Miss Meadow qui nous quittait, heureuse, dans la voiture de sa nouvelle maîtresse aimante, je me suis baissé pour faire une grosse caresse à mes deux chiens. *Comment avais-je pu douter un seul instant de leur compassion canine?* Désormais, je m'en garde bien.

Ed Kostro

En flagrant délit!

Notre beagle, Samantha, était un vrai clown. Elle nous faisait rire sans arrêt et il nous était difficile de la gronder quand elle faisait des bêtises. Elle nous tenait dans la paume de sa main — ou plutôt devrais-je dire de sa patte?

Samantha était vraiment la chienne de mon mari, Al, ou il serait plus juste de dire qu'il était son humain. Moi, je la nourrissais, je l'emmenais en promenade et je m'occupais d'elle, mais pour Samantha, l'univers se limitait à Al. Elle l'adorait et il le lui rendait bien. Il perdait tous ses moyens quand elle le regardait avec ses « yeux charmeurs » de beagle.

Nous habitions un endroit nommé Yellowknife dans les Territoires du Nord-Ouest, à 500 kilomètres du Cercle polaire. Al était militaire et s'absentait souvent. Je me débrouillais seule grâce à de bons amis, à un environnement de travail agréable et, particulièrement, à Samantha pour me tenir au chaud la nuit. Elle se faufilait sous les couvertures et se lovait à mes pieds, quel bonheur!

Pendant un long hiver arctique, Samantha avait attendu patiemment les rayons du soleil et la chaleur pour sortir et s'amuser. Comme tous les chiens de chasse, elle adorait courir, chasser les lièvres et les écureuils et s'ébattre dans le lac. Dès les premiers jours du printemps cette année-là, nous sommes sorties pour une promenade et Samantha s'est excitée — elle courait ventre à terre sur les cailloux qui forment le paysage de Yellowknife. En arrivant à la maison, elle claudiquait lourdement et semblait souffrir. On a diagnostiqué un ligament étiré et on l'a mise au repos: défense de courir pendant des semaines. Mauvaise nouvelle pour ce beagle. Elle était désormais confinée à la véranda quand j'allais au travail et limitée à de courtes promenades en laisse quand je rentrais à la maison. Au cours des semaines, sa claudication a disparu peu à peu et j'étais fière de ses progrès.

À cette époque, Al était absent du lundi au vendredi. Quand il rentrait les vendredis soir, dans une avalanche de baisers et d'étreintes, Samantha se collait à lui. Pendant tout le week-end, elle le suivait partout, et appréciait les petites attentions que lui valait son « bobo ». Je voyais clairement que sa claudication était plus prononcée quand Al était à la maison.

À la fin de l'été, elle ne boitait plus et était complètement remise. Elle jouait et courait après sa balle pendant des heures sans arrêt pendant la semaine. Quand Al rentrait à la maison, sa claudication revenait mystérieusement, et elle passait le week-end bichonnée sur le canapé avec des tas de baisers, une couverture et des friandises.

J'ai dit à Al que tout cela n'était qu'une mise en scène pour attirer son attention. « Pas du tout! répliquait-il. Tu ne vois pas que sa patte la fait encore souffrir. Comment se fait-il qu'elle ne guérit pas comme le vétérinaire l'a dit? »

J'ai soupiré, mais je n'ai pas insisté.

Le week-end suivant, quand Al est revenu, elle claudiquait comme jamais. Le vendredi et le samedi, Al a bichonné sa petite princesse blessée pendant que j'essayais de ne pas faire de commentaires.

Comme la plupart des gens, Al et moi aimons flâner au lit le dimanche matin. Nous parlons de la semaine qui vient de se terminer, réchauffons notre café, discutons, sommeillons encore, en un mot, nous paressons. Couchée au pied du lit, Samantha apprécie ces moments, elle aussi. Finalement, nous nous levons, prenons notre douche et allons à la cuisine pour préparer le petit-déjeuner. Nous avions l'habitude de faire cuire un œuf pour Samantha. Elle attendait sur le lit pendant la cuisson jusqu'à ce que nous l'appelions pour venir manger. Ce matin-là, Al s'est dirigé vers la chambre avec l'intention de porter Samantha jusqu'à la cuisine à cause de son « bobo ».

Je lui ai dit: « Non, ne fais rien. Cache-toi d'elle et regarde bien ce qui va se passer. »

J'ai appelé Samantha. Nous l'avons entendue sauter du lit et courir dans le corridor. Elle se déplaçait à toute vitesse et, surprise, pas de « bobo » — jusqu'à ce qu'elle aperçoive Al. Elle a freiné net et s'est mise à claudiquer. On pouvait voir qu'elle essayait de se souvenir: *quelle patte? celle-ci ou l'autre?* Puis, elle s'est mise à claudiquer de l'autre patte. Prise en flagrant délit!

Al et moi avons éclaté de rire, nous avons ri autant de nous que de Samantha pour ce que nous avons appelé la performance estivale digne d'un Oscar. À Hollywood, Samantha aurait reçu un prix pour « Meilleure actrice dans un premier rôle ». Nous avons plutôt écrit: « Prix du Meilleur beagle des Territoires du Nord-Ouest » sur un bout de papier et nous lui avons remis. Elle a semblé bien fière de sa performance et de son prix. Nous savions qu'elle était le *seul* beagle dans les Territoires du Nord-Ouest, mais nous ne lui avons pas dit. Nous ne voulions pas gâcher la magie.

Lynn Alcock

Pudgy

En 1975, mes grands-parents ont ramené à la maison un nouveau chiot qu'ils ont baptisé Pudgy. Nous n'avons pas été surpris, car tous leurs chiens se nommaient Pudgy. Au cours de leur très longue vie, mes grands-parents ont dû avoir une douzaine ou plus de chiens appelés Pudgy.

À cette époque, grand-papa avait quatre-vingt-douze ans et grand-maman, quatre-vingt-neuf ans, et ils étaient mariés depuis qu'elle avait treize ans. Cela peut sembler surprenant aujourd'hui, mais c'était bien normal dans le petit village à la frontière de la Pologne où ils étaient nés, s'étaient rencontrés, puis étaient tombés amoureux à la fin des années 1800. Ils avaient immigré aux États-Unis et, au cours de leur vie commune, ils avaient été témoins de l'arrivée des premières automobiles, des Années folles, de la Grande Dépression, de quatre guerres — et avaient eu plusieurs Pudgy.

Quand on demandait à grand-papa pourquoi il nommait toujours son chien Pudgy, il répondait: « C'est le même chien qui revient. »

La famille lui disait que c'était idiot et qu'il devrait changer de nom pour ses chiens, mais il tenait bon. Pour éviter toute discussion, les gens ont fini par accepter que le chien de grand-papa s'appelle Pudgy.

Chacun des Pudgy avait la taille d'un fox-terrier et était blanc avec des marques ou taches noires. Pour les jeunes enfants de la famille, comme moi, qui habitaient dans d'autres États et qui venaient de loin rendre visite aux grands-parents dans leur grande maison de pierre brune à Chicago, il était plus facile de se souvenir du nom des chiens. Nous étions plusieurs à croire qu'il s'agissait toujours du même chien, même si je me suis déjà demandé pourquoi le Pudgy que j'avais vu en 1949, 1950 et 1951 avait de grandes oreilles pendantes et poilues, et que le Pudgy avec qui j'avais joué pendant les vacances de Pâques de 1952 avait de petites oreilles droites. Comme le Pudgy de 1952 avait à peu près la même taille, j'ai cru que grand-papa disait la vérité quand il nous racontait que le chien avait accidentellement touché une prise électrique avec sa queue et que ses oreilles s'étaient redressées bien droites pour ne plus redescendre. Cela n'expliquait pas où étaient passés les longs poils sur ses oreilles, mais, à sept ans, j'ai simplement présumé que le choc électrique avait dû les brûler.

En feuilletant un vieil album de famille avec des photos de différentes décennies, on peut voir que la taille du chien et son ossature surtout ont changé. Au début, il avait un long museau effilé, puis un nez court et large, avant de revenir à un compromis entre les deux. Sur certaines photos, son pelage est frisé, sur d'autres, il est droit. À une époque, il avait de petits points noirs sur sa robe blanche, plus tard, sa robe ressemblait à celle d'un poney Pinto. Même qu'à une époque, il n'avait pas de queue. Peu importe, c'était toujours Pudgy.

Ce dernier Pudgy était bas sur pattes, un chiot rondelet, un mélange de tant de races différentes qu'aucune ne se démarquait. C'était le premier Pudgy qui ressemblait vraiment au nom qu'il portait.

Deux semaines après l'arrivée du chiot à la maison, grand-papa a décidé qu'il était temps de le sortir pour sa première promenade. Grand-papa était un grand marcheur, même à plus de quatre-vingt-dix ans, il marchait un bon trois kilomètres plusieurs fois par semaine. Sa destination favorite était le parc, un endroit parfait pour laisser courir son chien après une longue marche dans les rues achalandées de la ville. Il pouvait s'asseoir et parler avec ses amis pendant que leurs chiens s'amusaient entre eux. Ce jour-là, grand-papa n'est pas rentré à son heure habituelle. Grand-maman a présumé qu'il s'était attardé dans le parc avec ses amis pour leur montrer son nouveau chiot. C'est alors qu'elle a entendu un jappement à la porte. Elle a ouvert pour trouver le chiot avec sa laisse traînant derrière lui. Un jeune garçon hors d'haleine est bientôt arrivé. Il avait suivi le chien depuis le parc. Grand-papa avait été heurté par une voiture!

Les ambulanciers l'avaient secouru, mais n'avaient trouvé sur lui aucun papier d'identité — rien qu'un chiot qui léchait le visage de l'homme inconscient. Ils avaient emmené grand-papa à l'hôpital général. Quand ils ont tenté de saisir le chien, celui-ci s'est enfui. Le garçon l'a suivi sur plus de deux kilomètres jusqu'à la maison. Tout le monde était bien étonné et se demandait comment ce jeune chiot qui n'habitait la maison que depuis deux semaines et ne s'était jamais aventuré dans les rues de la ville avait pu retrouver son chemin tout droit jusqu'à la maison.

Grand-papa avait été admis sans identité et n'a pas repris connaissance avant plusieurs jours. Grâce à Pudgy, grand-maman a pu se rendre immédiatement à l'hôpital pour voir grand-papa et s'assurer qu'il reçoive les meilleurs soins possible au lieu de le laisser languir dans la salle commune avant qu'on retrace sa famille et l'informe.

Moins de deux mois plus tard, grand-papa marchait de nouveau avec Pudgy et racontait à tous ses amis du parc comment son Pudgy lui avait porté secours quand il en a eu le plus besoin. Bien sûr, l'histoire était embellie héroïquement chaque fois qu'il la racontait, mais personne ne s'en plaignait. Une chose est certaine: jamais plus on a corrigé grand-papa quand il disait que Pudgy était « Le même chien qui revient. »

Joyce Laird

Félix, le chien de la caserne de pompiers

Les pompiers, c'est bien connu, aiment raconter des histoires et, parmi leurs histoires préférées, il y a celles de ce groupe d'élite de pompiers qui sont en service vingt-quatre heures par jour, sept jours par semaine, trois cent soixante-cinq jours par année: les chiens de caserne de pompiers. Un de ces chiens, Félix, qui a vécu dans la première moitié du vingtième siècle, est encore considéré comme un demi-dieu parmi ses frères pompiers et il s'est distingué comme étant le chien qui a le plus influencé le Service des incendies de Chicago.

Félix était le Babe Ruth des chiens-pompiers de Chicago. Un des plus anciens et plus légendaires chiens de caserne, il faisait partie d'un groupe d'élite qui répondait à chaque appel, suivait son équipe dans le feu et sauvait des vies. Ce chien bâtard des rues a inspiré des témoignages, des commémorations et, par la suite, des émissions spéciales de télévision pendant plus d'un demi-siècle après son décès. Ses collègues pompiers le considéraient comme un des leurs, un authentique pompier de Chicago. Les gens du quartier l'adoraient aussi. On criait des encouragements à Félix chaque fois que la voiture de la Caserne 25 passait en trombe dans la rue.

Félix est né en 1910. On ne s'entendra jamais sur la façon dont il s'est retrouvé à la Caserne 25. Certains prétendent que Félix faisait partie d'une portée de sept chiots abandonnés et offerts à une taverne locale qui a donné un des chiots à un pompier. Une femme se souvient clairement d'un chien blessé qui est entré dans le bureau de son père, charbonnier, qui l'a plus tard donné à la Caserne 25. Ou peut-être que Félix était simplement un autre de ces chiens errants qui s'est retrouvé dans une des casernes de Chicago.

Peu importe, Félix a grandi et est devenu un chien de taille moyenne, à la robe brune tachetée de noir et de blanc. Même si Félix a servi pendant toute sa carrière dans les voitures de pompiers tirées par des chevaux, il est plus tard entré dans l'histoire des pompiers grâce à une photo de lui, largement diffusée, prise en 1920 à bord d'une des premières voitures de pompiers motorisées de Chicago. Si on en juge par sa pose bien confiante sur la photo, Félix s'est bien adapté aux nouvelles technologies. La légende veut que Félix ait répondu à toutes les alertes, sauf une. Ce jour-là, Félix s'était aventuré trop loin de la station et n'a pas entendu l'alarme. Quand les pompiers sont rentrés, Félix avait tellement honte qu'il n'a pas pu regarder ses camarades en face. Cela ne s'est jamais reproduit par la suite.

Comme la plupart des chiens de caserne de pompiers de Chicago, Félix a appris à distinguer les différentes alarmes et, selon la sonnerie, il sautait toujours dans la bonne voiture. Félix était toujours à bord, jappant, avant même que l'alarme ait cessé de sonner. Une fois sur les lieux de l'incendie, Félix agissait comme gardien de la voiture et ne permettait à personne de s'en approcher. Plus tard, il a voulu être plus près de l'action et ses responsabilités ont été grandement augmentées. Il a appris à escalader les échelles, accompagnant les pompiers au cœur de l'incendie. Une fois à l'intérieur, Félix suivait les pompiers qui travaillaient à éteindre les flammes. Quand les pompiers redescendaient, Félix sautait sur le dos d'un pompier, il mettait ses pattes avant autour du cou du pompier et calait ses pattes arrière sous ses bras.

Lors d'un incendie particulièrement violent, Félix a suivi les hommes dans les flammes comme il le faisait toujours, mais les deux équipes de pompiers ont rapidement été coincées dans les flammes qui ont déjoué leurs manœuvres. Comme le parcours qu'ils avaient établi avec leurs boyaux était bloqué par les flammes, il leur fallait donc trouver une autre issue. Félix s'est mis à l'œuvre. Fonçant dans les flammes et la fumée, Félix a laissé les hommes pour se mettre à la recherche d'une sortie arrière. Quelques minutes plus tard, qui ont semblé une éternité aux pompiers, Félix est revenu en aboyant de toutes ses forces. Un des pompiers l'a saisi par la queue et Félix a guidé l'équipe entière à genoux vers l'extérieur de l'édifice. Ce jour-là, toute l'équipe a été sauvée par Félix.

Félix avait aussi le rare talent de savoir s'il restait quelqu'un dans un édifice en flammes et il refusait de quitter les lieux d'un incendie s'il restait une personne à l'intérieur. Un jour, les hommes de la Caserne 25 ont éteint un incendie et, croyant que la maison était vide, ils s'apprêtaient à quitter les lieux quand Félix a couru vers le porche et s'est mis à aboyer de toutes ses forces. Plusieurs minutes plus tard, les pompiers se sont demandé pourquoi Félix était si centré sur la maison. Ils ont décidé de faire une dernière inspection et trois pompiers ont suivi Félix directement dans une des chambres. Quelques instants plus tard, un pompier est sorti de la maison carbonisée en tenant un bébé qui hurlait dans ses bras.

La réputation de Félix s'est étendue partout. Un jour, P.T. Barnum, du Cirque Barnum et Bailey, est venu à la Caserne 25 pour embaucher Félix dans son cirque. Son intelligence hors du commun et son habileté à grimper une échelle auraient sans doute fait un bon spectacle. Mais, sous aucune considération, les pompiers n'ont voulu le laisser partir.

Félix, comme tous les autres chiens de caserne de Chicago, aimait bien les petits plaisirs de la vie. Il adorait être l'objet de l'attention des enfants du voisinage qui aimaient bien lui donner des friandises en rentrant de l'école. Comme la plupart des chiens-pompiers, Félix aimait bien manger, particulièrement les saucisses de foie que les voisins lui apportaient.

En 1926, Félix a été victime d'un accident fréquent chez les chiens-pompiers de Chicago; il a été frappé et tué par une automobile sur les lieux d'un incendie. Les longs états de service de Félix ont été reconnus par le Service des incendies de Chicago en lui rendant les honneurs réservés à ceux qui meurent en devoir. Félix a eu droit à une veillée funèbre dans la caserne, entouré d'arrangements floraux élaborés et coûteux. Le propriétaire d'un magasin d'ameublement local a donné un cercueil en acajou solide. Pour montrer leur grande estime pour Félix, les ébénistes de la société ont conçu un cercueil de la plus haute qualité: il n'y avait aucun clou utilisé dans sa fabrication.

Le quartier tout entier a pleuré la perte de leur grand ami. Le jour des funérailles, toutes les écoles du quartier ont été fermées pour permettre aux enfants d'y assister. Six enfants, trois garçons et trois filles, étaient les porteurs du cercueil. Des larmes coulaient sur leurs joues pendant qu'ils accompagnaient leur ami à son dernier repos. Les médias ont couvert l'événement et des photos ont paru dans les journaux. La télévision n'était pas encore bien populaire, mais l'événement filmé a été montré dans les cinémas locaux.

Huit automobiles et plus de vingt pompiers ont fait le trajet entre la caserne et la réserve forestière Palos, où le chef de la Caserne 25 avait obtenu un permis du commissaire du comté pour y enterrer Félix. Pour marquer l'endroit de son dernier repos, les hommes ont érigé une pierre tombale de granit sur laquelle était inscrit:

FÉLIX

Caserne 25, SIC

Nulle part était-il mentionné que Félix était un chien.

Encore aujourd'hui, des gens déposent des fleurs sur sa tombe en reconnaissance de ses services. Félix a tellement impressionné la communauté locale que les résidants ont créé une expression en sa mémoire. Pendant des années, quand ils gagnaient aux cartes ou au baseball de rue, les adultes et les enfants disaient qu'ils en avaient « gagné une pour Félix ».

Aujourd'hui, une statue de Félix est érigée à l'extérieur de la Bibliothèque de Palos Hills, un fier témoignage pour Félix et le Service des incendies de Chicago.

Trevor et Drew Orsinger
(Extrait de The Firefighter's Best Friend*)*

Beau et le monstre à douze têtes

Les cyclistes ont revêtu leurs cuissards de lycra noir et leurs maillots ajustés aux couleurs vives. Ils se déplacent en ligne bien droite. La sueur luit sur les avant-bras minces et les quadriceps saillants. Ils parlent, blaguent et rient en roulant. Il est tout juste passé six heures par un chaud dimanche matin de juillet.

Un kilomètre plus loin, en haut d'une petite colline abrupte, se trouve le domaine de Beau. Beau est un costaud labrador retriever noir à l'air sinistre, qui protège son terrain et sa famille avec beaucoup de diligence et une solide série de jappements si un étranger s'approche. Si la menace s'avère sérieuse, Beau accompagne ses aboiements d'une charge qui a pour effet de faire fuir invariablement l'intrus. Ce matin, Beau est à son poste habituel, sous la véranda. Il y a de l'ombre et c'est frais à cet endroit, il peut voir tout le territoire qu'il doit défendre.

Les cyclistes ralentissent en gravissant la côte qui mène à la cour de Beau. Leurs efforts pour vaincre la gravité sont accompagnés des seuls *bruissements* des roues libres et du *ahan* de leurs expirations difficiles.

Beau aperçoit les cyclistes au moment où ils atteignent le haut de la côte. Il a déjà vu des cyclistes et il est fier de les chasser de son territoire. Mais, ce matin, il y a quelque chose de nouveau: douze cyclistes qui se déplacent à l'unisson. Beau y voit un monstre à douze têtes, avec vingt-quatre bras et vingt-quatre jambes. Il doit protéger sa famille. Il doit être brave. Il sort en trombe de sa cachette sous la véranda et fonce dans la cour, lèvres retroussées, crocs sortis, allant de son plus féroce jappement.

Les cyclistes sont surpris. Ce n'est pas la première fois qu'ils sont attaqués par un chien en liberté. D'habitude, ils évitent la confrontation en roulant plus vite que la bête. Mais ce chien est particulièrement rapide et il s'apprête à les rejoindre. Il est trop tard pour fuir. Les cyclistes saisissent les seules armes anti-chiens à leur portée, leurs bouteilles d'eau et leurs pompes à air.

Arrivé au bout de sa cour, Beau hésite un instant. Il n'est pas sensé en sortir et il n'est pas question d'aller dans la rue, c'est interdit. Mais il s'agit d'un monstre à douze têtes avec quarante-huit appendices. Qui sait ce qui pourrait arriver à sa famille. Il n'a pas le choix, il doit désobéir aux règles et il franchit le trottoir d'un seul grand bond.

Parmi les cyclistes, il y a le propriétaire d'un lab qui ressemble beaucoup à Beau. Au lieu de saisir sa bouteille d'eau ou sa pompe à air, il regarde Beau et lui dit: « Hé! Où est ta balle? Va chercher ta balle. »

Quelques minutes plus tard, un des autres cyclistes lui dit: « C'était hallucinant. Je n'en croyais pas mes yeux. Il s'est arrêté net et est parti chercher sa balle. Comment savais-tu qu'il avait une balle? »

« C'est un labrador. Les labradors raffolent de balles de tennis. J'ai connu un ami qui a juré baptiser son prochain labrador Wilson pour que son nom apparaisse sur ses balles de tennis. »

Les cyclistes rient puis deviennent silencieux. On n'entend que le *bruissement* des roues libres et le *ahan* des expirations difficiles.

Beau a retrouvé son endroit préféré sous la véranda. Dans sa gueule, il tient une balle de tennis verte, toute trempée. Quand le monstre à douze têtes et aux quarante-huit appendices reviendra, il sera prêt.

John Arrington

J'aurais dû
enterrer
ses bâtons de golf
il y a longtemps!

Chiens de traîneau sans neige

Un jour d'été, mes chiens et moi marchions dans un des parcs municipaux de Cleveland et nous avons atteint une aire de pique-niques. Sur notre gauche, j'ai remarqué plusieurs « Port-O-Lets », ces toilettes portables qui ressemblent à une cabine téléphonique — dont une était utilisée de façon inhabituelle.

Garée à côté de cette toilette particulière, il y avait une voiturette. On aurait dit un de ces traîneaux d'entraînement avec des roues utilisées quand il n'y a pas de neige, mais je n'en étais pas certain. Peu importe, le traîneau n'était pas ce qui clochait. Ce qui était vraiment étrange, c'étaient les quatre chiens husky sibériens d'Alaska, genre malamute sous harnais, attachés à un attelage qui passait par la porte d'une des toilettes, comme si leur mission était de la tirer. J'imagine qu'il n'y avait pas moyen d'ancrer le traîneau et les chiens pendant que la personne répondait à ses besoins naturels, et qu'elle avait eu la brillante idée de simplement tenir l'attelage de chiens de l'intérieur de la toilette pendant qu'elle faisait ce qu'elle avait à faire.

Vous avez peut-être la même idée que moi devant ce spectacle. J'ai cherché mon appareil photo numérique dans mon sac pour photographier l'équipe de traîneau « Port-O-Let ». C'est alors que mes chiens ont commencé à tirer sur leur laisse au point où j'ai failli perdre l'équilibre. Je me suis retourné pour voir ce qui les avait excités à ce point.

Un écureuil avait décidé de faire une pause au milieu de la clairière sur ma gauche où il avait trouvé une noix qu'il essayait d'ouvrir. Avec mes trois chiens et les quatre autres attachés au Port-O-Let à proximité, il y avait problème. L'équipe de trait de la toilette n'avait pas encore aperçu l'écureuil, mais ce n'était qu'une question de temps, car mes chiens exécutaient la danse du « si-nous-n'étions-pas-attachés-à-cette-laisse-cet-écureuil-en-aurait-pour-son-argent » avec de plus en plus d'insistance.

Quelques secondes plus tard, les tireurs de toilette ont tourné la tête à l'unisson pour regarder mes chiens, puis l'écureuil. Ils ont eu la même idée que ma meute, qui tirait toujours vigoureusement sur les laisses. C'est alors que mes chiens ont vu les chiens de traîneau regarder l'écureuil et il s'est produit une sorte de communication de chasse tribale, non verbale: chacun des sept chiens a vu qu'il y aurait une course pour voir laquelle des deux équipes atteindrait l'écureuil en premier. Mes chiens ont tiré de plus belle et l'équipe de quatre chiens de traîneau, à l'unisson, s'est mise à aboyer furieusement en s'élançant en direction de l'écureuil.

Le mouvement des chiens a fait pivoter la toilette de trente degrés et elle s'est mise à danser dangereusement. Heureusement, elle ne s'est pas renversée, elle a juste vacillé une ou deux fois avant de se stabiliser. Mais rien n'allait arrêter pour autant la poursuite de l'écureuil. Ils ont donné un autre grand coup. Le Port-O-Let a tourné sur lui-même une autre fois et de l'intérieur de la forteresse verte est venu un cri humain qui a finalement percé à travers le vacarme des chiens. Le cri a eu pour effet immédiat de ralentir l'équipe de trait du Port-O-Let qui s'est immobilisée, toujours aux aguets.

Malheureusement, à ce moment-là, l'écureuil a compris que mes chiens n'allaient pas le rejoindre et que l'équipe Port-O-Let *ne pourrait pas* l'atteindre, pour entamer sa propre danse du la-la-la-lèèèreueu-vous-ne-pouvez-pas-me-courir-aprèèès, ce qui a eu pour effet de mettre l'équipe Port-O-Let en colère et d'affoler mes chiens.

Si vous vous êtes déjà demandé pourquoi les traîneaux à chiens sont bas et longs, et non hauts et carrés, comme un Port-O-Let, ce n'est pas une erreur de design. Quand les chiens ont redoublé d'efforts en aboyant et en tirant, le Port-O-Let a résisté de son mieux en se balançant dangereusement d'un côté et de l'autre. Sentant la victoire, les chiens ont oublié l'écureuil et ont commencé à synchroniser leurs efforts avec le balancement. Dans un grand coup, ils ont renversé la toilette. Cela a semblé leur procurer une énorme satisfaction; dès que le Port-O-Let a touché le sol, ils ont cessé de tirer. L'écureuil avait quitté les lieux et les chiens s'étaient calmés. Je pouvais maintenant entendre une série de jurons qui venaient du Port-O-Let renversé.

J'ai pensé que je devrais porter assistance à cette personne. Malheureusement, le Port-O-Let était tombé du côté de la porte qui donnait maintenant contre le sol. J'ai attaché mes chiens à un arbre et je me suis approché. J'ai demandé à l'occupant du Port-O-Let renversé s'il était blessé. Une voix de femme m'a répondu non — en fait, elle a utilisé des mots beaucoup plus colorés, mais, aux fins de cette histoire, je me contenterai de dire qu'elle a répondu non.

Le Port-O-Let ne pouvait en dire autant. Il était de toute évidence sérieusement amoché, car une grande quantité de liquide bleu s'en échappait. J'ai dit à la femme de s'agripper, car il me fallait retourner la toilette sur le côté pour qu'elle puisse en sortir. Deux ou trois élans plus tard, le Port-O-Let a fait un quart de tour et la porte était maintenant libérée. Elle s'est ouverte et j'ai vu la Schtroumpfette en sortir. La pauvre femme était couverte du « sang bleu » du Port-O-Let à l'agonie.

Ses chiens sont accourus et ont décidé qu'elle avait besoin d'un bain, ce qui ne lui a pas fait plaisir du tout. C'est alors qu'elle a vu qu'elle avait oublié l'étape 10 du processus de la salle de bain — remonter son pantalon —

et, dans un cri, elle a disparu dans le Port-O-Let pour le faire. Quand elle est réapparue, elle n'était pas d'humeur à parler de sa folle randonnée (et je la comprenais tellement!); je lui ai donc raconté la version abrégée de ce qui s'était produit à l'extérieur du Port-O-Let.

Je l'ai aidée à atteler ses chiens au traîneau et elle est partie, éclatante de bleu, sur les sentiers du boisé du parc Métro. J'ai ri en pensant aux réactions des marcheurs sereins du parc quand une Schtroumpfette furieuse accompagnée de sa joyeuse meute de chiens à la langue bleue les dépasserait.

Dave Wiley

Pour
du bon temps,
appelez Rex
555-1234

10

DES CHIENS ÉTONNANTS !

C'était une créature si belle
et si douce… et elle connaissait
plein de trucs.

La reine Victoria

Lucky impressionne le shérif

Lucky était un chien énorme — en réalité, il était *disproportionné*. Son cou était large, sa tête, étroite et ses yeux étaient trop rapprochés, ce qui lui donnait un air légèrement stupide. Un de mes amis a déjà décrit son cheval comme le « croisement entre un train et une clôture de broche ». Quand j'ai trouvé ce chien énorme à grosses taches, errant et affamé sur le côté de la route, j'ai pensé que cela le décrivait bien. Malgré son apparence, je l'ai ramené à la maison pour vivre avec nous.

Tard, un soir, je suis rentrée du travail, empruntant la longue allée qui menait à notre maison à la campagne et — comme d'habitude — j'ai garé la voiture en la tournant, prête pour le départ du lendemain matin. Lucky, comme d'habitude lui aussi, observait cette routine, la queue frétillante, et attendait que j'ouvre la portière de la voiture. Mais, ce soir-là, en sortant de la voiture, Lucky a grogné d'un air menaçant, a aboyé et s'est dirigé vers moi. Je suis rentrée dans la voiture et j'ai fermé la portière pour me protéger contre mon gros ami au pelage de vache noir et blanc qui était devenu carrément agressif. Incrédule, j'ai pensé aux centaines de boîtes de nourriture pour chiens de qualité que nous lui avions offertes. *C'est ainsi que tu me remercies?* Je suis restée assise dans mon cocon métallique, intriguée. Quand j'ai retrouvé mon calme, je me suis dit que le chien voulait simplement jouer et qu'il était idiot de rester ainsi dans le noir. J'ai ouvert tout grand la portière. Lucky a explosé et s'est dressé dans son imitation d'un « Bigfoot » de deux mètres. Il a poussé de tout son poids sur la portière et l'a refermée. Puis, montant la garde, il n'a jamais plus quitté la portière de ses yeux trop rapprochés.

L'automne était avancé au Tennessee où nous habitions. Même si les feuilles en avaient pour un autre mois à tomber dans le vent, les nuits froides déposaient déjà du frimas sur celles qui s'entassaient près de la porte. Je commençais à avoir froid quand mon mari s'est garé à mes côtés. « Que fais-tu là assise dans le froid? » m'a-t-il demandé.

J'ai baissé la vitre de quelques centimètres pour lui expliquer que Lucky était maintenant fou et que je ne pourrais jamais plus sortir de la voiture.

« Bon, allons voir ce qui contrarie notre gros ami », a répondu mon mari, terre-à-terre comme toujours.

Maintenant que le maître était rentré, Lucky m'a permis de sortir de la voiture. Comme nous approchions de la porte avec une lampe de poche, Lucky s'est précipité devant nous et nous a fait une imitation bizarre d'une girafe qui fait le chien d'arrêt. C'est à ce moment que nous l'avons entendu — ou plus précisément que nous l'avons pressenti — un bourdonnement sous un tas de feuilles. Ce ne pouvait être qu'une seule chose: un serpent à sonnette. (Quand j'ai vu mon premier serpent à sonnette, ce qui m'a le plus étonnée, c'est que les serpents à sonnette ne sonnent pas; ce que vous entendez, c'est le claquement de vos dents alors que des frissons parcourent votre dos.)

Pour une raison inexpliquée, le serpent est resté lové dans son coin jusqu'à l'arrivée du shérif du comté avec ses adjoints et leurs fusils. Quand nous avons enlevé les feuilles avec un râteau, nous avons vu que le crotale des bois était si gros qu'un homme ne pouvait en faire le tour avec ses deux mains. Nous avons aussi compris pourquoi le serpent n'avait pas bougé. Imaginez une douzaine de petits serpents rampant dans toutes les directions, avec deux adjoints costauds en uniformes, armés de râteaux et de pelles, qui tentent de rattraper les bébés serpents et les mettre dans un grand contenant, et un gros chien noir et blanc qui court de droite à gauche en aboyant, en dansant pour « donner un coup de main. »

Quand le ballet fut terminé et tous les serpents mis en cage, le shérif, épuisé, a dit qu'il avait travaillé dans les montagnes pendant des années, mais qu'il n'avait jamais vu « un serpent de cette taille ». Il a ajouté: « Madame, vous avez de la chance de pas avoir mis le pied sur ce nid de serpents dans le noir. Ce chien vous a sauvé la vie ce soir. Vous lui devez un gros steak Angus. »

Nous avons tous regardé Lucky, redevenu normal: un chien accueillant, amical, à l'air légèrement stupide qui remuait sa queue en compagnie de ses équipiers. Un héros improbable, mais un héros tout de même.

Le shérif a ensuite rendu le plus bel hommage qu'un chien de campagne puisse recevoir: « Oui, monsieur, vous avez là un *bon* chien. »

Nous avons dû en convenir.

Mariana Levine

Le chien qui a témoigné au tribunal

J'ai grandi à moins de 500 mètres d'un passage à niveau. Notre chien, Lenny, avait une très agaçante habitude: il hurlait chaque fois qu'un train sifflait en s'approchant du passage à niveau. C'était probablement à cause de son ouïe sensible. Peu importe s'il était dans la maison ou dehors. Il hurlait et hurlait jusqu'à ce que le train soit passé. Certains jours, selon la direction du vent, il hurlait même quand le train sifflait aux autres passages à niveau plus loin. Nous avons appris à nous accommoder de ce vacarme, surtout parce que nous aimions beaucoup notre chien.

Tôt un matin, nous prenions le petit-déjeuner quand nous avons entendu le bruit du train qui tentait de freiner, suivi d'une horrible collision. Mon frère s'est précipité hors de la maison et a couru au bout de la rue pour voir une masse informe sur le chasse-pierres de la grosse locomotive. Des pièces de voiture étaient étalées un peu partout. Malheureusement, le conducteur de la voiture était décédé sur le coup.

À la maison, nous avons conclu qu'il y avait eu une collision et nous avons appelé les secours d'urgence. Mais nous nous sommes tous dit immédiatement: « Lenny n'a pas hurlé. Le train n'a pas dû siffler! »

Sur les lieux de l'accident, mon frère a reconnu ce qui restait de la voiture, celle du père d'un de ses amis et a immédiatement pensé qu'il devait annoncer la triste nouvelle à la famille. Quand le chef des secouristes est arrivé, mon frère lui a déclaré: « Le conducteur du train a dû *omettre* de siffler, car notre chien n'a pas hurlé, il le fait toujours! »

L'histoire de Lenny qui hurlait a rapidement fait le tour de notre petite communauté alors que tous partageaient la peine de l'épouse et de la famille. On spéculait beaucoup à savoir si le conducteur du train avait ou non activé le sifflet comme il le prétendait. Certaines personnes sont même venues constater directement le phénomène du « chien hurleur » et elles sont reparties convaincues que le train n'avait pas dû siffler!

Privée de son pourvoyeur, la famille de neuf personnes était dans la misère. Un des avocats du comté parmi les plus connus et les plus brillants a décidé de porter plainte contre la tristement célèbre Soo Line au nom de la veuve et des enfants. (Des honoraires lui seraient versés que s'il gagnait son procès, bien sûr!) L'avocat a retenu les services d'un enquêteur et d'un technicien de son. Pendant des jours, à toute heure, les deux hommes se sont retrouvés dans notre cour et notre maison, attendant les trains et enregistrant fidèlement les hurlements de Lenny. Lenny, fidèle à son habitude, soulignait de son hurlement caractéristique et perçant l'arrivée des convois ferroviaires près du passage à niveau où était survenue la tragédie. Ils ont même enregistré ses hurlements alors qu'on entendait les sifflements de trains à des passages à niveaux voisins provenant des deux directions lorsque le vent était favorable. L'avocat a été convaincu.

La preuve enregistrée, déposée au tribunal, ainsi que les témoignages des membres de ma famille ont convaincu le juge et le jury. La compensation versée à la famille a assuré leur avenir et protégé leur maison. Les archives du tribunal du comté indiquent bien que c'est le témoignage du chien qui a été retenu!

Sr Mary K. Himens, S.S.C.M.

Le plus brave des chiens

De la porte arrière, Lisa a souri en regardant son mari, Mike, s'enfoncer dans la forêt qui entourait leur résidence du Tennessee avec Sadie, son setter anglais de deux ans qui gambadait à ses côtés.

Mike avait toujours voulu un chien et, l'année précédente, le père de Lisa avait sauvé Sadie d'un propriétaire négligent et il la leur avait apportée. Au début, Sadie était pitoyablement timide et méfiante. Elle s'écrasait et gémissait à chaque geste imprévu dans sa direction, et les bruits forts et soudains la faisaient japper et s'enfuir.

Lisa avait démêlé les franges de la longue robe de Sadie tachetée de noir et blanc et Mike avait passé des heures à l'apprivoiser et à jouer avec elle pour gagner sa confiance. Toute cette attention et ces soins aimants avaient transformé Sadie en une chienne heureuse et affectueuse qui suivait Mike partout comme son ombre.

Le père de Lisa leur avait dit dès les premiers jours: « Si vous traitez bien cette chienne, elle vous le rendra. » Ce matin, Sadie allait prouver la puissance de ce lien, au-delà de tout doute…

Sadie ouvrait la voie le long du sentier familier qu'elle parcourait matin et soir avec Mike. Il lui arrivait de lever des oiseaux dans les broussailles avant de s'asseoir, fascinée, et de les regarder s'envoler. Cela faisait bien rire Mike. Parfois, elle fonçait dans les sous-bois, attirée par une odeur intéressante. Mais elle revenait toujours quand Mike l'appelait ou faisait entendre son sifflet.

Quelle bonne chienne, se disait Mike en la revoyant jouant avec son fils de trois ans, Kyle, et sa fille de deux ans, Chelsea. Elle était toujours douce, acceptant stoïquement qu'ils lui tirent les oreilles ou la queue par inadvertance.

Ils avaient franchi environ 500 mètres et Sadie était en exploration quand Mike a ressenti une douleur aiguë au poignet. Il avait eu des douleurs semblables depuis quelque temps, mais il les avait ignorées lorsqu'elles avaient disparu. Il a cru que c'était probablement une bursite. Pourtant, cette fois, la douleur brûlante a rapidement envahi son bras et il a éprouvé des nausées. *Que se passe-t-il?* Inquiet, il a décidé *qu'il vaudrait mieux rentrer.*

Alors qu'il cherchait son sifflet à son cou pour rappeler Sadie, il a ressenti une douleur atroce à la poitrine, comme s'il avait reçu un coup de massue. Il est tombé à genoux, le souffle coupé. Désespéré, il n'a pu donner qu'un bref coup de sifflet avant de s'écraser face contre terre. Avec la douleur qui brûlait sa poitrine et son bras gauche qui était engourdi, il a eu cette pensée horrible: *c'est une crise cardiaque — et je n'ai que trente-six ans!*

Soudain il a senti Sadie près de lui qui le poussait de son museau doux et humide. Sentant que Mike était en difficulté, elle a gémi doucement en le regardant de ses yeux inquiets, comme pour dire: *Que se passe-t-il?*

Mike a pris conscience que sa vie dépendait de Sadie. Il savait qu'elle ne l'abandonnerait jamais pour aller chercher du secours, même s'il essayait de l'envoyer. Et Lisa ne s'inquiéterait pas de leur absence avant une bonne heure — peut-être plus. *Si je m'agrippais à elle, elle pourrait peut-être me traîner assez près de la maison pour que j'appelle au secours,* a-t-il pensé. *Mais le pourra-t-elle? Le fera-t-elle?* Puisant dans ses dernières forces, il a tendu la main et saisi le collier de Sadie de son bras valide en l'exhortant: « À la maison, ma fille! »

Sadie a senti qu'elle devait passer à l'action. Lentement, la chienne de 20 kilos a commencé à tirer l'homme de 80 kilos le long du sentier rocailleux. Gémissant de douleur, Mike s'accrochait de toutes ses forces. Il a pensé à Lisa qui l'attendait à la maison. Lisa dont il avait fait la connaissance au travail quand il était arrivé de Californie six années plus tôt. La belle et intelligente Lisa qui avait rapidement conquis son cœur avec son sourire dévastateur et la douceur de son âme. Il a repensé au jour de leur mariage quand il lui avait dit: « Grâce à toi, je suis l'homme le plus fier du monde. » Ce sentiment avait grandi pendant tout le temps qu'ils ont vécu ensemble. *Pas assez de temps!* pensa Mike. *Il nous reste toute la vie devant nous.*

Sadie peinait et tirait, chancelant sous le poids de Mike qui sollicitait ses muscles. Son martyre se poursuivait pendant que la chienne le traînait sur les racines et les pierres. La douleur, tel un étau, comprimait sa poitrine alors qu'il pensait: *Je n'y arriverai jamais.*

Des images de ses enfants ont envahi son esprit: la petite Chelsea trottinant dans la maison en serrant sa précieuse poupée Raggedy Ann. Kyle, son ombre fidèle, aidant son papa à réparer son camion et jouant à la balle dans la cour.

Je ne peux pas mourir, s'est dit Mike. *Ma famille a besoin de moi!*

Soudain, une nouvelle image s'est présentée à lui. La carte avec la photo de famille qu'ils avaient envoyée à Noël. Chelsea assise sur les genoux de Lisa, Kyle sur les siens et, joliment assise devant eux, Sadie. La vie de Mike reposait désormais sur ses épaules poilues. À ce moment, il perdait et reprenait connaissance. Chaque fois que la noirceur arrivait et que Sadie sentait ses doigts qui perdaient prise sur son collier, elle s'arrêtait et léchait son visage en gémissant avec insistance jusqu'à ce qu'il reprenne connaissance.

Mike réussissait à saisir son collier de nouveau et à s'accrocher malgré la douleur intense dans sa poitrine, et

Sadie repartait de plus belle. Les pierres et les ronces déchiraient ses vêtements pendant que Sadie le traînait sur le sol accidenté, ne s'arrêtant qu'occasionnellement pour reprendre son souffle et ses forces avant de repartir.

C'est alors que s'est présenté un obstacle encore plus difficile: une colline abrupte. Habituellement, elle la montait en courant sans difficulté, quand elle n'avait pas à traîner quatre fois son propre poids! Sadie s'est arrêtée un instant pour reprendre ses forces. Mike l'a encouragée: « Tu es capable, ma belle! »

Après lui avoir léché la figure, Sadie est repartie de plus belle, s'agrippant de ses pattes et forçant de tous ses muscles sur chaque centimètre du chemin, en grognant sous l'effort.

« Bravo, Sadie! », disait Mike pour l'encourager pendant qu'ils escaladaient la colline, mètre après mètre, jusqu'à ce qu'ils atteignent le sommet avant de glisser sur l'autre versant.

Mike a aperçu la maison de son voisin, mais il était trop faible et essoufflé pour appeler au secours. *Ce sera la dernière chose que je verrai de mon vivant,* a-t-il pensé en perdant peu à peu conscience.

Mais ses doigts n'avaient pas lâché le collier de Sadie qui avançait résolument en traînant le poids mort d'un Mike inconscient, refusant de s'arrêter jusqu'à ce qu'elle le tire enfin dans l'ouverture de la clôture, à travers la cour arrière jusqu'au pied de l'escalier menant à la maison des Miller.

Une fois là, elle s'est mise à aboyer et à hurler comme jamais auparavant. Alertée par le bruit, Lisa a ouvert la porte arrière et a eu le souffle coupé en voyant son mari écrasé au sol et Sadie penchée sur lui.

« Mike! Qu'est-ce qui ne va pas? » a-t-elle crié en courant vers lui.

Les yeux de Mike se sont ouverts. Il a gémi: « Mon cœur, je crois. »

Oh! Mon Dieu! a-t-elle dit, paniquée, se ruant sur le téléphone pour faire le 9-1-1 avant de se ruer de nouveau vers Mike.

Pendant qu'ils attendaient l'ambulance, Mike a pu lui dire: « Sadie m'a sauvé la vie. Elle m'a traîné de la forêt jusqu'à la maison. »

Incrédule, Lisa observait la chienne haletante qui refusait de quitter Mike. Tenant la main de Mike, elle a mis son autre bras autour de Sadie, l'a étreinte et, dans un sanglot, elle a dit: « Bonne fille, Sadie ».

À l'hôpital, les médecins ont découvert que Mike avait fait une foudroyante crise cardiaque et lui ont fait d'urgence un triple pontage coronarien. « Vous irez bien, mais estimez-vous chanceux d'être en vie », lui ont dit les médecins après l'intervention. Mike savait qui remercier.

C'est ce qu'il a fait, une semaine plus tard en rentrant à la maison. Sadie sautait autour de lui, toute heureuse de le revoir. Mike a ouvert un sac d'os provenant de la boucherie. « Des gâteries pour mon héroïne », a-t-il dit en la prenant dans ses bras.

Aujourd'hui, Mike est complètement remis. Avec sa chienne, il fait de longues promenades et passe des heures à lancer des bâtons qu'elle rapporte avec plaisir. Rien n'est trop beau pour elle, car il sait que sans Sadie il ne serait pas rentré chez lui vivant.

Lisa est encore ébahie que Sadie ait été capable de traîner Mike tout le long jusqu'à la maison par ses seuls moyens. « Je crois que cela illustre bien à quel point le pouvoir de l'amour est fort », affirme-t-elle.

Sherry Cremona-Van Der Elst
Déjà publié dans le Woman's World Magazine

Beaucoup d'amour dans un petit format

Si vous croyez que les chiens ne savent pas compter, essayez de mettre trois biscuits dans votre poche et de n'en donner que deux à Fido.

Phil Pastoret

Debbie Lynn n'avait jamais eu l'intention de devenir mannequin, cela s'était tout simplement produit. Même si elle voulait poursuivre d'autres intérêts, il lui était difficile de quitter le succès que lui avait apporté le travail de mannequin. Sa vie trépidante l'amenait à voyager constamment, ce qui lui laissait peu de temps pour d'autres intérêts. Elle avait pensé faire le saut, quitter ce travail pour entreprendre quelque chose de nouveau, mais elle se disait toujours: « Encore un an! »

Tout cela a changé le jour où Deb, revenant d'un contrat à l'étranger, a pris un taxi à l'aéroport. Au lieu de la ramener à la maison, le chauffeur ivre lui a volé sa carrière et sa santé dans un horrible accident de voiture dans lequel Deb a failli ne pas survivre. Soudain, « Encore un an! » comme mannequin n'était plus un choix. Deb s'est retrouvée avec une succession de problèmes de santé débilitants dont certains étaient causés pas les effets secondaires des médicaments qui étaient censés la maintenir en vie. Cette fois, elle n'avait plus le choix, elle devait repartir de zéro.

Bien qu'elle eût des chiens durant son enfance et qu'elle désirât s'en procurer un depuis longtemps, ses horaires de travail l'en avaient empêchée pendant des années. Désormais, se procurer le parfait compagnon canin figurait tout en haut de sa liste de souhaits.

Cependant, il fallait que le chien réponde à des critères bien précis. La sclérodermie dont elle était affligée rendait sa peau si fragile que le moindre coup pouvait la déchirer et causer un saignement. Non seulement cela, mais une hémophilie secondaire empêchait les coupures de se coaguler et Deb pouvait mourir si le saignement n'était pas arrêté à temps. Ses médecins, craignant qu'un gros chien ne la blesse accidentellement, ont dit à Deb que le poids maximum qu'elle pourrait tolérer était de deux livres et demie (un peu plus d'un kilo). De plus, la capacité de ses poumons étant gravement diminuée, la mue était aussi un problème.

Peu importe, Deb était déterminée à trouver son chien idéal. Il lui a fallu dix-huit mois pour trouver le parfait terrier yorkshire de un kilo, qu'elle a nommé Cosette. Son chiot avait ses propres besoins spéciaux — à cause de sa petite taille, Cosette ne pouvait digérer les nourritures commerciales pour chiens et il lui fallait un régime végétarien spécial. Deb était prête à faire tout ce qu'il fallait pour assurer la santé et le bonheur de sa nouvelle compagne.

Après quelques semaines de vie ensemble, Cosette n'avait alors que cinq mois, la petite chienne format de poche s'est soudain mise à « agir bizarrement ». Cosette accourait vers Deb, lui touchait doucement la cheville de sa patte et émettait un étrange petit cri que Deb n'avait jamais entendu auparavant. Le chiot ne s'arrêtait pas, répétant ce comportement de nombreuses fois. *Que se passait-il?* Deb craignait que Cosette ait perdu la raison. En plus de tous les problèmes qui l'affligeaient déjà, elle ne voulait pas que le chiot dont elle était devenue amoureuse ait aussi des problèmes de comportement. Deb savait qu'elle pouvait s'occuper du régime alimentaire maison, mais pourrait-elle gérer quelque chose de pire?

Deb n'a jamais pensé que Cosette essayait de lui dire quelque chose, jusqu'à ce que son médecin les voie ensemble. Pendant une visite à domicile, le médecin de Deb a été témoin d'une des crises étranges de Cosette. Certains de ses patients avaient des chiens qui les avertissaient de l'imminence d'une situation médicale, il a donc compris que le chiot « savait » d'avance que Deb serait victime d'un problème médical grave. Assurément, sept minutes plus tard, une des dangereuses migraines de Deb a commencé.

Deb était renversée! Elle avait entendu parler de ce talent et elle savait qu'on ne pouvait pas entraîner les chiens à cela; ils « savent » ou ne savent pas, et c'est le lien entre l'animal et la personne qui fait que cela se produit. Elle n'avait jamais envisagé de se procurer un chien d'assistance, mais Cosette avait décidé pour elle. Les talents du chiot ont procuré à Deb une liberté qu'elle n'avait jamais espérée et lui ont permis de prendre des médicaments et de prévenir les maux de tête qui, en plus d'être douloureux, pouvaient aussi causer des hémorragies qui lui seraient fatales.

Le médecin a dit à Deb que son chiot pouvait poursuivre un entraînement et obtenir une certification, ce qui permettrait à Cosette de l'accompagner partout où elle irait. La Delta Society, un regroupement national qui certifie les chiens d'assistance, lui a recommandé un entraîneur. Il n'a fallu que quatre mois au petit chien, qui avait un instinct inné de chien d'assistance, pour obtenir sa certification.

Deb avait aussi subi une perte auditive à la suite de son accident, ce qui rendait difficile pour elle d'entendre les bruits de sonnerie, comme ceux de la porte, du téléphone, de la laveuse et de la sécheuse. Cosette a donc appris à avertir Deb quand ces sons se produisaient. Elle a aussi appris à alerter Deb quand une personne ou quelque chose s'approchait d'elle à partir de ses angles morts périphériques.

Cosette a aussi découvert une façon d'aider Deb que l'entraîneur lui-même n'avait pas envisagée. L'odorat développé de Cosette lui permet d'alerter Deb lorsqu'elle se coupe sans s'en rendre compte. Elle commence par pousser et pousser sur les chevilles de Deb pour qu'elle descende à son niveau. Alors, Cosette met sa langue sur la coupure, trouve un bon point d'appui et pousse. Deb dit que le minuscule chien peut vraiment mettre beaucoup de pression. Un traitement dure entre vingt et quarante minutes, ou jusqu'à ce que le sang cesse de couler, et Cosette semble savoir le temps nécessaire. Sans les attentions habiles de Cosette, Deb devrait passer la journée entière dans une salle d'urgence.

Deb souffre aussi d'arythmie cardiaque. Souvent, elle ne se rend pas compte que sa respiration est devenue superficielle jusqu'à ce qu'elle perde conscience. Maintenant, quand le cœur de Deb manque un battement, Cosette l'avertit pour qu'elle puisse prendre ses médicaments à temps afin d'éviter le problème. Pendant son sommeil, le cœur de Deb cesse parfois de battre, jusqu'à ce que Cosette entre en action, littéralement, en sautant sur sa poitrine. Règle générale, le cœur se remet à battre immédiatement; dans le cas contraire, Cosette sait même composer le 9-1-1!

Cosette a appris à faire le 9-1-1 sur tout téléphone à boutons-poussoirs en tapant les trois chiffres pour appeler à l'aide où qu'elle soit, en tout temps, même d'un téléphone portable quand elles sont loin de la maison. Deb laisse toujours des téléphones à portée de pattes dans la maison. Cosette a appelé le 9-1-1 et sauvé la vie de Deb plus de trente fois durant leurs années ensemble.

La petite chienne qui lui sauve la vie permet aussi à Deb de gagner la sienne. Cosette a inspiré Debbie dans la création de trois sites Web destinés aux amis des bêtes. La *Collection privée de Cosette* est une ligne de produits de toilettage pour chiens entièrement naturels. Les *Choix de Cosette* offrent des biscuits biologiques, des suppléments alimentaires pour chiens qui ont des besoins spéciaux (comme Cosette elle-même), et même le *Club du Biscuit-du-mois*. Le troisième site, *La garde-robe de Cosette,* permet à Deb de mettre en pratique son expérience et son bon goût acquis dans le monde de la mode et d'offrir une collection particulière de vêtements canins, dont des robes de demoiselle d'honneur pour chiennes, des robes soleil et des habits de soirée. Bien entendu, Cosette possède sa propre collection de créations canines.

Cosette porte ses tenues spéciales quand elle accompagne Deb au restaurant. Lors de son dernier anniversaire, Cosette a adoré le riz et les haricots préparés dans son restaurant mexicain favori où le gérant, un de ses admirateurs, a même insisté pour lui chanter « Bon anniversaire ».

Évidemment, sa plus grande admiratrice est Debbie Lynn. L'ex-mannequin — devenue une entrepreneure prospère — ignorait qu'elle s'attacherait si fortement à un chien. Pourtant elle ne peut plus se séparer de sa petite compagne et chienne d'assistance qui représente tout pour elle. Deb sait que le sentiment est réciproque; elle est émerveillée par la profondeur de l'amour que lui porte Cosette. Aujourd'hui, elles vivent l'une pour l'autre.

Amy D. Shojai

Pedro le pêcheur

La plus touchante histoire de chien que j'ai entendue m'a été racontée il y a 30 ans par une voisine à son retour d'une croisière en Méditerranée.

L'histoire se déroule dans une petite baie à l'est de l'île espagnole de Majorque. C'est là que vivait un Anglais, plongeur professionnel, sur son yacht avec son chien, un springer anglais. Il avait amarré son yacht à un quai où les conditions de plongée étaient idéales. Chaque fois que l'Anglais plongeait, le chien, inquiet, attendait son retour sur le quai. Un jour, le chien s'est tellement inquiété de voir l'Anglais disparaître dans l'eau qu'il y a plongé à son tour.

Sous l'eau, le chien a vu un banc de poissons passer près de lui. Il a attrapé un poisson et l'a remonté sur le quai. L'Anglais, étonné et content, l'a félicité. Par la suite, le chien accompagnait l'homme dans ses plongées. Avec le temps, le chien est devenu un pêcheur accompli, ce qui plaisait beaucoup à l'homme. L'Anglais a raconté les exploits de son chien aux résidants de l'île et ils sont venus au quai pour l'observer. Charmés, ils ont commencé à appeler le chien Pedro, comme Pierre, le pêcheur.

Un jour, l'Anglais est devenu malade et, peu après, il est décédé. Les gens du village ont voulu adopter Pedro, mais le chien refusait de quitter la plage de peur de rater le retour de son maître. Il attendait sur la plage, beau temps, mauvais temps. Les gens ont essayé de le nourrir, mais ils ont fini par abandonner. Il n'accepterait que la nourriture offerte par son maître. Finalement, pour se nourrir, Pedro a recommencé à pêcher.

Sur cette même île, il y avait un certain nombre de chats errants. Affamés, ils se réunissaient pour regarder Pedro plonger dans les bancs de poissons, choisir un poisson à son goût et le rapporter sur la plage pour le manger. Les chats se battaient pour s'approprier les restes. Le chien a dû noter cela, car un matin, après s'être rassasié, Pedro a plongé de nouveau et est revenu avec un gros poisson qu'il a déposé près du groupe de chats. Il s'est retiré et a observé la scène. Un chat noir, plus brave que les autres, s'est approché du poisson, l'a attrapé et s'est enfui. Par la suite, en plus d'attendre son maître, le chien s'est donné comme devoir de nourrir les défavorisés. Depuis, chaque matin, Pedro le pêcheur partage sa pêche avec les chats affamés de Majorque.

Bob Toren

L'ange gardien d'Angel

Quand nous avons fait la connaissance de Frisbee, elle n'était pas très intéressante, une boule de poils noirs et blancs qui se débattait avec une technicienne vétérinaire impatiente. Quelqu'un avait abandonné deux chiots âgés de six semaines dans une boîte derrière la quincaillerie à la sortie de la ville. C'était en avril au Texas, les chiots étaient donc seuls et affamés, mais, heureusement, ils n'ont pas gelé. Nous avons accepté de les héberger.

Le mois suivant, alors que les chiots grandissaient, notre famille s'est portée volontaire aux samedis de l'adoption du refuge local, et nous tenions les laisses des chiens plus âgés qui attendaient un foyer permanent. Trois semaines de suite, mon mari a tenu la laisse d'un affectueux braque croisé de Weimar, un chien de troupeau gris et blanc d'un an qui répondait au nom d'Angel. Un bénévole avait trouvé Angel étendue sur le bord de la route. Personne ne savait si elle avait été heurtée ou lancée d'une automobile, mais en plus de ses blessures, elle avait le ver du cœur et avait passé des mois en traitement à la clinique vétérinaire.

Il arrive qu'un chien adopté ne développe pas une bonne chimie avec sa famille adoptive et qu'il soit retourné au refuge. Nous avons été étonnés d'apprendre qu'Angel avait été retournée trois fois pour « comportement erratique » et qu'on l'avait classée « difficile à placer ». Nous avons tenu un conseil de famille et décidé de ramener Angel à la maison. Le week-end suivant, une famille a adopté un de nos chiots, nous laissant l'autre, une femelle que nous avions nommée Frisbee. Angel et elle s'entendaient bien. En fait, nous nous posions des questions sur les autres foyers où Angel avait été adoptée, car son comportement n'était pas erratique, ni avec les humains ni avec les autres chiens. Son seul défaut était qu'elle voulait être près de nous et que nous ne cessions de trébucher sur elle. Elle glissait sa tête entre les barreaux de ma chaise. Elle s'appuyait contre mes jambes pendant que je faisais la vaisselle.

Une semaine après l'adoption d'Angel, la famille était réunie autour de la table pour le repas du soir. Angel et Frisbee étaient allongées sous la table. Soudain, il y a eu un bruit sourd et lourd suivi d'un bruit de grattement alors que la chaise vide à côté de moi s'est mystérieusement reculée. Nous avons entendu encore plus de bruit, puis Frisbee s'est précipitée de sous la table. J'ai pensé que les chiennes se querellaient et je me suis penchée pour les réprimander.

Je n'avais jamais vu de crise d'épilepsie auparavant. Les yeux d'Angel étaient voilés et sa tête cognait à répétition sur le sol. Ses pattes s'agitaient comme si elle tentait de fuir quelque démon invisible. Nos enfants ont reculé les chaises et j'ai protégé la tête d'Angel pendant que mon mari appelait le vétérinaire. Nous espérions que ce n'était qu'une crise qui ne se reproduirait plus. Elle avait peut-être mangé quelque chose qu'on aurait lancé par-dessus la clôture. Peut-être une plante empoisonnée. (Il lui arrivait de gruger les arbres comme un castor!) Mais, ce soir-là, le vétérinaire a fait la première d'une longue série de visites chez nous.

Les crises d'Angel devenaient de plus en plus fréquentes. Nous avons essayé toute une série de médicaments, nous avons fait des lectures, nous avons communiqué avec des acupuncteurs canins et consulté des spécialistes à Houston qui lui ont fait un prélèvement de moelle épinière. On a diagnostiqué chez Angel une épilepsie idiopathique, un diagnostic bien cruel, car il signifiait qu'elle faisait des crises dont on ne pouvait identifier la source. Nous pouvions traiter les symptômes, mais pas la cause. Les vétérinaires ont déclaré que les crises d'Angel étaient exceptionnellement violentes et qu'elle vivrait encore une année ou deux, tout au plus. C'est alors que nous avons décidé d'adopter Frisbee. Nous nous disions qu'il nous serait plus facile de vivre la perte d'Angel si nous avions déjà un autre chien.

Même si les médicaments atténuaient les crises d'Angel, il lui arrivait plusieurs fois par jour de se raidir et de fixer le vide lors des crises de petit mal. Puis, elle secouait la tête comme pour remettre ses esprits en place et poursuivait ses activités comme si rien ne s'était produit. Il était plus difficile de regarder ses crises de grand mal. Elles se produisaient sans avertissement et étaient d'une violence brutale. Si elle était seule, il arrivait que la tête d'Angel frappe le sol jusqu'à faire saigner sa mâchoire. Nous avons tenté de modifier nos horaires pour être plus souvent à la maison. Malgré cela, plusieurs fois par semaine, nous revenions à la maison pour y trouver un désastre.

Pendant la semaine de l'Action de grâce, Angel a fait plusieurs crises de grand mal. J'ai dû réduire son activité favorite et rester plus près de la maison, car elle avait fait une crise au milieu de sa promenade et j'avais été obligée de ramener dans mes bras un poids mort de 30 kilos. Notre famille était bien triste.

À cette époque, notre « chiot » Frisbee était devenu une chienne musclée de sept mois, de 23 kilos. Elle avait grandi en voyant les crises d'Angel et s'était fait dire « assis » ou « recule » pendant que je tenais la tête d'Angel. Un soir, j'ai entendu Frisbee aboyer. Ce n'était pas le jappement « il y a quelqu'un à la porte » ni celui « il y a un écureuil dans la cour ». Je me suis dirigée vers la source de l'aboiement et j'ai trouvé Frisbee qui tenait Angel clouée au sol.

Certains chiens ont le talent naturel de sentir venir les crises. Les gens font appel à ces chiens pour être avertis de l'imminence d'une crise et se placer dans un lieu sécuritaire avant son déclenchement. D'autres chiens, s'ils sont incapables de prédire une crise, se couchent sur le malade jusqu'à ce qu'il reprenne conscience. Ils immobilisent la personne et la protègent. C'est ce que Frisbee faisait pour Angel même si elle n'avait pas été entraînée à cette tâche.

Frisbee a continué d'assister Angel pendant ses crises. J'ignore ce que Frisbee « dit » à Angel pendant qu'elle la retient immobile. Je sais, par contre, que si une crise se produit pendant que mon mari ou moi sommes absents de la pièce, Frisbee passe à l'action. Il semble qu'elle nous ait observés tenir Angel et qu'elle ait décidé qu'elle pouvait être utile. Nous nous inquiétions chaque fois que nous quittions la maison, car nous ignorions si une crise allait survenir. Aujourd'hui, Frisbee prend la relève.

Frisbee sert aussi de « pattes de rechange » pour Angel. Nos chiennes n'aboient pas pour sortir ou rentrer. Elles « frappent » à la porte. Angel adore se promener et tout va bien tant que ses quatre pattes touchent le sol. Cependant, ses médicaments la rendent instable et elle éprouve de la difficulté à se tenir sur ses pattes arrière pour frapper à la porte. Si les deux chiens sont à l'extérieur, Frisbee frappe à la porte avant de se mettre derrière Angel et la laisser entrer en premier. Si Frisbee est à l'intérieur et qu'elle voit Angel qui attend pour rentrer, elle frappe à la porte comme si elle voulait sortir avant de se coucher au moment où on fait entrer Angel.

Frisbee n'est pas parfaite. Elle a horreur de se faire essuyer les pattes. Elle grogne en présence de chiens qu'elle ne connaît pas. Elle tire sur sa laisse pendant ses promenades. Mais ça va. Grâce à Frisbee, cinq ans après son sombre diagnostic, Angel est toujours la même chienne à la queue frétillante, dévoreuse de friandises, adorée par toute la famille. Ce que Frisbee ne fait pas importe peu. Par ce qu'elle fait, elle est l'ange gardien d'Angel.

Wendy Greenley

Ramène-moi à la maison!

Lorsque j'ai donné à Perrier, mon chien guide labrador noir, le commandement: « Avance, à l'intérieur », j'ai senti mon cœur débattre. Obéirait-il et monterait-il les trois marches pour entrer dans le train? Quelques instants plus tôt, le train de banlieue était entré en gare, parti de Philadelphie en route vers Newark, New Jersey. Les freins ont grincé, le train s'est arrêté près de nous et Perrier est resté assis calmement sur le quai à mes côtés. Je me demandais s'il monterait dans le train. Pas de problème! Perrier s'est conduit en professionnel expérimenté qu'il était et m'a conduit vers l'escalier puis le wagon-restaurant.

Quatre jours plus tôt, nous étions rentrés du centre Seeing Eye de Morristown, au New Jersey, après trois semaines et demie où nous avions appris à travailler en équipe. À l'époque, je vivais avec ma femme, Phyllis, et ma fille, Lori, dans une banlieue de Philadelphie. Perrier s'est rapidement acclimaté à la vie dans notre appartement et, au cours des quelques jours qui ont suivi, nous avons fait de nombreuses courtes promenades dans le quartier — une expérience nouvelle sans ma longue canne blanche. Nous sommes allés dans les magasins du quartier et Perrier a rapidement appris à faire une pause devant le comptoir des glaces pour voir si c'était un de ces jours où je céderais à ma passion crémeuse. Le temps était venu pour moi de retourner au travail à New York, ce qui serait un véritable test des compétences de Perrier.

Bobby, mon chef de train préféré, était de service ce matin-là et il nous a accueillis avec enthousiasme. Comme tous les chefs de train d'expérience, il connaissait le nom de chacun de ses passagers réguliers. Pendant que je plaçais Perrier sous une des tables du wagon-restaurant, Jim, le serveur, m'a demandé si je voulais mon café et mon muffin habituels. Ce trajet journalier a été le premier d'une longue série qui a duré cinq ans, jusqu'à ce que je déménage à New York. Mon trajet durait environ une heure, car c'était un parcours « local » typique avec de fréquents arrêts. Ce premier voyage, cependant, m'a réservé plusieurs surprises. Quand le train s'est arrêté la première fois, Perrier s'est levé et a voulu m'entraîner vers la sortie. Puisque je savais que nous avions plus d'une heure devant nous, j'ai fermement résisté à sa tentative et je l'ai replacé sous mon siège. À chacun des arrêts suivants, la scène s'est répétée. J'ai fini par comprendre que, pendant nos séances de formation, chaque équipe prenait le train de banlieue, voyageait sur un arrêt, descendait, traversait le quai et reprenait le train de retour, un arrêt jusqu'à Morristown. Dans l'esprit de Perrier, le trajet quotidien vers le travail durait un arrêt, pas plus!

J'ai aussi été surpris de l'attention que m'ont accordée les autres voyageurs, dont plusieurs ne m'avaient jamais adressé la parole pendant les années où nous avions voyagé ensemble. Nous avons beaucoup parlé de chiens, ils m'ont posé des questions sur Perrier et raconté des souvenirs des chiens qu'ils avaient eus.

Une fois rendu à la gare de Newark, deux possibilités s'offraient à moi: je pouvais prendre le train Amtrak de Newark à Manhattan, un voyage de quinze minutes, ou le réseau de métro du Port Authority. Le métro offrait l'avantage de me laisser une courte marche vers mon bureau au Collège Baruch, mais le trajet durait quarante-cinq minutes. En cette première journée, au moment où je descendais du train de banlieue à Newark, un train d'Amtrak entrait en gare sur le quai d'à côté. J'ai décidé de le prendre. À mon commandement « Avance », Perrier a traversé la foule habilement et s'est assuré que je serais le premier à bord du train qui attendait. C'est au cours de cette correspondance que j'ai compris que mon nouveau partenaire était le chien idéal pour travailler dans la ville de New York.

Arrivé à Manhattan, j'ai décidé de marcher jusqu'au bureau, une distance d'un kilomètre et demi. Après avoir franchi plusieurs rues vers le sud sur la 8e Avenue, Perrier a tourné à droite et, à ma grande surprise il a tenté de monter dans un autobus en direction nord! Il me faisait savoir clairement, ce qui se répéta souvent au cours de notre association de huit ans, *J'aime mieux les transports en commun que la marche!* Malheureusement pour Perrier, l'autobus allait dans la mauvaise direction.

Vingt minutes plus tard, à mon arrivée au bureau, j'étais emballé. Cet excitant sentiment d'indépendance nouvelle était renforcé chaque fois que Perrier s'arrêtait à une intersection, évitait les passants pressés et traversait avec assurance les rues achalandées. Ce qui avait été pénible au cours des dernières années était devenu une aventure excitante!

Nos années de voyages dans la ville ont été marquées de nombreuses expériences uniques. S'arrêter aux escaliers, éviter les portes de caves ouvertes, naviguer dans le tumulte de la vie urbaine, se faufiler entre les voitures qui envahissent les passages piétonniers, tout cela faisait partie de la vie quotidienne de mon magnifique partenaire canin. La seule constante était l'omniprésence des défis.

Je n'oublierai jamais une expérience mémorable. Ce jour-là, l'aptitude intuitive de guide de Perrier a largement débordé ses devoirs routiniers. J'ai quitté le bureau alors qu'une importante tempête de neige s'abattait sur le nord-est et, au moment où je suis arrivé à la gare près de chez moi, il était tombé plus de 25 centimètres de neige. En descendant du train, j'ai été enveloppé par un nouveau monde étranger. Pour un aveugle, la neige est l'équivalent du brouillard pour un voyant. Habituellement, Phyllis m'attendait à la gare. J'ai donc écouté pour entendre le son de sa voix ou le bruit du moteur de la voiture. Le train est reparti et j'ai compris que j'étais seul, car aucun autre passager n'était descendu du train. La tempête avait été si subite et importante que non seulement Phyllis n'avait pu venir me chercher à la gare, mais il n'y avait aucune voiture sur la route habituellement très fréquentée. Je savais que Phyllis se rongeait probablement les sangs à la maison, mais la route était impraticable même pour les véhicules d'urgence. La petite gare étant fermée, je ne pouvais donc pas m'abriter de la neige.

Avec un sentiment angoissant, j'ai pris conscience que Perrier et moi étions laissés à nous-mêmes. En descendant l'escalier du quai de la gare, le fait de n'entendre aucune voiture m'a donné le frisson. La neige, comme la brume, assourdit les sons dont je me sers pour m'orienter. L'absence de sons et le manque de circulation m'ont totalement désorienté. Ce n'était pas seulement sinistre, c'était absolument angoissant. J'ai compris que je pourrais facilement me perdre et errer pendant des heures sans trouver d'aide. Je savais qu'il fallait tourner à droite en sortant de la gare, mais je n'avais aucune idée où finissait le trottoir et où commençait la rue. Tout ce que j'ai pu faire a été de donner le commandement « Avance » à Perrier et espérer qu'il sache où se diriger. J'ai ajouté: « Perrier, ramène-moi à la maison! »

La neige tombait toujours pendant que je suivais la progression lente mais régulière de mon guide. En marchant, le seul bruit que j'entendais était le pas lourd de mes chaussures sur la neige. J'espérais toujours entendre une voiture passer, ce qui m'indiquerait si nous étions sur le trottoir! Pas de chance. Isolés dans le silence de la neige, j'avais l'impression que Perrier et moi étions les deux derniers êtres vivants sur Terre.

Après une marche qui a semblé interminable, Perrier a viré à droite. C'est alors que je lui ai dit: « J'espère que tu sais où tu vas. » Dix minutes plus tard, il a fait un autre virage à droite et, derrière lui, j'ai monté deux marches où, sans hésiter, il a appuyé son museau sur la poignée de la porte de mon appartement! J'ai ouvert la porte et j'ai été enveloppé par la sécurité et la chaleur de ma demeure. La tension est tombée pour faire immédiatement place à un élan de gratitude pour l'habileté et la confiance de mon partenaire canin. Je me suis agenouillé et j'ai enfoui mon visage dans la fourrure mouillée de Perrier en lui murmurant: « Merci, copain, de m'avoir sauvé! » Une langue chaude sur ma joue a été sa séponse.

Ed Eames, Ph.D.

À propos des auteurs

Jack Canfield

Jack Canfield est l'un des plus grands spécialistes américains du développement du potentiel humain et de l'efficacité personnelle. Il est un conférencier dynamique et divertissant, et un formateur très en demande. Jack possède un talent extraordinaire pour informer et inspirer son auditoire vers des degrés plus élevés d'estime de soi et de rendement maximal. Récemment Jack a publié un livre pour atteindre le succès intitulé: *Le succès selon Jack: Les principes du succès pour vous rendre là où vous souhaiteriez être!*

Il est l'auteur et le narrateur de nombreuses cassettes et vidéocassettes à grand succès, dont *Self-Esteem and Peak Performance, How to Build High Self-Esteem, Self-Esteem in the Classroom* et *Chicken Soup for the Soul — Live.* On le voit régulièrement à la télévision dans des émissions telles *Good Morning America, 20/20* et *NBC Nightly News.* Jack est le coauteur de nombreux livres, dont la série *Bouillon de poulet pour l'âme, Osez gagner* et *Le pouvoir d'Aladin* (tous avec Mark Victor Hansen), *100 Ways to Build Self-Concept in the Classroom* (avec Harold C. Wells), *Heart at Work* (avec Jacqueline Miller) et *La force du focus* (avec Les Hewitt et Mark Victor Hansen).

Jack est régulièrement le conférencier invité auprès d'associations de professionnels, de commissions scolaires, d'agences gouvernementales, d'églises, d'hôpitaux, d'équipes de vente et de sociétés commerciales. Parmi ses clients, on compte l'American Dental Association, l'American Management Association, AT&T, Campbell's Soup, Clairol, Domino's Pizza, GE, Hartford Insurance, ITT, Johnson & Johnson, le Million Dollar Roundtable, NCR, New England Telephone, Re/Max, Scott Paper, TRW et Virgin Records. Il a aussi fait partie du corps enseignant de Income Builders International, une école pour entrepreneurs.

Jack anime chaque année un séminaire de sept jours, un programme appelé *Breakthrough to Success.* Ce séminaire attire des entrepreneurs, des éducateurs, des conseillers, des formateurs dans l'art d'être parent, des formateurs en entreprise, des conférenciers professionnels, des ministres du culte et d'autres personnes intéressées à améliorer leur vie et celle des autres.

Pour recevoir des cadeaux gratuits de Jack et des informations sur son matériel et ses disponibilités, consultez:

www.jackcanfield.com

Mark Victor Hansen

Dans le domaine du potentiel humain, nul n'est plus respecté que Mark Victor Hansen. Depuis plus de trente ans, Mark s'est concentré exclusivement à aider des gens de tous les milieux à revoir leur vision personnelle de ce qui est possible. Ses éloquents messages sur ce qui est possible, sur les occasions et sur les actions ont créé des changements importants dans des milliers d'organisations et chez des millions de personnes dans le monde entier.

Mark est un conférencier recherché, un auteur de best-sellers et un conseiller en marketing. Les références de Mark incluent une vie de succès comme entrepreneur et un bagage académique imposant. Auteur prolifique, il a produit de nombreux best-sellers comme *Le millionaire minute, La force du focus, Le pouvoir d'Aladin* et *Osez gagner,* en plus de la série *Bouillon de poulet pour l'âme.* Mark exerce une forte influence par sa collection de documents audio et vidéo et ses articles sur la pensée globale, la réussite en vente, la création de richesse, le succès en édition et le développement personnel et professionnel.

Mark a créé la série de séminaires MEGA. Il organise des conférences annuelles, MEGA Book Marketing University et Building Your MEGA Speaking Empire, où il enseigne aux aspirants et aux auteurs nouveaux, aux conférenciers et autres experts, la façon de se construire des carrières lucratives dans le domaine de l'édition et des conférences. Il existe aussi d'autres événements MEGA dont MEGA Marketing Magic et My MEGA Life.

Il a participé à de nombreuses émissions de télévision (*Oprah, CNN* et *The Today Show*). Il a fait l'objet de nombreux articles (*Time, U.S. News & World Report, USA Today, New York Times* et *Entrepreneur*) et d'entrevues à la radio où il affirme à ceux qui l'écoutent que « Vous pouvez facilement créer la vie que vous méritez. »

Philanthrope et humaniste, Mark se dévoue sans compter pour des organismes comme Habitat for Humanity, The American Red Cross, The March of Dimes, Childhelp USA et plusieurs autres. Il a reçu de nombreux honneurs en reconnaissance de son esprit d'entreprenariat, de son esprit philanthropique et de son sens aigu des affaires. Il est membre à vie du Horatio Alger Association of Distinguished Americans, un organisme qui a reconnu l'ensemble de la carrière de Mark en lui décernant le prestigieux Horatio Alger Award.

Mark Victor Hansen est un militant infatigable du possible et il vise à rendre le monde meilleur.

www.markvictorhansen.com

Marty Becker, D.M.V.

Le Dr Marty Becker est aux animaux de compagnie ce que Jacques Cousteau a été pour la mer et Carl Sagan pour l'espace.

Vétérinaire, auteur, enseignant universitaire, personnalité des médias et ami des animaux de compagnie, le Dr Becker est un des plus célèbres spécialistes de la santé animale au monde. Passionné pour son travail, il se consacre à la promotion de la connexion affective entre les animaux de compagnie et les humains, qu'on appelle « Le lien ».

Marty est coauteur de *Bouillon de poulet pour l'âme de l'ami des bêtes, Bouillon de poulet pour l'âme de l'ami des chats, Chicken Soup for the Cat & Dog Lover's Soul, Chicken Soup for the Horse Lover's Soul* et *The Healing Power of Pets,* qui a reçu un prestigieux prix argent des National Health Information Awards.

Le Dr Becker a une forte présence dans les médias dont sept années à titre de vétérinaire maison de *Good Morning America* sur *ABC-TV*. Il écrit aussi deux chroniques prestigieuses pour les journaux, distribuées à l'échelle internationale par Knight Ridder Tribune (KRT) Services. De plus, en collaboration avec l'American Animal Hospital Association (AAHA), Dr Becker anime à la radio une émission nationale distribuée sous licence, *Top Vet Talk Pets* sur la chaîne Health Radio.

Dr Becker a été interviewé sur *ABC, NBC, CBS, CNN, PBS, Unsolved Mysteries* et par *USA Today, The New York Times, The Washington Post, Reader's Digest, Forbes, Better Homes & Gardens, The Christian Science Monitor, Woman's Day, National Geographic Traveler, Cosmopolitan, Glamour, Parents* en plus des sites Web importants tels *ABCNews.com., Amazon.com, Prevention.com, Forbes.com* et *iVillage.com.*

Récipiendaire de plusieurs prix, Dr Becker est particulièrement fier d'avoir reçu en 2002 le prestigieux Bustad Award, de la Delta Society et de l'American Veterinary Medical Association (AVMA), à titre de Vétérinaire des animaux de compagnie de l'année pour les États-Unis.

Marty et sa famille habitent dans le nord de l'Idaho et partagent Almost Heaven Ranch avec deux chiens, cinq chats et cinq quarter horses.

On peut rejoindre Marty Becker à:

www.drmartybecker.com

Carol Kline

Carol Kline est une passionnée des chiens! En plus d'être une « maman gâteau pour les animaux de compagnie », elle s'occupe activement de sauver les animaux. Malgré son déménagement récent en Californie, elle est toujours membre du conseil d'administration du Noah's Ark Animal Foundation, *www.noahark.org,* de Fairfield, Iowa, un refuge à accès limité sans cage pour chiens et chats perdus, errants ou abandonnés, où l'on ne pratique pas l'euthanasie. Au cours des huit dernières années, Carol a consacré plusieurs heures par semaine à suivre le sort des chiens et chats du Noah's Ark et à leur trouver un bon foyer permanent. Elle a aussi géré le Caring Community Spay/Neuter Assistance Program (CCSNAP), un fonds spécialement réservé à aider financièrement les propriétaires d'animaux de compagnie à stériliser leurs animaux. « Ce que je récolte de l'aide accordée à ces animaux est infiniment plus important que toute rémunération que je pourrais en retirer. Mon bénévolat auprès des animaux de compagnie comble mon cœur et apporte beaucoup de joie dans ma vie. »

Journaliste pigiste depuis dix-neuf ans, Carol, détentrice d'un baccalauréat en littérature, a écrit pour des journaux, des bulletins et d'autres publications. En plus de ses propres livres de la série *Bouillon de poulet,* elle a contribué à des histoires et mis son talent de réviseure au service d'autres livres de la série *Bouillon de poulet pour l'âme.*

En plus d'écrire et de s'occuper des animaux, Carol est aussi conférencière-motivatrice qui traite de plusieurs sujets pour des groupes de bien-être pour les animaux dans tout le pays. Elle donne aussi des cours de gestion du stress destinés au grand public depuis 1975.

Carol a la chance d'avoir épousé Larry, et elle est la fière belle-mère de Lorin, vingt-trois ans, et McKenna, vingt ans. Elle a trois chiens, tous rescapés, Beau, Beethoven et Jimmy.

On peut rejoindre Carol en lui écrivant à:

ckline@lisco.com

Amy D. Shojai

Amy D. Shojai est consultante en comportement animal, auteure à succès, conférencière et une autorité nationale en matière de soins et de comportement des animaux de compagnie. Elle a une passion pour l'éducation des propriétaires d'animaux dont elle parle dans ses livres, ses articles, ses chroniques et ses présences dans les médias, et elle est reconnue depuis longtemps par ses pairs comme « une des journalistes les plus chevronnées et compétentes en matière d'animaux de compagnie ».

Cette ex-technicienne vétérinaire est journaliste spécialisée en animaux de compagnie depuis plus de vingt ans. Elle est membre de l'International Association of Animal Behavior Consultants, fait des consultations pour un grand nombre de professionnels des soins animaliers, de chercheurs et autres experts, et elle se spécialise dans la traduction du « jargon médical » en termes facilement accessibles à tous les amoureux d'animaux de compagnie. Chaque semaine, Amy répond aux questions dans sa chronique *Emotional Health* sur *www.catchow.com* et elle anime *Your Pet's Well-Being with Amy Shojai* sur *iVillage.com.* Elle dirige aussi la section consacrée aux soins holistiques et au comportement de PetsForum. Elle a écrit vingt-et-un livres de non-fiction sur les animaux de compagnie dont *PETiquette: Solving Behavior Problems in Your Multipet Household* et *Complete Care for You Aging Dog,* en plus d'être coauteure de *Bouillon de poulet pour l'âme de l'ami des chats.*

En plus de son travail de journaliste et de consultante sur les soins aux animaux de compagnie, la formation d'Amy en arts de la scène (B.A. en musique et en théâtre) l'aide dans son travail de porte-parole d'entreprise et de conseillère en produits pour animaux de compagnie. Elle a été interviewée par *Petsburgh USA*/Disney Channel Animal Planet series, *Good Day New York, Fox News: Pet News, NBC Today Show,* et a donné des centaines d'interviews à la radio dont *Animal Planet Radio.* Amy a été l'objet d'articles dans *USA Weekend, The New York Times, The Washington Post, Reader's Digest, Woman's Day, Family Circle, Woman's World,* sans compter « la presse des animaux de compagnie ». Elle est fondatrice et membre de Cat Writers' Association, membre de Dog Writers Association of America et de l'Association of Pet Dog Trainers, son travail a été reconnu par plus de deux douzaines de prix de journalisme de la part de ces associations et de plusieurs autres organismes.

Amy et son mari, Mahmoud, habitent à Rosemont dans le nord du Texas, un « domaine » de plus de treize acres, parmi plus de 700 rosiers antiques et autres créatures.

On peut rejoindre Amy en lui écrivant à:

amy@shojai.com — www.shojai.com

Autorisations

Nous aimerions remercier les personnes et les éditeurs suivants de nous avoir permis de reproduire le matériel cité ci-dessous. (Note: Les histoires dont l'auteur est anonyme, celles qui sont du domaine public ou qui ont été écrites par Jack Canfield, Mark Victor Hansen, Marty Becker, Carol Kline ou Amy D. Shojai ne sont pas incluses dans cette liste.)

La patience récompensée. Reproduit avec l'autorisation de Hester Jane Mundis © 1999 Hester Jane Mundis.

Le canard et le doberman. Reproduit avec l'autorisation de Eve Ann Porinchak. ©2004 Eve Ann Porinchak.

Maintenant et pour toujours. Reproduit avec l'autorisation de Susan B. Huether. ©2003 Susan B. Huether.

Chanceuse en amour. Reproduit avec l'autorisation de Jennifer Gay Summers. ©2004 Jennifer Gay Summers.

Le monde de Jethro. Reproduit avec l'autorisation de Marc Bekoff. ©2004 Marc Bekoff.

La grande promenade canine. Reproduit avec l'autorisation de Anne Elizabeth Carter. ©2004 Anne Elizabeth Carter.

Blu a écarté le voile de tristesse. Reproduit avec l'autorisation de Margaret C. Hevel. ©2004 Margaret C. Hevel.

Le bol hanté. Reproduit avec l'autorisation de John Ray Arrington. ©1997 John Ray Arrington.

Vous n'avez aucun message. Reproduit avec l'autorisation de R. Zardrelle Arnott. ©2004 R. Zardrelle Arnott.

La dernière virée de Bubba. Reproduit avec l'autorisation de Lisa Duffy-Korpics. ©2004 Lisa Duffy-Korpics.

Les deux aînées: Greta et Pearl. Reproduit avec l'autorisation de Stefany Lynne Smith. ©2004 Stefany Lynne Smith.

Le chien de Bullet. Reproduit avec l'autorisation d'Elizabeth A. Atwater. ©2004 Elizabeth A. Atwater.

L'amour de Daisy. Reproduit avec l'autorisation de Kathleen R. Salzberg. ©1997 Kathleen R. Salzberg.

Le chaton de Dixie. Reproduit avec l'autorisation de Anne Culbreath Watkins. ©2001 Anne Culbreath Watkins.

Après Dooley. Reproduit avec l'autorisation de Gary Russell Ingraham. ©2004 Gary Russell Ingraham.

Lorsque Harry a rencontré Kaatje. Reproduit avec l'autorisation de David Michael Wiley. ©2003 David Michael Wiley.

Mon garçon aux yeux bleus. Reproduit avec l'autorisation de Alexandra Mandis. ©2004 Alexandra Mandis.

« Chien » et M. Evans. Reproduit avec l'autorisation de Andrea Lynne Burke Redd. ©2003 Andrea Lynne Burke Redd.

Calvin, un chien au grand cœur. Reproduit avec l'autorisation de Max Edelman. ©2004 Max Edelman.

Le destin, le courage et une chienne du nom de Tess. Reproduit avec l'autorisation de Susanne E. Fogle. ©2004 Susanne E. Fogle.

Dans ses yeux dorés. Reproduit avec l'autorisation de Diane Elaine Nichols. ©2003 Diane Elaine Nichols.

Le chien qui aimait voler. Reproduit avec l'autorisation de Leigh Anne Jasheway-Bryant. ©2002 Leigh Anne Jasheway-Bryant.

Enfermés. Reproduit avec l'autorisation de Margaret Loud Charendoff. ©2004 Margaret Loud Charendoff.

L'aboiement révélateur. Reproduit avec l'autorisation de Eleanor Whitney Nelson. ©2004 Eleanor Whitney Nelson.

Le jour du déménagement. Reproduit avec l'autorisation de Maureen R. Ruiz. ©2004 Maureen R. Ruiz.

Le commando du réfrigérateur. Reproduit avec l'autorisation de Samuel David Minier. ©2004 Samuel David Minier.

L'offre. Reproduit avec l'autorisation de Inner Ocean Publishing. ©2002 Jean Houston.

Le grand sourire de Sammy. Reproduit avec l'autorisation de Gayle Delhagen. ©2004 Gayle Delhagen.

Une nounou canine. Reproduit avec l'autorisation de Christine Lee Henderson. ©2004 Christine Lee Henderson.

L'amour d'un chien. Reproduit avec l'autorisation de Kelly Elaine Munjoy. ©2003 Kelly Elaine Munjoy.

Lady Abigail. Reproduit avec l'autorisation de Jennifer Renee Remeta. ©2004 Jennifer Renee Remeta.

Willow et Rosie: le simple miracle des animaux de compagnie. Reproduit avec l'autorisation de Audrey Lee Kovach-Thomasson. ©2003 Audrey Lee Kovach-Thomasson.

Tu le reconnaîtras à sa face. Reproduit avec l'autorisation de Linda Marie Saraco. ©2004 Linda Marie Saraco.

Abacus. Reproduit avec l'autorisation de Meghan Cecelia Beeby. ©2004 Meghan Cecelia Beeby.

Journée canine à l'école. Reproduit avec l'autorisation de Jean M. Wensink. ©2004 Jean M. Wensink.

Élever une étoile. Reproduit avec l'autorisation de Laura Sobchik. ©1998 Laura Sobchik.

Le pouvoir d'une étoile. Reproduit avec l'autorisation de Mary Elizabeth Klitz. ©2004 Mary Elizabeth Klitz.

La leçon de Luke. Reproduit avec l'autorisation de Christine Watkins. ©2004 Christine Watkins.

La magie de Puppy. Reproduit avec l'autorisation de Aubrey H. Fine. ©2004 Aubrey H. Fine.

Un ange déguisé en chien d'assistance. Reproduit avec l'autorisation de David Ball. ©2004 David Ball.

De bons instincts. Reproduit avec l'autorisation de William Twisse Westhead. ©2004 William Twisse Westhead.

Le jour du Jugement dernier. Reproduit avec l'autorisation de Millicent Amy Bobleter. ©1998 Millicent Amy Bobleter.

Le tas de terre. Reproduit avec l'autorisation de Paula Margaret Gramlich. ©2004 Paula Margaret Gramlich.

Le dernier chiot. Reproduit avec l'autorisation de Roger Kiser. ©1999 Roger Kiser.

Le genou droit de papa. Reproduit avec l'autorisation de Carol M. Chapman. ©2004 Carol M. Chapman.

Comme toujours. Reproduit avec l'autorisation de Lorena O'Connor and *Boy's Life.* ©Mars 1997, publié par Boy Scouts of America.

Un sourire de Phoebe. Reproduit avec l'autorisation de Beth McCrea. ©2004 Beth McCrea.

Des larmes pour Sheila. Reproduit avec l'autorisation de Laurie Michelle MacKillip. ©2004 Laurie Michelle MacKillip.

Harry et George. Reproduit avec l'autorisation de Margaret Pearson Cunningham. ©2004 Margaret Pearson Cunningham.

Le gentil géant. Reproduit avec l'autorisation de Robin Elaine Pressnall. ©2004 Robin Elaine Pressnall.

Un chemin familier. Reproduit avec l'autorisation de Pennie Karlene DeBoard. ©2000 Pennie Karlene DeBoard.

Nos adieux à Dingo. Reproduit avec l'autorisation de Elizabeth S. Wrenn. ©1999 Elizabeth S. Wrenn.

Ce n'est qu'un vieux golden retriever. Reproduit avec l'autorisation de Audrey Lee Kovach-Thomasson. ©2003 Audrey Lee Kovach-Thomasson.

Il n'y a rien qui ne puisse être réparé. Reproduit avec l'autorisation de Pamela Sue Jenkins. ©2001 Pamela Sue Jenkins.

Ana: de rescapée à sauveteur. Reproduit avec l'autorisation de Wilma Melville. ©2004 Wilma Melville.

Choisir sa maison. Reproduit avec l'autorisation de Jennifer Anne Coates. ©2004 Jennifer Anne Coates.

Brooks et le chien au bord de la route. Reproduit avec l'autorisation de Shannon McCarty. ©2004 Shannon McCarty.

Le miracle de l'amour. Reproduit avec l'autorisation de Valery Selzer Siegel. ©2004 Valery Selzer Siegel.

Le chien de poubelles trouve un foyer. Reproduit avec l'autorisation de Debra Jean-MacKenzie Szot. ©2004 Debra Jean-MacKenzie Szot.

Le chien dans le parc de stationnement. Reproduit avec l'autorisation de Wendy Wienckowski Kaminsky. ©2004 Wendy Wienckowski Kaminsky.

Deux bonnes actions. Reproduit avec l'autorisation de Rosemarie Miele. ©2002 Rosemarie Miele.

La promesse. Reproduit avec l'autorisation de William Rolla King. ©2004 William Rolla King.

Compassion canine. Reproduit avec l'autorisation de Edward H. Kostro. ©2004 Edward H. Kostro.

En flagrant délit! Reproduit avec l'autorisation de Lynn Mary Alcock. ©2004 Lynn Mary Alcock.

Pudgy. Reproduit avec l'autorisation de Joyce Ann Laird. ©2004 Joyce Ann Laird.

Félix, le chien de la caserne de pompiers. Reproduit avec l'autorisation de Lake Claremont Press et Sharon Woodhouse. Extrait de *The Firefighter's Best Friend: Lives and Legend of Chicago Firehouse Dogs,* Lake Claremont Press. ©2003 Lake Claremont Press et Sharon Woodhouse.

Beau et le monstre à douze têtes. Reproduit avec l'autorisation de John Ray Arrington. ©1997 John Ray Arrington.

Chiens de traîneau sans neige. Reproduit avec l'autorisation de David Michael Wiley. ©2004 David Michael Wiley.

Lucky impressionne le shérif. Reproduit avec l'autorisation de Mariana T. Levine. ©2004 Mariana T. Levine.

Le chien qui a témoigné au tribunal. Reproduit avec l'autorisation de Sr Mary K. Himens, S.S.C.M. ©2004 Sr Mary K. Himens, S.S.C.M.

Le plus brave des chiens. Reproduit avec l'autorisation de Sherry Cremona-Van Der Elst. ©2002 Sherry Cremona-Van Der Elst.

Pedro le pêcheur. Reproduit avec l'autorisation de Robert C. Toren. ©2004 Robert C. Toren.

L'ange gardien d'Angel. Reproduit avec l'autorisation de Wendy Bugher Greenley. ©2004 Wendy Bugher Greenley.

Ramène-moi à la maison! Reproduit avec l'autorisation de Ed et Toni Eames. ©2004 Ed et Toni Eames.

Bouillon de poulet pour l'âme de l'ami des bêtes

Des histoires de bêtes
qui enseignent et guérissent,
qui sont des héros et des amis

Les bêtes touchent notre âme, nous font sourire et font ressortir en nous la bonté, l'humanité et l'optimisme. Par leur remarquable partage des rapports humains/animaux, ces histoires inspirées démontrent qu'il arrive souvent que nos plus grands héros, nos guérisseurs et professeurs portent poils ou plumes ou ont quatre pattes.

Tout foyer où on aime les bêtes ne peut se passer de *Bouillon de poulet pour l'âme de l'ami des bêtes*, pas plus que de biscuits pour chiens ou d'herbe à chat.

ISBN 978-2-89092-254-9

Bouillon de poulet pour l'âme de l'ami des chats

Des histoires d'affection, de mystère et de charme félins

Il y a des millions d'années que les chats ont ronronné leur chemin jusqu'à notre cœur, et ils sont des compagnons chéris et des âmes sœurs depuis ce temps.

Qu'il s'agisse de chatons espiègles, de chats adultes nobles ou de vieux chats sereins, il nous est impossible de leur résister — particulièrement à quatre heures du matin lorsque leur écuelle est vide! Alors, souriez à leur « ch-attitude » et laissez libre cours à votre passion féline en vous laissant « minoucher » par ces belles histoires.

ISBN 978-2-89092-410-9

BOUILLON DE POULET POUR L'ÂME

1er bol *(aussi en format de poche)*
2e bol
3e bol
4e bol
5e bol
Ados *(aussi en format de poche)*
Ados II *(aussi en format de poche)*
Ados — Journal
Ados dans les moments difficiles
Aînés
Amateurs de sport
Amérique
Ami des bêtes *(aussi en format de poche)*
Ami des chats
Ami des chiens
Canadienne
Célibataires *(aussi en format de poche)*
Chrétiens
Concentré *(format de poche seulement)*
Couple *(aussi en format de poche)*
Cuisine (Livre de)
Enfant *(aussi en format de poche)*
Femme
Femme II *(aussi en format de poche)*
Future Maman
Golfeur
Golfeur, la 2e ronde
Grands-parents *(aussi en format de poche)*
Infirmières
Mère *(aussi en format de poche)*
Mère II *(aussi en format de poche)*
Mères et filles
Noël
Père *(aussi en format de poche)*
Préados *(aussi en format de poche)*
Professeurs *(aussi en format de poche)*
Romantique
Survivant
Tasse *(format de poche seulement)*
Travail

PARTICIPEZ AU PROJET

Vous avez une histoire inspirante,
d'espoir ou de courage, à nous raconter?
Faites-nous-la parvenir.

Pour information

www.bouillondepoulet.com

ou

Bouillon de poulet pour l'âme des Québécois
a/s *Je désire soumettre une histoire*
271, Maurice St-Louis, Gatineau, QC J9J 3V9

MARQUIS
Marquis imprimeur inc.
Québec, Canada
2008